U0496901

HEWO YIQI ZUOKETI

武威市资助优秀出版物

和我一起做课题

李延海 陈有武 著

甘肃教育出版社

图书在版编目（CIP）数据

和我一起做课题 / 李延海，陈有武著． -- 兰州：甘肃教育出版社，2023.11
　ISBN 978-7-5423-5653-6

Ⅰ．①和… Ⅱ．①李… ②陈… Ⅲ．①课程—教学研究—中小学 Ⅳ．①G632.3

中国国家版本馆CIP数据核字（2023）第129723号

和我一起做课题
李延海　陈有武　著

责任编辑	胡瑞华
封面设计	石　璞

出　版	甘肃教育出版社
社　址	兰州市读者大道568号　730030
电　话	0931-8436489（编辑部）　0931-8773056（发行部）
传　真	0931-8435009

发　行	甘肃教育出版社　印　刷　甘肃春宇印务有限公司
开　本	787毫米×1092毫米　1/16　印张 21.75　插页 2　字数 326千
版　次	2023年11月第1版
印　次	2023年11月第1次印刷
书　号	ISBN 978-7-5423-5653-6　定　价　86.00元

图书若有破损、缺页可随时与印厂联系：0931-7672266
本书所有内容经作者同意授权，并许可使用
未经同意，不得以任何形式复制转载

前　言

随着教育改革的不断推进,社会对教师的期望和要求越来越高,人们都希望中小学教师成为"学科骨干"或"研究型""专家型"教师。为适应教育发展和人民需求,广大教师必须不断学习,不断更新教育理念,不断创新教学方法。要实现教育创新,仅凭经验是远远不够的,必须从事教育科学研究。

近几年,"教育教学就是教育研究,教育研究就是教育教学"的理念已逐步成为广大教育教学管理者和中小学教师的共识。同时,教育研究是一个教师成长为教学骨干,成长为优秀教师的必经之路,把教育教学管理、学科教学、课堂教学提升到教育科研的层面上来,努力寻找和享受职业幸福与快乐,已逐步成为许多中小学教师的职业追求。从撰写教育日志、教育随笔,到尝试将教学研究与教育实践结合起来,并逐步走进教育科研课题研究,要经历一个长期的学习实践过程。学习做教育科研课题研究虽然有一定的难度,但走上课题研究之路,应该是每位教师专业发展的方向。

中小学教师具备得天独厚的课题研究优势。首先,中小学教师处于教学一线,对教育教学中的问题、情境和细节等有最直接、最具体、最丰富的认识和体验,拥有丰富的研究资源。其次,中小学教师便于把课题研究和教育教学实践有机地结合起来,以实践中的问题作为研究专题,制定研究方案,有计划地在教学实践中探索解决问题的办法,具有较强的操作性。再次,中小学教师结合日常的教育教学工作开展教研课题研究,运用研究成果解决教学中的问题,不仅可以丰富自己的知识技能,更好地认识和运用教育规律,增强成就感和满足感,还可以促进学生的成长,提高教育教学质量。

目前,许多教师做课题研究的目的不清晰,不知道究竟为什么要做课题研究。部分教师有做课题研究的强烈意愿,但不知道怎么把教育教学中的问题提炼成教育科研课题研究专题，对课题研究的方向、流程及研究过程中做什么没有清晰的认知，缺乏教育科研的知识和技能。教师平时看的教育研究方法方面的书籍，讲究内容体系的逻辑性和完备性，理论性、专业性、学术性太强，给人一种严密、正统、规范、高不可及的感觉，对中小学教师课题研究的方法、流程归纳指导不具体系统，操作性不强，激发不了一线教师的兴趣。而《和我一起做课题》的编写，以一线教师的视角和认知审视中小学教师教育科研课题研究，结合编者近四十年的教育教学研究经验和课题指导实践，通过丰富的课题研究案例，尝试用通俗的语言阐释教育科研课题研究的过程和操作技巧；以一个参与者的身份和广大教师一起做课题，一起探讨课题研究的流程和方法，努力为一线教师结合日常教学开展课题研究提供更加有效的帮助和指导。

《和我一起做课题》分为上、下两篇。上篇为课题引领篇，分为八章，用简洁通俗的语言，对中小学课题研究的内涵、定位和流程做了细致明晰的梳理，围绕课题形成、发展的全过程，做了全面、细致的阐释和指导。第一章走进课题研究，主要探讨教育科研课题研究的特点及类别，中小学小课题研究的特点、作用和意义，小课题研究的基本步骤和申报程序，引领教师初步了解了课题研究的入门知识，为开启课题研究工作做了一些基本的准备。第二章课题的选题与设计论证，主要介绍选题的概念，教育科研课题的来源，选题原则、要求和课题的命题方法等内容，从课题选题论证、课题研究设计和课题可行性分析三个方面详细讲解课题选题论证与研究设计的相关操作技巧。第三章课题的申报，就课题申请评审书的填写，怎么网络上传课题申报材料等问题做了基本的说明。第四章课题研究的开启，主要讨论了课题研究中完成现状调研、撰写开题报告、召开开题研讨会等工作的操作方法。第五章课题研究的实施，主要探讨按照研究方案，扎实开展系列研究活动、及时提炼研究成果、认真做好中期总结评估、规范撰写中期报告，循序渐进，稳步推进课题研究工作的策略与技巧。第六章总结与申报结题，主要讨论了撰写结题报告、规范填写申请审批书、整理结题资料、提交结题材料等工作的程序、方法和技巧。第七章研究成果的推广，就课题的后期推广，即对成果推广的内容和形式、制定推广方案、开展推广活动方面做了阐述，提供了范例。

第八章成果评奖，重点讨论了教科研成果的含义及呈现方式，教研成果资料的梳理、撰写成果报告的要求以及填写成果申报表的要领。

下篇为成果报告篇。该部分选编了本书作者主持或参与完成的教育科研课题研究结题报告，共9项。其中学前教育、小学教育、中学教育各2项，综合教育3项。这些课题选题针对性强，研究工作具体扎实，研究成果丰富，研究成效显著，具有一定的参考和推广价值。同时，各项课题结题报告的撰写思路清晰，结构规范，内容全面，重点突出，成果表述和语言表达各具特色，对于初次申报教研课题的教师具有很好的示范引领作用。

本书结合教师工作实际，理论与实践相结合、内容与方法相结合、案例与策略相结合，以大量丰富生动的实践案例，全面阐述中小学教师怎样确定研究主题、怎样设计研究方案、怎样提炼研究成果等一系列问题，突出实用性、可操作性。在结构与表达形式上，尽可能将科研理论浅易化，枯燥知识趣味化，将理论学习与鲜活案例分析、真实研究体验、模拟练习等结合起来，力求让读者在趣味阅读过程中结合实际，调动经验，获得感悟，达成理解；尽可能以平视的目光进行对话，用一线教师熟悉的语言表达，避免用高高在上的语言指导人，努力突出可读性、实用性和趣味性。

课题引领课改，课改促进发展。走进课题研究，探索中小学教育，但愿《和我一起做课题》成为热爱中小学教育，爱好教育科研课题研究的同仁们的好帮手！

李延海
2023年5月10日

目 录

第一篇　课题引领篇

第一章　走进课题研究 / 003
　　第一节　教育科研课题研究概述 / 004
　　第二节　教育科研课题研究的分类 / 006
　　第三节　小课题研究及其特点 / 010
　　第四节　小课题研究的作用和意义 / 013
　　第五节　小课题研究的基本步骤和申报程序 / 015

第二章　课题的选题与设计论证 / 021
　　第一节　课题的选题 / 022
　　第二节　课题名称的拟定 / 028
　　第三节　课题的选题论证 / 033
　　第四节　课题的研究设计 / 039
　　第五节　课题的可行性分析 / 046

第三章　课题的申报 / 051
　　第一节　填写立项申请评审书 / 052
　　第二节　上传申报材料 / 064

第四章　课题研究的开启　/　069

第一节　完成现状调研　/　070

第二节　撰写开题报告　/　081

第三节　组织开题论证会　/　089

第五章　课题研究的实施　/　093

第一节　组织系列研究活动　/　094

第二节　撰写成果论文　/　106

第三节　撰写中期报告　/　112

第四节　研究成效测评　/　121

第六章　总结与申报结题　/　127

第一节　撰写结题报告　/　128

第二节　填写结题申请审批书　/　146

第三节　整理结题材料　/　160

第四节　提交结题材料　/　162

第七章　研究成果的推广　/　165

第一节　成果推广的内容和形式　/　166

第二节　制定推广方案　/　171

第三节　开展推广活动　/　175

第八章　成果评奖　/　179

第一节　教育教学成果的含义及呈现方式　/　180

第二节　教育教学成果评选资料　/　181

第三节　撰写成果报告　/　183

第四节　填写成果申报表　/　194

第二篇　成果报告篇

第一章　学前教育 / 209
　　家园合作培养幼儿自我保护能力实践研究结题报告 / 210
　　利用乡土资源丰富农村幼儿园区角活动的实践研究结题报告 / 224

第二章　小学教育 / 237
　　"引导学生做语文学习的主人"方法与导学模式研究结题报告 / 238
　　提高农村小学法制课教育效果的实践研究结题报告 / 251

第三章　中学教育 / 261
　　初中语文有效教学系列研究成果报告 / 262
　　中学语文学习自主管理与评价研究结题报告 / 273

第四章　综合研究 / 289
　　寄宿制学校"家校联动"德育教育行动研究结题报告 / 290
　　凉州区留守儿童家庭教育现状及对策的研究结题报告 / 308
　　农村中学信息技术与课程整合研究结题报告 / 325

后　记

第一篇 课题引领篇

第一章
走进课题研究

作为中小学教师,从步入学校、走上讲台的第一天开始,就与"教育问题"和"教学研究"结缘了。我们天天研究教材、研究学生、研究课堂、研究教法,解决教育教学中各种各样的问题,许多时候,只是没有把这些工作和教育科研联系起来,没有把这些"问题研究"上升到课题研究的层次。从撰写教育日志、教育随笔、教育叙事,到尝试将教学研究与教育实践结合起来,并逐步走进教育科研课题研究,要经历一个长期的学习实践过程。走进教育科研课题研究,需要从了解"课题"的概念入手。本章主要探讨教育科研课题研究的特点及类别,中小学小课题研究的特点、作用和意义,小课题研究的基本步骤和申报程序,引领教师们初步了解课题研究的入门知识,为开启课题研究工作做一些基本的准备。

第一节 教育科研课题研究概述

一、教育科研课题研究的概念

"课题"的释义有二：一是考试的题目；二是研究或讨论的主要问题，或亟待解决的重大事项。从第二项释义看，课题与问题密切相关，但问题不是课题。课题源于问题，课题是根据一定的研究目的、研究要求和筛选方法，在分析、聚焦诸多实际问题的基础上形成的研究项目。

教育科研课题即教育科学研究项目。具体讲，教育科研课题研究就是以教育领域中的现象和问题为研究对象，通过实践观察、探索和分析，从而揭露本质、发现规律，构建解决问题的策略方法体系的创造性认识活动。日常教育教学中，广大教师经常探究、解决一些教育教学中常见的难点、热点及疑惑的问题，这个工作就是教育科研课题研究。

二、教育科研课题研究的意义

置身新时代，中小学教师若要胜任本职工作，必须不断更新观念，创造性地开展教育教学工作。而要实现教育创新，仅凭经验是远远不够的，必须从事教育科学研究。与教育发展相适应的观念的形成，不仅仅是记住一些新观念的词句所能达到的，它需要教师自身去研究、去实践、去体会、去探索、去创新，经过长期坚持和积累，不断改进和提高，逐步形成一套个性化的教学特色，将新观念渗透到自己的教育教学实践中。

教师参加教育科研，有助于提高自身价值，强化创新意识。经过深入研究，可以改变多年从教的疲惫感，改变教书没有"味道"的心理，每天的教学工作都有新体会、新收获，真正做到"常教常新"。另一方面，教育科研课题研究的成果也能引起领导和社会的重视，较好地体现自身的社会价值。教师参加教育科研，能促进自身继续学习、终身学习，有利于潜在创造力的发挥。正因为如此，我国各级教育部门都鼓励和重视教师开展教育科研。

三、教育科研课题研究的特点

教育科研课题研究的是教育领域的问题，它面向的研究对象，划定的研究范围，展示的研究目的、研究意义有其自身的特点。教育科研课题研究有以下特点：

（一）具有目的性

教育科研课题研究是一种有目的、有计划的科研活动，这同常规教育教学工作有所不同。有目的、有计划就要有设想和超前意识，所以它是一种研究活动。通过课题的研究，有利于提高教师素质，有利于提高教学质量，有利于促进学生的身心健康和全面发展，有利于推动素质教育的实施。

（二）具有科学性

教育科研课题研究要借助一定的理论和方法，主要体现在课题研究的指导思想和研究目的清晰明确，理论科学合理，事实真实充分，有实践基础和理论基础。教育科研课题研究的任何教育现象都是客观存在的，研究者必须严格按照客观事实，准确、真实地对现象进行观察和反映。同时，教育科研课题研究要选择恰当的研究方法，这种方法不能局限于实验法，还可以采取文献研究法、调查研究法、行动研究法、个案研究法等。

（三）具有创新性

教育科研课题研究是一种创新活动，课题反映新的内容、新的视角及时代特点，应用新的研究方法，研究并解决别人没有研究过或研究过却未能解决的问题。它最终提出的必然是新知识、新经验、新方法、新理论。

（四）具有系统性

系统性是指教育研究的思想和行动是前后联系、左右贯通的整体。教育科研课题研究的系统性要求用全面的、整体的和联系的观点去认识教育现象，从总体上把握教育系统的结构、功能、作用机制、运行方式及发展规律。

(五)具有综合性

综合性指教育科研课题研究是理论与实践相结合的一个综合过程。教育科研课题研究是一种探索规律的活动，必须以现有的理论为研究基础，通过所获得的事实材料来检验理论或发展理论。它要求研究者对教育教学现象的研究结果，达到规律性和本质性的认识，其研究成果有普遍推广和指导作用。

(六)具有可验证性

一般来说，教育科研课题研究必须严格按照研究方法的步骤和程序实施。凡是无法重复验证的研究结论都是无效的，也不能作为有效的教育科研课题研究成果来推广。

第二节　教育科研课题研究的分类

教育科研课题研究，可按照研究的功能、范围、层次分为多种类型。按研究功能划分，可以分为理论性研究课题、应用性研究课题和开发性研究课题；按研究范围大小，可分为宏观研究课题、中观研究课题、微观研究课题；按研究的层次，可分为阐释性研究课题、综述性研究课题、创造性研究课题。另外，按管理级别、研究的意义和发挥的作用，教研课题还可以划分为规划课题、自选课题等多个类别。

一、按研究功能分类

(一)理论性研究课题

理论性研究课题又称基础理论研究课题，是揭示教育现象本质，阐明教育的客观规律，概括教育的基本理论和原则，发展和完善现有教育理论的研究。这类研究主要观察分析教育的客观规律，寻找新的事实，发现新的理论和重新评价原有理论，具有高度的抽象性、理论的体系性、效益的长期性和研究的连接性。

（二）应用性研究课题

它是针对某一具体的实际应用目标而进行的科学实验和技术性研究。教育的应用性研究具有实际应用价值，是把教育科学的基本理论知识转化为教育技能、教育方法、教育手段和教育方案，使教育理论同教育实践结合起来，达到某种具体和预定的目标。这类研究是直接解决教育管理和教育改革中的实际问题，是理论联系实际的关键环节，其研究特点是使基础理论研究成果具体化和实用化。目前绝大多数教育研究是应用性研究。

（三）开发性研究课题

开发性研究课题是建立在前两种研究的基础上，以开发能使用的教学产品为目的的课题研究。教学产品除教科书、多媒体课件等有形产品外，也包括可操作的教育教学方法或组织教育教学的策略、程序等无形产品。

二、按研究范围大小分类

（一）宏观研究课题

宏观研究课题是对教育系统较大范围内的整体性、综合性、系统性研究，主要研究一些教育的方向性问题、方针性问题和教育思想、课程模式等大问题。它包括两个方面，一是教育与外部的关系，如教育与政治经济、教育与社会发展、教育与人口等的关系研究；二是教育内部带有的全面性问题的研究。

（二）中观研究课题

它介于宏观研究和微观研究之间，是对一个范围、一个领域、一条战线、一个部门内的教育科学研究。

（三）微观研究课题

微观研究课题是对教育问题某个单独因素进行具体细致的研究，这种研究立足教育、教学实际，往往是针对某一个问题的研究。目前倡导的中小学或幼儿园教师科研课题研究，主要是这一类型的研究，也称为教师教育科研小课题研究。

三、按研究的层次分类

（一）阐释性研究课题

阐释性研究是一种简单的研究，它是将教育现象与已有的教育规律和理论，通过自己的理解和验证，给予叙述并解释出来的研究。

（二）综述性研究课题

综述性研究是把分散、不全面的观点综合在一起，形成整体的、系统的观点的研究。它所研究的对象不是单一的事件，不是某一种情况，而是某些现象或某一事物的诸多方面。

（三）创造性研究课题

创造性研究是高层次的教育研究活动。它是用已知的教育信息，探索创造出新知识，产生出新颖而独特的成果和产品，具有改革教育教学的实际价值或理论意义的研究。其成果可以是一种新观念、新设想、新理论，可以是一项新方法、新技能、新成就，也可以是其他表现形式的成果。

四、按管理级别、研究的意义和发挥的作用分类

按管理级别划分，教育科研课题可分为三类：一是规划课题，一般分为国家、省、市、区（县）级课题等，有正规的课题编号，由各级教育行政部门组织管理；二是各级教育学会及协会课题；三是其他课题。另外还有实验基地、合作单位研究的子课题等。

规划课题是指由教育行政部门批准立项的课题。一般教育科学规划领导小组办公室（以下简称规划办）和管理机构立项前期会发布立项指南，有的课题指南是具体地逐一列出课题，有的指南是方向性或范围性的，课题申报者可以据此细化、深化、具体化这个方向或范围，确定自己想申报的课题。例如，课题指南里有"中小学德育研究"这样的范围，申报者可以据此申报"中学班主任思想教育方式研究""小学语文学科德育渗透研究""历史教学中的爱国主义教育研究"之类的课题。

规划课题从重要程度上又分为一般课题和重点课题。一般课题是研究学科领域内一般性问题的课题，这些课题所涉及的问题具有日常性、局部性、非迫切性、影响面相对较小等特点。重点课题是研究当地或本领域改革与发展的全局性、战略性、前瞻性、长远性以及迫切需要解决的重大问题的课题。重点课题一般会在课题指南中给出研究要点，以满足课题发布者的需要。

一般来说，在课题研究的难度上，重点课题难于一般课题；在课题立项的数量上，一般课题多于重点课题；在课题资助的金额上，重点课题多于一般课题。课题申报时要根据自己的研究积累和研究实力进行选择。

中小学教师所研究的课题大都是规划课题，一般是由教育行政部门组织管理的。也就是说，中小学教师要开展科研课题研究，一般都需要向上级申报，审核通过才可立项。常见的是国家级课题、省级课题、市级课题，课题级别越高，价值越高。

五、按研究的学科分类

学科分类，指课题研究所属的学段和学科范围。甘肃省教育科学规划课题按学段分为学前教育、小学教育、中学教育、职业教育、普通高等教育等类型。同时，同一学段，按照不同的学科分为若干个类型，如小学教育分为语文、数学、英语、音乐、体育、美术、道德与法治、科学、信息技术、心理健康、校本课程、班主任工作、教师研究、学校管理、教育评价等类型，中学教育分为语文、数学、英语、物理、化学、生物学、道法思政、历史、地理、音乐、体育、美术、信息技术、心理健康、通用技术、综合实践、校本课程、班主任工作、教师研究、学校管理、教育评价等类型。

第三节　小课题研究及其特点

一、小课题研究的界定

陶行知先生曾经说过这样一句话："对于教育问题，用分析的观点和方法研究，将大问题分析为数十数百个小问题，每一个小问题至少有一人继续研究办理，如是，即使大问题也不难解决。"从这句话可以看出，陶老先生主张中小学教师的教育科学研究活动要与日常的课堂教学结合起来，以日常教学中的小问题为突破口，多研究一些小问题，进而解决一些大问题。

正常情况下，中小学教师开展的大部分课题研究，也称为小课题研究。本书主要讨论中小学或幼儿园教师小课题研究的相关事宜。

小课题研究，是中小学教师的自我研究，是以教师自身教育教学过程中迫切需要解决的问题为研究对象，以问题解决、经验总结为研究目标，改进教育教学工作和提高教育教学水平，促进教师自身专业发展和学生健康成长的研究。

二、小课题研究的特点

从教育科研小课题研究的定义可以看出，小课题研究具有以下特点：

（一）"自我"性

课题研究是谁的研究，为谁而研究？对于这个问题的回答应该是不困难的。多年的教育科研工作实践告诉我们，中小学教师的研究都是针对自己的课堂教学问题而进行的，是为了改进自己的教育教学而研究，显然不是为别人而研究，也不是为学校领导而研究，更不是为上级部门而研究。研究是教师自己的事情，是"我"的研究，是为了完成教育教学任务，提高自身专业素养和提升解决教育教学实际问题的能力而进行的研究。因此，中小学教师做的小课题研究具有"自我"

性，真正是问题源于"我"，研究由于"我"，成果归于"我"。

（二）问题性

问题是课题研究的起点，任何研究都是建立在问题基础之上的研究。比如，"学生不愿发言怎么办""学生互相抄袭作业怎么办""作文评讲课怎样上更有实效""小组合作效率不高怎么办""学生预习效果不佳怎么办""讲过多遍的题目学生还做错怎么办""小组互动过程中学生注意力不集中怎么办""学生课外阅读量小，语文素养缺乏怎么办""学生的数学学习兴趣不高怎么办""新课改背景下教学进度完不成怎么办"等，这些都是中小学教师日常教育教学工作中出现的实际问题，往往又是无法回避的。这些问题不仅影响教师正常的教学情绪，还对课堂教学的进度和质量产生较大的影响和制约。所以说，没有问题就没有课题研究，同时也没有必要做课题研究。

（三）微观性

之所以称之为小课题，其着眼点就是一个"小"字。小课题研究的切入点很小，往往关注的是教育教学活动中的某"一点"问题，课堂教学中的某一个细节，或者是班里的某一个学生。如小课题"小学三年级学生语文学习成绩分化的研究""小学低年级图画识字策略的研究"等，第一个课题关注的是学习成绩分化问题，第二个课题关注的是识字问题，而且都进行了一些界定，研究范围很小。这些课题具有一定的普遍现实意义，是适于中小学一线教师研究的课题，且这类课题都具有"小"的特性，是微观的研究课题，也是中小学教师能够进行研究的课题。

（四）真实性

真实是相对于虚假而言的，课题研究的真实性就是"真问题"。如"学生上课发言不积极怎么办""如何根据学生差异布置不同的作业""小组合作学习怎样更有实效"等，都是中小学教师在日常教育教学中经常遇到的最为真实的、最为常见的、最为棘手的问题，这些问题来源于教育教学实践，而不是虚构的、虚假的、不存在的问题。

（五）即时性

小课题研究的即时性，包含着以下两层含义：

一方面，小课题来自教师的日常教育教学实践中，具有随机性、偶发性、情景性，出现的问题往往不是事前预设的、准备好了的问题，更不是提前已经知道的问题，常常都是在教育教学过程中发现的不期而至的问题。如某一天忽然发现某个学生情绪很低落，还爱惹是生非；某一天，又发现某学生接连几天课堂上总是迷迷糊糊的，时不时还打瞌睡等。

另一方面，小课题研究周期相对较短，通常情况下不超过两年，少则半年，甚至几个月就可以完成一项小课题的研究任务。这种即时性的特点，是非常适合中小学一线教师在最短时间内解决自身迫切需要解决的问题的一种新的研究方式。比如，上面提到的"发现某学生接连几天课堂上总是迷迷糊糊的，时不时还打瞌睡"，这里面一定是有问题的。那么，这个问题出在哪里？怎样去解决？教师就可以作为一个案例来研究，通过观察、调查、访谈等方法，弄清楚事情的原因，然后想办法解决。这个课题估计两周就可以结题。

（六）目的性

目前，许多教师做课题研究的目的不是很清晰，常常存在着这样的困惑：我做课题研究究竟是为了什么？也就是说，研究者不知道究竟为什么要做课题研究。这样一来，这些教师往往把课题研究当成一种工作负担，尤其是对学校要求做的课题研究，大多抱着敷衍、反感、抵制的态度。我们认为，中小学教师做课题研究只是一个抓手，目的不在于完成了一份结题报告或一篇优美的文章，而是在这个研究过程中不断反思、不断改进、不断总结自己的教育教学方式方法。如一名教师的小课题《充分利用学习卷进行语文预习的研究》，这个课题涵盖了学习卷和预习两个主题，而且在这个课题中，二者又是交叉的。在进行这项课题研究时，需要将二者完美结合起来，不断反思、总结、改进，最终才会达到最佳的效果。不做这个课题，教师可能平时也会考虑这个问题，但不会像在做这个课题时这样深入地思考、改进、解决这个问题。从这个意义上来说，做课题研究只是一种手段，而不是目的。这就像战士手中的枪，打击敌人才是目的；就像农民手中的锄头，刨土、种庄稼才是目的。我们往往就是借助课题研究这个抓手，来不断反思我们的教育教学行为，进而提升我们的专业能力和业务水平。

以上是小课题研究的六大特点，揭示了小课题研究的一些内在要素。我们认为，教师就应该做这样的小课题研究，不断解决一些自己教学中的实际问题，进而提高教育教学专业水平和能力。从这个意义上讲，小课题研究又充分体现了"我的课题我做主"的研究状态。

第四节　小课题研究的作用和意义

中小学或幼儿园教师小课题研究主要关注中小学学科教学、班级管理、学校管理和校园文化建设中普遍存在而又急需解决的细小问题。这些问题一般只有一线教师比较了解并有深刻的认识，且对解决这些问题也有独到的可行性方法。通过研究这些问题，形成理论，对基础教育的发展和教学质量的提升具有十分重要的作用和意义。

中小学教师开展的小课题研究根植于日常的教育教学实践，是以一线教师的仔细观察和深入思考为前提的，且有其自身的理论来源和最为现实的可行性，这是小课题研究在基础教育中的坚实基础。

具体讲，小课题研究的作用和意义有以下几个方面：

一、丰富教育研究内容

随着教育事业的发展和教育改革的推进，我们在日常课堂教学、班级管理、学校管理和校园文化建设中经常遇到一些普遍存在而又急需解决的问题，教育专家对这些问题可能无暇顾及，也可能缺乏研究的实践经验，因此形成了一些教育研究的理论空白。一线教师有课堂，有经验，许多教师具备研究小课题的能力，这些优势，促使研究者抓其一点，结合实际，深入研究，多方论证，总结出解决实际教学问题的方法和策略，最终形成新的教育理论和教学思想，指导教学工作，提升教学质量，从而丰富教育的内容和理论，并有望填补宏观教育研究中某些无法涉及的细小教育问题研究方面的空白。

二、促进教师专业成长

教育研究是一个教师成长为教学骨干，成长为优秀教师的必经之路。有教育专家认为，一个做过教研课题研究的老师，再差也差不到哪里；一个从来没有做过教研课题研究的老师，再优秀也优秀不到哪里。日常课堂教学、班级管理中，中小学教师遇到的问题很多，教学质量问题、教学方法问题、学生行为习惯问题、学习兴趣培养问题、安全教育问题、突发事件处理问题，等等。这些问题有较高的研究价值，可纵向深入研究，也可横向比较研究；可以多重问题叠加研究，也可单一问题剖析研究。一线教师若能针对这些问题长期进行分类研究，参阅本学科前沿理论，分析问题形成的原因，在课堂教学中不断摸索，把自己的实践成果逐步转化为教学理论，长此以往，可以大幅度地促进教师的专业化成长，并引领一部分教师逐步成长为研究型、专家型教师。众多名师成长的经历表明：名师也曾是普通教师，他们可能只是在工作上多了一些执着，在思考和阅读上多了一点兴趣，在课题研究和论文撰写上多了一份坚持，但正是多出来的那么"一点"，让他们拥有了在教育教学中更高的站位，并因此欣赏到了教育活动中更美的风景。

三、提升学校办学质量

近几年，教育科研课题研究受到了学校管理者和广大中小学教师的高度重视。教育研究是促进教育教学改革、提高课堂教学质量和学校教育质量最有效的抓手，"教育教学就是教育研究"的理念已逐步成为大家的共识。把教育教学管理、学科教学、课堂教学上升到教育科研的层面上，努力营造良好的教研氛围，实现教研促教、教研兴校的目标。学校的发展靠教师的努力，教师的发展靠个人的进步，个人的进步需要学校营造的氛围。学校应以教育科研为抓手，多措并举，激励教师主动探究解决教育教学中的各种问题，努力营造研究教学问题的积极氛围。有了这种氛围，就有了教师的积极参与和教师的进步，也就有了学校办学质量的提升和整体发展。

四、成就教师职业幸福

努力寻找与享受职业幸福和快乐，已逐步成为许多中小学教师的职业追求。中小学教师小课题研究关注的是教师的自我成长，它引领着教师体验过程，收获成果，为实现教师专业提升的自我诉求提供了最大可能。一个课题研究下来，或多或少会留下一些痕迹，比如，一篇高质量的论文，一堂高质量的公开课，或者是教学行为的优化，教学反思能力的提升，教学经验的总结呈现。一路走来，收获沿途别样的风景，内心更能收获成长的快乐。另外，教研课题研究也是教师晋升职称，提升价值，获得职业成就的一大通道。晋升高级教师的业绩条件中，涉及教学成果评奖、课堂教学评优、教研论文发表、教研课题鉴定、教育专著出版等，这些都与教育研究有关。中小学教师通过教育科研解决教育教学中的问题，改进工作方式，提高工作质量，促进自己、学生和学校的发展，实现自己的职业诉求，在成就职业幸福感和成就感的同时，最大限度地提高自己的社会地位和价值。

第五节 小课题研究的基本步骤和申报程序

一、小课题研究的基本步骤

教育科研小课题研究是有目的、有计划、连续和系统的探索活动。完成一项课题，需承担选题立项、制定方案、实施研究、撰写研究报告、申请鉴定等大量工作，一般周期为两年。大多数情况下，一个课题完成所有研究工作，申请并通过相关部门的鉴定，就形成了一定的教育科研成果，实现了一定的研究价值，研究工作就可以告一段落。通过鉴定的部分优秀课题成果，还可以在一定范围内推广，效果显著者，可以参与上级教育部门组织的教育教学成果奖评选活动。

概括地讲，教育科研小课题研究的完整步骤为：确定研究课题，申请立项；制订研究计划，开启研究；开展研究活动，实施研究；总结研究成果，申报结题；推广研究成果，完善评奖。

教育科研小课题研究各阶段的主要研究内容和研究工作如下：

第一阶段：确定研究课题，申请立项。主要工作：根据相关部门的课题指南或自己的教学实践确定研究专题；进行选题论证和可行性论证，填写申报表；上传申报资料，申请立项。

第二阶段：制订研究计划，开启研究。主要工作：开展现状调研，撰写调研报告；从问题入手，预设探究问题的路径和方法，设计系列研究活动，制定研究方案；召开开题研讨会，完善研究工作计划，明确研究分工，开启研究工作。

第三阶段：开展研究活动，实施研究。主要工作：依次组织系列研究活动，逐个探究验证解决问题的思路和方法；撰写发表系列成果论文；撰写课题研究中期报告；评测研究成效，撰写研究成效测评报告。

第四阶段：总结研究成果，申报结题。主要工作：全面分析研究过程和研究资料，提炼概括研究成果，撰写课题研究结题报告；填写课题鉴定申请书；收集整理各类研究资料，申报结题。

第五阶段：推广研究成果，完善评奖。主要工作：根据鉴定意见，完善课题研究成果；制订成果推广计划，开展成果推广活动，扩散研究成果；改进薄弱环节，撰写推广成果论文；撰写课题研究成果报告，填写成果评奖申请书；整理各类佐证材料，上报评奖。

二、小课题研究申报程序

申报教育科学规划课题，要熟悉课题申报的程序与要求，这样才能少走弯路，为准确填写申报书打下良好的基础，为成功申报教育科学规划课题提供必要的条件。教育科学规划课题申报的一般程序：获取申报信息→了解申报要求→选择课题→填写申请书→申报立项。

（一）获取申报信息

全国、各省市教育科学规划办每年都会定期或不定期地组织教育科学规划课题的申报，都是以课题申报公告（通知）的形式发布，每年与前一年相比，大同小异，全国与各省市相比也大致相同，只是有些要求不一样。

申报者应注意及时获取课题申报的信息，包括申报时间、申报要求和课题指南、课题申请书。各级课题管理单位都会在网上公布《课题申报公告》《课题指南》《课题申请评审书》等信息，基层教师可以直接在网上查找并下载，同时各省市教育规划办都能收到上一级教育规划办的纸质文件。各省市教育规划办、各县区教研室也会及时向各学校发布相关各类课题的申报通知。

1. 全国教育规划办网站：http://onsgep.moe.edu.cn/，网站上发布"全国教育科学规划课题"信息。

2. 甘肃省教育科学研究院网站：http://www.gsier.com.cn/jks/，网站上有"甘肃省教育规划办"页面，发布"甘肃省教育科学规划课题""全国教育科学规划课题"的申报信息。

（二）课题申报的具体要求

申报者在申报前应仔细阅读有关申报的具体要求，如《课题申报公告》《课题指南》等。

1. 认真阅读《课题申报公告》

《课题申报公告》中的"申报须知"是对整个课题申请过程中注意事项的说明，不注意这些事项，不遵循"申报须知"的要求，可能会直接导致申报不成功。

2. 注意申报限制

课题申报对申报者的资格、申报书的填写等有一些条件限制，必须加以注意。

（1）职称限制

有些课题对申报者的职称有要求。比如，重大课题、重点课题要求申报者须具有正高级职称；有些课题要求不是高级职称的申报者申报时要有两名以上具有高级职称的推荐人写的推荐意见等。职称限制的目的是设置一定的门槛，使申报者具备一定的申报资质，从而保证课题研究的质量。

（2）字数限制

有的课题对申报书填写的字数没有限制，但大部分课题对申报书填写的字数都有限制。字数限制主要表现在两个方面：一是标题字数限制，二是论证字数限制。

①标题字数限制。标题字数限制，即限制标题的字数，以防止标题过长。不同课题对标题字数的限定不同，须严格按照要求来填写。一般规定标题不得超过20个汉字。标题字数包括副标题的字数，能够不用副标题的，尽量不用。

②论证字数限制。论证字数限制，即在论证过程中，对论证文字数量的限制。可分为两种情况：一种情况是对整体的论证文字作出限制，对论证过程中的文字不作限制；一种情况是对论证过程中每一部分都有明确的字数限制。比如，课题意义不超过300字，主要内容不超过500字，参考文献不超过200字，等等。限制论证字数是为了防止过于冗长的论证，在一定程度上也可以看出申报者在有限文字里充分表达思想观点的能力。

（3）日期限制

申报课题还要特别注意申报的开始与截止日期。

申报日期未到，无法正常申报；超过申报日期，一般不予受理。因此，要在正常的申报期限内申报。为了应对中间可能出现的问题，如需要修改等，应该在最后截止日期之前申报，以留出缓冲或回旋的时间。如无特殊情况，最好不要拖延到最后一天才开始申报或提交申报材料。

（4）信息限制

信息限制是指在"论证活页"或其他需匿名评审的材料上，不得出现相关信息，这些信息包括作者的身份信息、作品的发表信息等。

身份信息，比如不能泄露申请人及成员的姓名、工作单位、师承关系等。作品的发表信息，主要是不能泄露自己作品发表的刊物、发表时间（期数）等。

信息限制是为了保证评审的客观公正，如果评审者可以从中获取申报者信息，从而给予照顾或打压，会导致不良评审结果的出现。

（5）申报人员限制

①课题负责人限制。课题负责人指真正承担课题研究和负责课题的研究者。不能承担实质性研究工作的，不得申请。

②课题参与成员限制。课题往往不是一个人来完成的，需要建立课题组。课题参与成员指真正参加本课题实质性研究的工作者，不含课题负责人，不能空挂名，并按承担研究任务的多少排序。有时课题申报还对参与人员参加课题研究的数量和职务提出一些限制。

3. 了解《课题管理办法》

全国、各省市教育规划办都制定了自己的《课题管理办法》。一般来说，下一级的管理办法都是在上一级的基础上加些地方元素，总的精神实质是一脉相承的。认真研读《课题管理办法》，对于中小学教师来说，主要是了解一个正规的课题从立项到结题，要经历一个怎样的流程，才是符合规范的。

4. 了解《课题指南》

全国、各省市规划办都制定了自己的《课题指南》，但是差别很大。全国在教育实践和教育理论中有一些重大问题，急需优先解决；有些省觉得自己在教育事业发展中有一些重大问题，急需解决，这样的认识，反映到教育科学规划办，就以《课题指南》的形式出现在申报公告里。《课题指南》主要是发布教育规划课题的范围或题目。虽然许多课题发布机构允许申报者自选课题，但从申报成功概率的角度看，从《课题指南》的范围内选报课题更易胜出。各级教育规划办的《课题指南》表达了课题发布机构的需求，能够适应并满足其需求的课题申报当然更易被选中。因此，要认真研究《课题指南》，并尽量从中选择课题，即使所选课题与《课题指南》不一致，也应尽可能地贴近《课题指南》所指出的方向。

中小学教师认真研读《申报须知》《课题管理办法》《课题指南》《填表说明》等，对这些内容准确把握，可以达到事半功倍的效果。

第二章
课题的选题与设计论证

　　问题是课题研究的起始点，也是课题研究的落脚点。所以，在许多有关课题研究的文章中，都能看到这样一句话，即"中小学教师要树立问题就是课题的理念"。由此可见，教育教学中的问题与教育科研课题休戚相关，但问题不等同于课题。中小学教师在教育教学中遇到的问题很多，如何从繁多的问题中提炼、概括出值得研究的教育科研课题，是研究者首先要应对的问题。教育科研课题的生成过程是开展和实施课题研究工作的重要组成部分，选取具有一定研究意义和价值，且符合研究者实际研究能力的课题，是保障课题工作顺利完成，确保课题研究整体质量的前提。本章主要介绍什么是选题，教育科研课题有哪些来源，选题的原则、课题的命题方法和课题的选题论证、研究设计、可行性分析等内容。

第一节　课题的选题

一、教研课题的选题概念

选题是课题研究的起始环节，也是课题研究者确定研究什么问题的过程。根据教育科研课题研究的任务、目标意义及工作性质，笔者认为对选题的定义应为：选题是指课题研究者根据选题的基本原则与要求，遵循一定的教育科研规律，结合自己的研究优势，按照选题的相关程序，确定自己所要研究的具体教育问题的过程。

中小学教师课题研究的选题就是研究者选择自己所教学科和所任班队工作中遇到的某一问题，并期待通过研究能够解决这一问题的过程。选题的过程就是明确研究目的和目标的过程。每一位研究者的精力都是有限的，不可能把教育教学中所有问题都一一进行研究。我们倡导教师选择自己熟悉和了解的专业领域内的问题进行研究。

二、教研课题的来源

中小学教师从事的教育教学工作内容十分繁杂，涉及专业成长、学科教学、班主任工作、班队活动、校园文化建设、校园社团活动、心理健康教育、特殊学生教育等方方面面，需要研究解决的问题很多。研究者从这些林林总总的问题中提出一个值得研究且能够研究的新问题，需要一定的分析概括力和丰富的创造想象力。能够从新的角度去看旧的问题，能够用新的理念、新的思路、新的方法去研究解决教育教学中普遍存在的问题，是教育科学研究的真正进步。

课题选题工作在立足教学实践、追求创新科学的基础上，一定要兼顾"什么样的选题有价值"和"我能做什么"两条原则。中小学教师都是教育教学的实践者，开展课题研究的最终目的也是为了解决教育教学实践中遇到的各种问题，从而提高教育教学质量。毫无疑问，课题归根结底是从教育教学实践中来的。基于以上认识，笔者认为中小学课题研究主要有六类来源。

（一）从课堂教学存在的问题中提出课题

课堂是中小学教师开展教育教学实践活动的主要阵地。在教育教学实践中，每一位教师都会遇到各种各样的问题或困惑，比如教学设计问题，课程内容的整合问题，教学方法、教学模式的创新、教学评价的方法方式问题，学生的学习方式问题等。这些问题都值得深入思考和研究解决，每一个问题都是潜在的课题。可以说，课堂教学是中小学教师取之不尽、用之不竭的课题之源。研究者通过对这些问题或教学困惑的研究，可以有效探索解决问题的方法，进而用这些方法指导自己今后的教学实践，提高自己的教育教学质量。

如，数学审题能力是学生准确把握数学问题数量关系的基础，但武威师范附属小学的赵老师在小学高年级数学教学中发现，学生的数学审题能力严重不足。通过分析，她得出的原因有三：一是国内外专家总结出的特色审题方法没有得到有效推广；二是受年龄、心理特点和知识储备、社会认知等因素的制约，小学生的数学审题习惯还未养成；三是一些标准不一的网络观点的影响和线上碎片化的阅读行为，弱化了小学生审题能力的培养。针对问题产生的原因，赵老师申报了《提高小学高年级学生数学审题能力的方法研究》的课题，并获批立项为省级规划课题。赵老师通过大量的课堂教学实践，从丰富的教学案例中分析总结出了提高小学高年级学生数学审题能力的有效方法。这一课题的研究，不仅促进了赵老师自己的专业成长，提高了她的数学课堂教学质量，她探索出的方法，还给其他老师提供了诸多有益的参考和帮助。

（二）从教学实践反思和成功经验总结中提出课题

教学实践活动的内容非常丰富，教师要善于观察、勤于反思，及时思考教育教学实践活动背后隐藏的固有规律，提炼有效做法，总结成功经验。同时，教师还可以用自己的价值观与人生观对自身教育教学实践活动加以评判，并探索完善，从而建构适合组织教学实践活动的个性化的、高效的教学方法和教学模式。成功的教育教学经验是每一所学校发展的宝贵财富。学校对成功的教育教学经验进行普及，有助于提高学校的整体教育质量。作为课题研究者，如果对这些经验进行科学严谨的分析判断，就不难发现一些比较有价值的课题选题材料。

如，在近30年的小学语文教学实践中，笔者不断实践反思，摸索出了一些基本的小学语文阅读教学范式。在小学新课程改革实验实施过程中，通过梳理求证，笔者把最符合实验要求的几种范式分别命名为"自主、合作、探究"导学模式、"朗读品赏"导学模式、"目标驱动"导学模式、"球心"展示导学模式、"三步六要"古诗导学模式，并申请确立了省级课题《引导学生做语文学习的主人方法与导学模式研究》。课题立项后，又进行了两年的实践验证，使成果进一步完善。课题研究最终获得的小学阅读导学方法和模式，符合新课改精神，富有个性，不仅顺利通过了省级鉴定，还获得了甘肃省基础教育科研成果评选二等奖，在学校和全市范围内扩散推广，效果良好。

（三）从班级管理工作的内容和方法中提出课题

在管理班级的过程中，教师与学生要进行沟通交流，建立不同类型的师生关系和班级氛围，建立班级管理制度，建设班级文化，这些都是中小学教师课题的重要来源。班级管理是复杂的、系统的、具有创造性的管理活动与教育活动。在班级管理中，每一个细节、每一个环节、每一个学生都是中小学教师需要认真研究的对象，都是一个个值得研究的课题。

比如，新课改新高考背景下，面对一个新的高一班级，班主任要研究如何形成良好的班级氛围，如何建设科学、规范、民主的班级管理制度，如何构建和谐的师生关系等。针对这些问题，研究者可以确定题为《新课改新高考背景下班主任工作方法研究》的教研课题进行研究，从高中新生的特点和新课改新高考倡导的新理念入手，探索总结全新的、科学有效的班主任工作策略。再如，中小学班级管理中，经常会出现一些问题学生。面对各种各样的问题学生，班主任需要深入了解、具体分析和研究学生的个性心理特点，了解学生的不良行为出现的内在原因，针对性地采取矫正措施帮助学生改正不良行为。研究者可以从这些内容入手，确定题为《问题学生心理健康教育与不良行为矫正方法研究》的课题申请立项。

（四）从学习交流研讨的启发和心得中提出课题

学习交流对中小学教师来说是必不可少的。一方面，通过学习交流可以更新自己的知识结构；另一方面，通过学习交流，可以取人之长、补己之短，促进自己的专业成长。学习交流的形式非常多，可以是读书、研讨、培训、考察等；可以是校内学习交流，也可以是校外学习交流；可以是同学科、同学段、同年级之间的学习交流，也可以是不同学科、不同学段或年级之间的学习交流。通过多种形式、多种途径、多种对象之间的学习交流活动，不但可以拓宽自己的视野，同时也可以收获许多新的思想和观念，对自己的教育教学实践带来许多启示。在学习交流的过程中，我们要善于发现新思想、新观念、新举措，并结合自己的教育教学实践进行反思，使自己得到新启示，找出新问题，开展新研究。

例如，英语教师在教学生活之余，可以自主举办相关研讨活动。所有参加研讨活动的英语教师坐在一起，大家畅所欲言。在这个过程中，教师畅谈自己在课堂教学中遇到的各种问题，分享自己解决某一教学问题的经历和成功经验；有的教师还可以把日常阅读中获得的国内外最新的英语教学思想、方法介绍给大家。研究者可以从研讨交流中获取一些课题选题的资料，通过深度加工，形成自己对课题选题的个人思考。

（五）从教育改革的热点中提出课题

近几年，教育领域的一系列重大改革措施陆续推出，考试招生制度、义务教育均衡发展、学生综合素质评价、教师交流轮岗等改革热点无不影响着每一位中小学教师，影响着中小学教育教学和管理工作，这些改革热点问题就是中小学教师课题研究的重要来源。

如，2016年3月，甘肃省人民政府印发了《甘肃省深化教育考试招生制度改革实施方案》，对全省高考综合改革进行了系统安排。2021年秋季学期起，甘肃省启动实施高考综合改革，从2024年起普通高考将实施"3+1+2"新方案，要求学生对自己的发展目标从高一开始就要有所研究和选择，生涯规划、选课制度构建、走班制学习等变化将给学校的管理、教师的教学、学生的学习带来巨大的挑战。围绕高考改革的热点、难点问题，普通高中教师可申报《新高考背景下普通高中学生生涯规划实践研究》《选课走班制度下普通高中学科教师协同育人策略研究》等课题。

(六)参考《课题指南》提出课题

《课题指南》是给课题申请人在选题时提供方向性指导和参考的官方文件。各级教育科研管理机构定期或不定期地就目前所面临的教育重点、热点、难点和急于解决的问题，发布一些教育科研课题指南，目的是供课题申请人选题参考，教师可以根据实际情况和自己的研究兴趣选择《课题指南》中的选题方向或领域。

需要特别提醒的是，《课题指南》实际上只是为课题申请人提供选题的基本方向和思路，其中的题目一般情况下都不宜直接作为研究课题，课题申请人必须根据自己的具体情况进一步细化和具体化，缩小研究范围，明确研究对象，聚焦研究内容，否则很容易出现选题过大的问题。特别是对中小学教师的课题来说，更应该从大处着眼，小处着手，选题要精准小，忌假大空。

教育科研小课题研究的选题来源涉及中小学教育教学的方方面面，内容非常广泛，没有办法全部列举。具体选择什么内容来研究，研究者要从实际出发，根据需要和研究目标来确定。

三、教研课题选题的基本要求

中小学教师小课题研究选题的基本要求是：立足于本职工作，立足于平时积累，立足于个人特点；注意对日常教育现象进行反思；大处着眼，小处着手，"小题大做"。大处着眼，是指选题的视域宽广，问题的原因把握准确，找到的解决问题的方法和策略即研究成果能给同行以启迪、帮助和示范，具有一定的推广价值。小处着手，是指选题所研究的问题集中在某一个点上，问题具体。"小题大做"，是指认真查找国内外专家对同一问题的研究结论，悉心分析、探寻问题产生的原因，周密策划研究路线图，反复实践、反思、论证，找到解决问题的方法，用心总结完善，使之系统化。

四、教研课题选题的基本原则

中小学教师在选择教研课题的时候，需要遵循一些基本原则，如果违背这些原则，很可能影响课题选题的质量和课题申报的成功率。笔者主要从是否值得研究和是否能够研究两个方面进行探讨。是否值得研究，考量的是课题研究的价值和解决问题的实效；是否能够研究，考量的是研究者的能力、地位和拥有的资源能否完成研究任务。概括讲，教育科研课题的选题要坚持需要性、创新性、科学性、效益性、可行性五个原则。

（一）教研课题选题的需要性原则

中小学教师申报的课题，应该以应用研究为主。研究者把自己在教育教学实践中遇到的问题上升为课题，从解决问题的需要出发开展探索研究。问题源自于教学实践，研究根植于教学实践，研究成果又服务于教学实践。所以，解决问题的需要是中小学教师开展课题研究的出发点。

（二）教研课题选题的创新性原则

创新性，指选择研究的问题新、内容新、对象新，观察、分析问题的视角新。课题的选择注重新颖性，不是已有研究的重复，而是要尽量在已有研究的空白领域或已有研究的发展变化和不足之处选取研究问题。此外，选择研究课题时，要特别关注中小学教育发展和教育改革的热点与难点问题，以提高研究问题和研究成果的创新性。如《生命教育理念在农村高中学校管理中的实践研究》《小学阶段"生意型家庭"子女教育问题研究》《高中女生学习物理的障碍与对策研究》三个课题，选题的视角就比较新颖独特，坚持了选题的创新性原则。

（三）教研课题选题的科学性原则

科学性，指研究的内容与教育教学有关系，符合科学研究和教育事业的发展规律，符合认知科学，且考虑问题要做到思维缜密。从学科门类看，中小学语文、数学、英语等不同学科各有属于自己学科的发展规律，在做课题研究时要充分考虑学科特点，重视学科的特殊性，努力使选题等各项研究工作更加科学合理。

（四）教研课题选题的效益性原则

课题选题的效益性原则，指课题研究过程能促进教师和学生的成长进步，课题研究的成果推广后，能有效解决教学中的相应问题，促进教育教学质量提升，即研究本课题能更好地服务于教育教学活动。一般情况下，课题选题的效益要从问题存在的普遍性、严重程度以及研究者的选题论证和研究设计情况来预测，如果研究价值和预期效益不大，就不选择研究。

（五）教研课题选题的可行性原则

所谓可行性，指课题研究者的能力、地位和拥有的资源能否完成研究，即在选择课题时要考虑到完成研究、达成研究目标的可能性。教育科研课题的选择必须从研究者的主观与客观条件出发，选择比较容易展开研究的题目。如果一个课题不具备主观或客观的实施条件，即使这个课题的意义与价值再大，也不宜选择展开研究。

第二节　课题名称的拟定

教研课题名称又称教研课题题目。选定研究的问题和内容后，就该拟定课题的名称了。课题名称是课题研究的眼睛，一个准确、醒目的课题题目，不仅能够吸引读者的眼球，还能让人第一眼就明白课题研究的问题、内容和研究方法，给人留下深刻的印象。同时，课题名称是有具体的命名规则或要求的，这也是课题立项考核的标准之一。研究者在选定研究的问题后，一定要高度重视课题名称的拟定，精准分析，仔细斟酌，科学命名。

一、课题的命题要求

课题命题的总体要求是：课题名称必须明确呈现研究的问题，准确反映研究的范围、内容和实质，要符合准确、规范、简洁、醒目等要求。

（一）课题名称要准确

准确，是指课题题目要明确表达研究的内容和目标，符合课题研究命题格式，文字准确、精练。课题名称要和研究内容一致，用一个适当的切入口，把研究的对象、问题概括出来。研究方法可以有，也可以没有。相对来说，有研究方法要比没有更好一些。如《"双减"背景下小学语文作业设计调查研究》《凉州区初中生课外阅读现状与对策调查研究》两个课题名称，不仅明确了研究的内容和对象，还点明了研究的主要方法——调查法。

（二）课题名称要规范

规范，是指课题名称所用的词语、句型符合课题题目的常见形式，不用似是而非的词句，不用口号式、结论式的句型，题目要用不带修辞手法的非结论性陈述句。如《强化教学反思，绽放课堂魅力》《班主任个案分析应纳入班主任工作的评价中》两个题目，都是结论性的陈述句，这种类型的题目就不符合课题研究的命题规范，是不能作为课题研究的题目的。有些教师在课题研究名称中用了比喻、拟人、夸张等修辞方法，这是不符合课题研究命题规范的。有的研究者拟定的题目是问句，或是祈使句和感叹句，这样的题目，也是不符合教研课题题目命题规范的。

（三）课题名称要简洁

简洁，是指课题名称不能太长，能不要的字尽量不要，控制在20个字以内，最多不要超过25个字。一般情况下，课题名称不建议用副标题。如《游戏活动在幼小衔接中的有效运用研究》《初中学生语文课后作业评价策略研究》《高中历史单元主题教学设计实践研究》三个课题名称，就比较简洁地表明了研究的问题、内容、对象等要素。

（四）课题名称要新颖

新颖，是指课题研究的切入口适宜、新颖，观察问题的视角新，研究问题的思路新、方法新，让人一看就对课题留下深刻的印象。如，《拼摆游戏对幼儿创新思维影响的研究》《普通高中"1+X"体育课程模式研究》《"时代楷模"精神融入道德与法治教学的实践研究》等，课题名称就比较新颖。当然，课题题目也不能一味求新，要在遵循客观、准确、规范、实用的基础上赋予新意，求真求新。

（五）课题名称最忌"空、大、泛"

"空、大、泛"，指选题研究的问题大，没有具体的问题指向和范围限制，研究的对象模糊，研究的周期长，研究的成效无法预测。如《新课程改革的理论与实践研究》《课堂教学有效性研究》《新课程课堂教学创新性研究》等课题。对于中小学教师或某个个体研究者而言，受研究者的能力、地位和拥有的资源等条件的制约，这样的课题是无从着手、无法完成的，几乎没有达成研究目标的可能性。

二、教研课题的命题格式

不同课题研究，其题目的拟定，都有各自的格式要求。教研课题的命题，要符合课题研究命题格式要求。教研课题的名称，有以下几种基本形式：

（一）×××的实践（行动、改进、应用）研究

如：

农村小学美术活动中培养学生主动性的实践研究

农村初中化学实验课改进研究

信息化条件下农村小学数学教学方式变革研究

多媒体技术在农村小学语文教学中的应用研究

（二）××对××的影响研究

如：

传统文化对儿童语文素养培养的影响研究

校本教研对教师专业成长的影响研究

（三）××与××的比较研究

如：

讲授式教学方式与探究、合作式教学方式的比较研究

（四）用××优化××的研究

如：

用多媒体手段优化初中阅读课堂教学的研究

用绘本优化小学低年级说话课教学的实践研究

三、把课题名称具体化的四个"小窍门"

文字准确、精练，内容具体化，是课题名称拟定的基本要求。如何具体化，这里推荐四个"小窍门"。

窍门一：突出特色。

如，"特色校园文化创建研究"，可具体化为"凉州区西关小学'和谐'校园文化创建研究"。

窍门二：对概念进行分解，忌大而空。

如，"培养小学生主体性的研究"，可通过增加具体学科，强调主体性、自主性、创造性等方法，具体化为"语文教学中培养小学生主体意识的案例研究"。

窍门三：限制研究范围。

可通过依次添加限制范围的词语的方法来实现。比较下面一组题目的不同表述，就会很快掌握操作技巧：

发挥学生主体作用的研究

发挥小学生主体作用的研究

在小学课堂教学中发挥学生主体作用的研究

在小学语文课堂教学中发挥学生主体作用的研究

在小学语文阅读教学中发挥学生主体作用的研究

窍门四：明确研究对象的总体范围。

看下面同一个题目的不同表述，就会发现随着研究范围的逐步缩小，课题研究的对象和目标越来越具体明确：

小学生课外阅读情况的调查研究

凉州区小学生课外阅读情况的调查研究

凉州区五年级学生课外阅读情况的调查研究

下面是甘肃省教育科学"十四五"规划 2021 年度武威市部分课题立项名单，研究者可以进一步阅读体会课题命名的相关技巧。

武威市 2021 年度省级课题立项部分名单

课题类别	课题名称	负责人	单位
重点课题	县域内有效推进城乡义务教育内涵发展的实践研究	田玉荣	***
重点课题	立德树人背景下初中学生学业负担综合治理实践研究	满金常	***
重点课题	减轻小学生过重课业负担的实践研究	赵建民	***
重点课题	深化新时代小学教师评价改革的实施途径研究	褚祺	***
重点课题	农村小学音乐教育现状及评价方式改革的探索	张振华	***
重点课题	普通高中跨学科融合教学的实践研究	赵文强	***
重点课题	义务教育课业负担合理化有效策略研究	张录寿	***
重点课题	新改革背景下普通高中教育评价体系的构建与实施	武国靖	***
重点课题	家校协同视域下农村初中生心理健康问题预防及干预机制研究	李玉乐	***
一般课题	地域文化资源在小学道德与法治课教学中的应用研究	付常山	***
一般课题	幼儿园足球课程游戏化教学的现状与对策研究	张强多	***
一般课题	Lapbook 在高中英语阅读教学中的开发应用研究	张世辉	***
一般课题	高中数学"问题链"教学的实践研究	徐创喜	***
一般课题	幼儿园区域游戏活动开展的困境及对策研究	刘文娟	***
一般课题	农村学校体育课堂预防安全事故的实践研究	王玉泽	***
一般课题	"五育并举"理念下童话课程资源的运用研究	段波	***
一般课题	农村小规模学校小班额"5+6"互动课堂教学模式的应用研究	李华贡尚	***
一般课题	小学数学课堂提问有效预设与调控的策略研究	周壮海	***
一般课题	农村寄宿制学校住校生生活行为习惯养成教育的策略研究	董发明	***
一般课题	高中语文群文阅读与微写作的对接研究	石晓丽	***
一般课题	生命教育理念在农村高中学校管理中的实践研究	田积山	***
一般课题	寄宿制小学有效利用课后服务培养学生自主学习能力的策略研究	张全元	***
一般课题	高中古代诗歌教学中批判性思维的培养研究	窦彩娟	***
一般课题	小学数学生活化作业设计实践研究	朱殿仕	***
一般课题	提高小学六年级数学总复习实效性的方法策略研究	刘志高	***

续表

课题类别	课题名称	负责人	单位
一般课题	依托"周期学习单"开展初中生整本书阅读的实践研究	刘学光	***
一般课题	基于"立德树人,厚植家国情怀"下的宋代诗词教学实践研究	牛森惠	***
一般课题	小学语文教学中学生课前预习习惯培养的策略研究	陈淼桃	***
一般课题	中学生音乐实践活动中党史文化渗透实践性研究	徐辉	***
一般课题	提高智障儿童送教上门工作实效性的实践研究	张堂生	***
一般课题	农村初中生自卑心理干预研究	魏志鹏	***
一般课题	小学数学教学中培养学生反思能力的策略研究	张玉梅	***
一般课题	农村中小学有效开展安全教育的实践研究	胡文元	***
一般课题	对小学高年级学生开展性教育的策略研究	陆春燕	***
一般课题	农村初中"三结合"育人方法实践研究	刘岩山	***
一般课题	园本情景剧表演促进幼儿发展的实践研究	管轶钟	***
一般课题	农村初中思政课堂中"四史学习"的应用策略研究	李永祥	***

第三节 课题的选题论证

教研课题的选题论证是指研究者在课题申报立项前对研究什么、为什么研究、怎样研究、研究取得怎样的预期成果等问题的梳理和阐述,这是证明课题研究价值和可行性的重点内容。选题能否成功申报立项,课题的研究计划能不能顺利实施,很大程度上取决于研究者对选题准确充分的论证和研究者对研究过程科学完整的规划。选题论证的目的是对选题进行价值分析,证明课题的研究价值,回答研究什么、为什么研究等问题。选题论证应包括本课题核心概念界定、研究现状述评、选题意义及研究价值等内容。

一、核心概念界定

概念界定，主要回答"课题研究什么"的问题。常见的核心概念界定的方法是：提取题目中的关键词，解释关键词，从关键词之间的逻辑关系中推测出课题要研究的问题、对象、内容、范围。核心概念界定按照"确定关键词—解释关键词—简述本课题研究的内容"的顺序进行。

如，课题《"五项管理"背景下普通高中学生发展指导路径研究》的核心概念界定：

五项管理：2021年以来，教育部陆续出台了关于加强中小学生手机、读物、睡眠、作业、体质管理的文件（简称"五项管理"）。"五项管理"工作是全面贯彻党的教育方针，坚持"五育"并举，落实立德树人根本任务，发展素质教育的一项重要举措。

学生发展指导：是指学校或教师通过指令、建议、劝诫、说明、示范等方式，加强对学生的理想、心理、学业、生活、生涯规划等方面的指导，促使普通高中学生提高生涯规划能力和综合发展能力。

学生发展指导路径：是指在"五项管理"背景下，通过调查、分析、探索、研究等措施，寻求学校在学生理想、心理、学业、生活、生涯规划指导等方面的新路径，并加以完善推广。

本课题从"五项管理"的政策要求入手，以多元化评价取代单一化评价，以"先学后教，当堂训练"的教学模式取代被动学习，以"百花齐放"式发展取代"一枝独秀"式发展，探究指导普通高中学生综合发展的有效途径，培树学生阳光积极心态，助推学生健康幸福成长。

又如，课题《小学语文课堂教学案例研究》的核心概念界定：

课堂教学案例：廖哲勋认为"课堂教学案例是指师生围绕主要主题或主要任务，经过曲折多样的教学过程而取得显著效果及经验教训的一种发人深思的教学事实"。王少非认为"所谓教学案例，是指用于教学的教师教学材料或有关教育活动的报告，通常由参与教育实践的教师以自身的实地经历作为原始资料来撰写。它是对某一事件的有技巧的叙述，常被置于某个大的事件或一系列事件背景中展开"。朱乐平认为"教学案例描述的是教学实践。它以丰富的叙述形式，向人们展示了一些包含有教师和学生的典型行为、思想、感情在内的事例"。

由上述定义可见，不同的研究者由于视角的不同导致对教学案例的内涵理解不同，但以上定义彰显出教学案例应具备的一般特点：其一，所有的教学案例均根据真实的教学实践形成；其二，所有的教学案例都是对教学实践和情境的完整、细致的记叙或反思；其三，所有的教学案例都是在一个情境中围绕问题解决或者体现某种教学观念、行为等所进行的记录与反思，不是记流水账，而是要体现教学案例的有效性、典型性和时代性。

课题组认为，教学案例是对蕴含一定教学问题及其解决办法，或在一定教育观念指导下实施的教学活动的真实记录与反思。本课题通过观察分析小学语文教学中的各类课堂教学案例，探索总结提高小学语文课堂教学效果的方法和策略。

二、国内外研究现状述评

研究现状是从已有成果的角度分析研究的必要性和针对性，回答为什么研究（选题原因）的问题。研究者通过梳理与本课题有关的文献资料，弄清楚前人在类似问题的研究中取得了什么成果，得到了什么结论，还存在哪些局限，在此基础上找到自己的研究立足点。

研究现状述评的描述顺序：先简述国内外该研究已经取得的成果，再分析已有成果发挥的作用和不能解决的问题，最后明确自己要研究的问题。

如，课题《优化幼儿园体育教学活动方法与策略研究》的现状述评：

美国的幼儿体育课教学有着广泛的社会基础，在社区里，家长带着孩子跑步、打棒球的场景随处可见，每个社区都配备健身器材供大家免费使用。日本儿童从幼儿园开始冬季耐寒训练，幼儿园体育教学活动通过丰富的游戏和适当的运动让幼儿理解健康与安全，并同时促进健康、增强体质，培养积极的生活态度。

伴随着我国幼儿人口基数的增加，幼儿教育开始成为社会关注的焦点，其中体育教育在幼儿教育中扮演着重要的角色。据北京市幼儿身体活动调研报告表明，幼儿家长为孩子选择的社会培训课程中有一半是体育活动类课程。近几年，国内幼儿教育不断改革发展，幼儿园体育教育工作越来越受到人们的重视，成功经验、有效方法不断涌现。

纵观现状，我国幼儿体育教育还存在诸多问题：一是部分教师对幼儿体育活动的认识不足、缺乏有效的组织方法，许多家长片面追求幼儿智能开发，忽视幼儿的体能锻炼；二是幼儿园教师指导的各种体育游戏活动，大都过多强化活动的游戏性，而忽略了孩子基本动作的发展；三是幼儿户外活动偏少，儿童适应大自然、适应气候变化的能力变差，长时间的室内体育活动严重影响了幼儿身心的健康和谐发展。

又如，课题《运用数学思维提升初中阶段班级管理效能的实践研究》现状述评：

1. 关于"班级管理的策略"的述评

日本教育社会学家片冈德雄指出，通过班级成员体验"某种满足"可以建立支持性风气浓厚的"参照集体"，并强调人际关系在集体活动中发挥很大的作用。美国心理学家奎伊（H.C.Quay）把问题行为分成品行性问题行为、性格性问题行为以及情绪上、社会上的不成熟行为等三种类型，问题行为是班级管理中一个普遍的现象，同时也是班级教师需要着力克服的难题。

教育学博士陈时见总结归纳了果断纪律、行为矫正、现实疗法、目标导向、和谐沟通、团体动力等六种行为管理理论模式，它对于班级管理的策略具有很大的借鉴意义。覃吉春、王静萍在《班级管理智慧》一书中从管理学视角，按照"班级文化、班级计划、班级组织、班级领导、班级激励、班级控制、班级创新"七大模块，分析了班级制度的构建，介绍了班级品牌的塑造，论述了班级文化的打造，并提出"以生为本"视角下的班级管理，应该以学生个性发展为目标，以此推动班级建设。

课题组成员认为，现阶段关于"班级管理的策略"的研究主要是在理论层面从教育学和心理学角度进行总结，对于初中阶段班级管理工作者来说视野还不够宽阔、操作方法还不够具体，还无法满足班级管理实践的需要。我们将用宽厚的理论基础作为支撑，在班级管理实践中运用多种学科视野进行总结，探索出一条有效的提升班级管理效能的途径。

2.关于"数学思维与班级管理结合"的述评

著名教育家张楚廷指出，应该全面发挥数学教育在提高人的整体素质中的作用，既提高人的逻辑修养，增强审美修养，又促进学生对真理的尊重、信仰乃至追求，锻炼学生的意志品质，改善心理素质。汤月明认为班级文化建设可以融入数学文化，数学文化融入班级文化建设可以培养学生的数学思维，提出以数学阅读构建文化氛围、趣味练习提升学生素养，构建数学环境营造班级文化、数学文化融入班级文化建设的创新机制。曹兴军在研究中同样认为数学文化如果能够融入班级建设将是班级建设的一大亮点，并提出了在行动上营造数学氛围、提高数学素养，丰富学生课余文化、实践活动以提升综合素质，除此之外还创造性地提出了搭建实施平台助力数学文化融入班级建设的策略。

课题组成员认为，数学是人们求真、求善、求美的殿堂。然而现阶段关于"数学思维与班级管理结合"的研究主要从数学教学层面探讨数学思维对个人的影响，忽视了数学思维与班级管理的有效结合，甚至是割裂开来进行研究。我们将结合自身实际，在班级管理实践中充分发挥数学思维的力和美，探索出一条运用数学思维提升班级管理效能的途径。

三、选题意义及研究价值

选题意义及研究价值指研究可能发挥的作用、带来的效果，主要论证该课题研究的必要性，进一步回答为什么研究（选题原因）。课题研究的意义或价值可从理论意义和实践意义两方面阐述。

理论意义，也称理论价值，指课题研究对该领域研究在理论上的积极影响，包括对理论发展的推动、创新等。

实践意义，也称应用价值，一般指课题研究可能对学生、教师、学校所发挥的积极影响。

中小学教师研究的课题，以实践研究为主，可以只阐述实践意义，建议具体落到师生、学校。如，课题《家园合作培养幼儿自我保护能力实践研究》的选题意义和研究价值：

1. 安全是幼儿园教育永恒的主题，它不仅牵涉幼儿园的稳定，还关系到社会的稳定，受到社会的广泛关注。加强幼儿园安全教育和开展幼儿自我保护能力的培养关系到每个幼儿的安全和健康，关系到每个家庭的幸福和平安。

2. 通过家园合作，将幼儿的安全教育与幼儿的自我保护能力的培养贯穿到家园教育的全过程中，使幼儿安全教育和自我保护能力的培养常态化，是落实幼儿安全教育目标的有效途径。

3. 在家园合作中，促进教师和家长的交流，丰富教育内容，创新教育方法，使教师在活动中形成新的感悟，提升教师能力，助推教师专业化成长。

也可以通过描述问题情境和分析问题原因的方法阐明课题研究的意义和价值。如，课题《培养小学生数学语言表达能力的实践与研究》的选题意义和研究价值：

长期以来，数学语言的教学并没有得到足够的重视，一谈及语言表达，人们联系的往往是语文教学。在我们的数学课堂上，教师还存在重视学生书面表达，轻视学生口语表达的现象。这种现象，导致一部分学生因没过好语言关而学习起来困难重重。

数学语言发展水平低的学生，课堂上对数学语言信息的敏感度较差，语言之间的转换不流畅，思维显得迟慢，从而造成数学知识接受和处理的困难。在合作交流时，往往只有少数几个学生争相发言，绝大多数学生光听不说，即使被迫发言，也是吞吞吐吐、语言啰嗦、词不达意、条理不清，有的干脆站立不语。

数学教学实践表明，数学语言发展水平低的学生，其数学能力也相对偏差，以致随着年级的升高，在解决数学问题上也越来越感到吃力，这不能不引起我们高度的重视。由此，我们提出了《培养小学生数学语言表达能力的实践与研究》这样的一个课题进行研究。

第四节　课题的研究设计

课题研究设计指课题研究的目标设计、课题研究的步骤设计两个要点，包括研究内容、研究方法、研究思路、研究假设、拟提出的新观点新思路、研究过程设计等内容，回答的是研究达成什么目标、怎么实施研究两大问题。

一、研究目标

研究目标是课题研究预期达到的水平和拟取得的成果。目标的确定要紧扣问题实际，描述要具体、简练、适度、有条理。

例如，《网络资源在小学作文教学中的运用研究》确定的研究目标为：

1. 更新教师的教育观念，改革单一作文教学形式和教学手段，增强教师的科研意识和科研能力，使教师由"经验型"向"科研型"转变。

2. 全面落实《语文课程标准》，通过多媒体网络手段创设情境，提供素材，指导中高年级学生掌握写作技能，初步具有观察事物、分析事物的能力，让学生逐步做到作文内容具体，有真情实感，遣词造句准确，通顺连贯，有条理。

3. 初步总结出网络资源与小学作文教学相融合的技术手段和教学策略，构建运用多媒体网络手段提高小学生作文能力的指导模式。

再如，《"五项管理"背景下普通高中学生发展指导路径研究》确定的研究目标为：

1. 在"五项管理"背景下，建立健全学校学生发展指导体系和落实机制。

2. 引导教师关注教学中"人的因素",从"指向智育的指导"走向"指向德智体美劳全面发展的指导"的转向。

3. 引导学生从关注学科课程转向关注理想、学业、身体、发展,掌握"独立行走"的技能。

4. 尝试以多元化的评价体系和"先学后教,当堂训练"的教学模式,通过丰富多彩的学习活动,增强学生综合素质,培育学生阳光心态。

5. 探究推动学生综合发展的有效途径,形成"百花齐放"的学生发展新局面。

二、研究内容

课题的研究内容,指课题研究所要观察、探究、分析的对象、领域、事件或问题等。研究内容要根据研究目标来确定,要抓住主要方面,依照内容之间的逻辑关系,具体明确地呈现。

如,《提高农村小学法制教育效果的实践研究》确定的研究内容:

1. 梳理学校近年来开展法制教育的有效做法。
2. 分析学校法制教育的现状和存在的问题。
3. 讨论确定学校开展法制教育的时间、途径、方法、措施和实施方案。
4. 探索并构建农村小学法制教育的有效实施体系。

再如,《初中女生"尚和合"思想教育培养策略研究》确定的研究内容:

1. 基于学生的当今初中女学生"尚和合"思想的现状调查。
2. 基于家庭的当今"尚和合"思想对女学生成长的影响分析。
3. 基于学校教育的培养学生树立"尚和合"思想的途径和办法探索。

三、研究假设

研究假设,是对研究结果的预测,是研究者针对问题和已有的资料,预设出的解决问题的设想、方法和思路。

如,《初中生本自主互动作文教学实施策略研究》的研究假设:

1. 以生本自主互动作文教学模式和理念为指导，构建和完善初中阶段作文序列化训练体系，让作文教学有章可循，教师会教、善教，学生爱写、会写。

2. 充分激发学生的自主参与意识与个性表达，使写作训练走上科学高效的训练轨道。

3. 引导学生从体验生活、积累素材、培育思维、掌握方法技巧到写作审题、写作构思、写作讨论、写作评议、写作修改、写作反馈的全过程，形成完善、科学、有序的作文训练体系。

四、拟创新点

没有创新，课题就没有研究价值。拟创新点，指课题研究拟提出的新方法、新策略、新模式。创新点一般可以从核心概念，研究内容，研究策略的可操作性、科学性、合理性等方面提出。

如，《小学生学业成就评价改革研究》中，将拟创新点确定为：

1. 在学生学业成绩评价这一层面构建评价体系，既可使考试的内容及形式的改革得以深入，同时又使其他评价方式发挥其特有的作用，相得益彰。

2. 把学习态度、学习兴趣以及学习自信心等非认知因素作为评价内容的组成因素。

3. 研制一套适合一线教师使用的学生学业成绩实用性评价工具，为教师科学地评价学生学业成绩提供便利。

五、研究思路

课题的研究思路，是指研究的基本路径，体现的是研究过程的逻辑关系。通过研究思路的表述，把研究目标和内容串起来，具体阐述从什么地方切入，先做什么，再做什么，取得什么结果，一步步把研究工作的基本过程讲清楚。

课题研究思路的撰写，要满足扣题、开阔、清晰的要求。

扣题就是要紧紧地把握住课题题目，不偏离这个题目研究的方向，也不要超出这个范围，要准确地朝着研究目标达成的方向推进。整体思路具有合理性，不扩大化。

开阔，就是指研究思路要涵盖研究的内容，体现各项研究内容的先后顺序，基本要达到一一对应关系。而且要结合实际写具体一点，不要太抽象。

课题研究思路的撰写，一般采取"为了达到……（研究目标），首先……（采用什么方法做什么）；其次……（采用什么方法做什么）；最后……（采用什么方法做什么）"的表达方式。

如，《优化幼儿园体育教学活动方法与策略研究》的研究思路：

  紧扣"优化幼儿园体育教学活动"这一主题，首先总结幼儿园已有的体育教育活动的成功经验，查找幼儿园开展体育教育活动中存在的问题。然后再观察分析幼儿园已有体育教育活动的不同类型，预设优化不同类型体育活动的新的系列方法，并对应设计验证这些方法的实践活动。之后组织落实实践验证活动，在行动研究中探索总结优化各类幼儿体育活动的方法策略。最后制定优化幼儿园日常体育教育活动的制度，总结建构出高效的幼儿园体育教学活动的组织模式、操作方法和策略体系。

六、研究方法

教育科研课题研究要有针对性地运用合适的研究方法。常用的研究方法有文献研究法、调查研究法、个案研究法、行动研究法等。

（一）文献研究法

文献研究法主要指收集、鉴别、整理文献，并通过文献的研究形成对事实的科学认识的方法。

研究设计时对文献研究法的描述，需要阐明通过××途径对××方面的文献进行搜集与整理，为课题研究提供××方面的借鉴。

（二）调查研究法

调查研究法指通过考察了解客观现实，直接获取有关资料，并对这些资料进行分析的研究方法。调查研究时，可以采取问卷调查、访谈调查、现场观察和查阅档案等几种形式。

研究设计时对调查研究法的描述，需要阐明调查的对象、调查的内容、调查的方法等。

（三）个案研究法

个案研究法就是广泛搜集个例的资料，了解个案现状及发展历程，对单一研究对象的典型特征进行深入而缜密的研究分析，确定问题症结，进而提出建议和对策的一种研究方法。

研究设计时对个案研究法的描述，需要阐明所要选择的研究对象及如何搜集个案的资料和数据等。

（四）行动研究法

行动研究法是指教育实践工作者和教育研究者有计划、有步骤地对教育实践中产生的问题，边研究边行动，以解决实际问题的一种科学研究方法。

研究设计时对行动研究法的描述，需要阐明如何通过"计划—行动—观察思考—再行动—再思考"等环节不断调整和改进的进程和效果。

七、技术路线

技术路线，是指课题研究者以研究假设为核心，将研究内容、研究方法、研究步骤有机地结合起来的逻辑结构。

科学的技术路线呈现了课题研究的思路、方法、路径等，可以让参与的研究人员知道这个课题研究从哪里入手、开展哪些研究活动、达成哪些研究目标等。

在撰写技术路线时，我们可以用文字描述，也可以用思维导图来展示。思维导图相较文字来说会更加清晰。

如，《基于创客教育的中学物理课堂教学设计研究》设计的技术路线图为：

```
                    ┌─────────────────────────────────┐
                    │ 基于创客教育的中学物理课堂教学设计研究 │
                    └─────────────────────────────────┘
                                    │
        ┌───────────┐    ┌────────────────────────┐    ┌──────────────────┐
        │ 文献研究法 │───▶│ 创客教育融入中学物理课堂的 │───▶│ 论文:《创客教育内容融 │
        └───────────┘    │       内容研究          │    │ 入中学物理课堂》《创 │
                         └────────────────────────┘    │ 客教育教学方法融入中 │
                         ┌────────────────────────┐    │ 学物理课堂》        │
                      ──▶│ 创客教育融入中学物理课堂的 │───▶│                  │
                         │       方法研究          │    └──────────────────┘
                         └────────────────────────┘
        ┌───────────┐    ┌────────────────────────┐    ┌──────────────────┐
        │ 行动研究法 │───▶│ 创客教育融入中学物理课堂的 │───▶│ 案例:《创客教育融入中 │
        └───────────┘    │       实践研究          │    │ 学物理课堂的实践研究》│
                         └────────────────────────┘    └──────────────────┘
        ┌───────────┐    ┌────────────────────────┐    ┌──────────────────┐
        │ 调查研究法 │───▶│ 创客教育融入中学物理课堂的 │───▶│ 研究报告:《基于创客教 │
        └───────────┘    │       评价研究          │    │ 育的中学物理课堂教学 │
                         └────────────────────────┘    │ 实效性研究》        │
                                                       └──────────────────┘
```

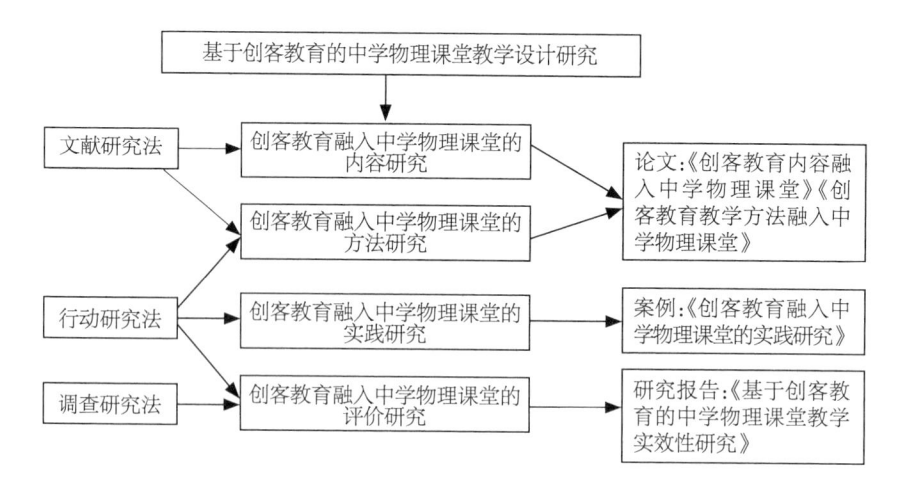

再如,《基于小学音乐课融入舞蹈元素提高学生对音乐韵律美的感受力的研究》设计的技术路线图为:

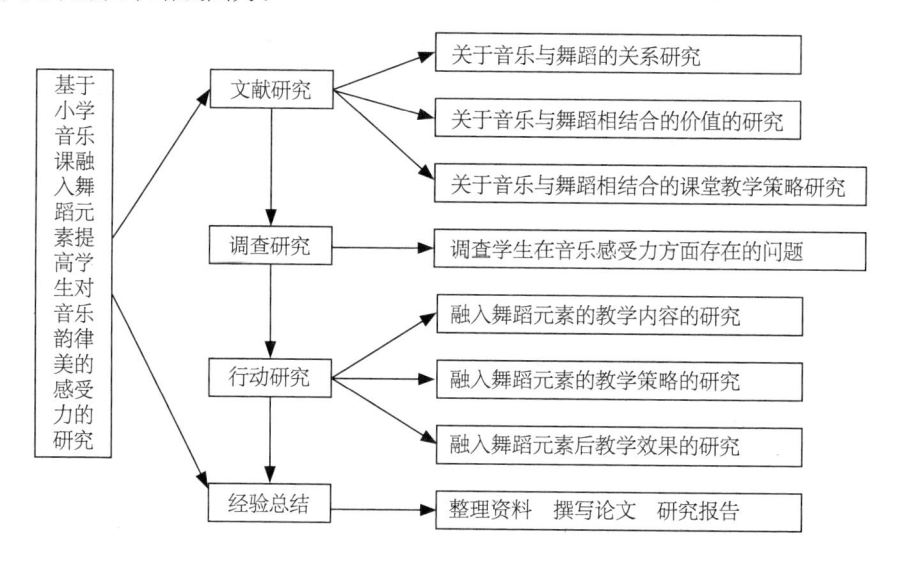

```
                          ┌──────────┐───▶ 关于音乐与舞蹈的关系研究
                       ──▶│ 文献研究 │───▶ 关于音乐与舞蹈相结合的价值的研究
                          └──────────┘───▶ 关于音乐与舞蹈相结合的课堂教学策略研究
  基于小学音乐课
  融入舞蹈元素提     ──▶ ┌──────────┐
  高学生对音乐韵        │ 调查研究 │───▶ 调查学生在音乐感受力方面存在的问题
  律美的感受力的        └──────────┘
  研究
                          ┌──────────┐───▶ 融入舞蹈元素的教学内容的研究
                       ──▶│ 行动研究 │───▶ 融入舞蹈元素的教学策略的研究
                          └──────────┘───▶ 融入舞蹈元素后教学效果的研究
                          ┌──────────┐
                       ──▶│ 经验总结 │───▶ 整理资料  撰写论文  研究报告
                          └──────────┘
```

八、实施步骤

实施步骤,就是课题研究在时间和逻辑顺序上的安排。研究的步骤要充分考虑研究内容之间的逻辑关系以及难易程度,一般都是从基础研究内容开始,分阶段进行。每个阶段从什么时间开始,到什么时间结束,都要有具体的规划;每个阶段完成什么研究工作、开展哪些研究活动、达成什么研究目标,要做详细预设。

实施步骤设计、规划应体现科学详尽、逻辑清晰、便于操作等要求。各阶段的划分和工作内容设计可参考以下提示撰写：

(一)准备阶段(×年×月—×年×月)：大体包括调查和前测、进行理论学习、制定研究方案、建立实验组织机构、确立研究策略等。

(二)实施阶段(×年×月—×年×月)：大体包括如何实施研究方案、完善修改研究方案、发表成果论文、撰写中期报告等内容。应设计系列研究活动、拟达成的研究目标等。

(三)总结阶段(×年×月—×年×月)：大体包括收集研究的过程性资料，通过理性思考，对材料进行统计分析和加工，设计出预期成果的形式，写出研究报告，申请课题鉴定等。

如，《家园合作培养幼儿自我保护能力实践研究》设计的实施步骤为：

第一阶段：准备阶段(2020年5月—2020年10月)

1. 确定研究专题，进行选题设计论证和可行性论证，申请立项。

2. 查阅学习家园合作培养幼儿自我保护能力的文献资料，收集典型案例，整理成功经验。

3. 调研乡镇幼儿园安全教育和儿童自我保护能力教育现状，梳理存在的问题，撰写《幼儿园安全教育和儿童自我保护能力教育现状分析报告》。

4. 预设家园合作培养幼儿自我保护能力的教育内容、形式和方法，制定研究方案。

第二阶段：实施阶段(2020年12月—2021年12月)

1. 根据家园合作培养幼儿自我保护能力的教育内容，设计主题活动，创编活动游戏，根据不同的幼儿教育内容，开展各类幼儿自我保护能力教育活动。

2. 整理活动案例，研讨活动成效，总结成功经验和有效方法，整理编辑幼儿自我保护能力教育活动游戏案例集，撰写论文《家园合作共育培养幼儿自护能力》。

3. 召开由幼儿教师、儿童家长参加的幼儿安全教育培训研讨会，引导家长树立从小培养幼儿自我保护能力的安全意识，向家长推荐安全自护教育活动游戏，让安全自护教育成为亲子游戏的一部分。

4. 请家长出谋划策，收集不同形式、不同内容的培养幼儿自我保护能力的方式方法，甄别筛选，与幼儿教师和家长分享，运用实践，修改完善，总结固化。

5. 观察幼儿室内活动的各种情形，以幼儿丰富多彩的室内活动为抓手，分析总结幼儿室内活动中培养自护能力的各种方法，撰写论文《在室内活动中培养幼儿的自我保护能力》。

第三阶段：总结阶段（2022年1月—2022年5月）

1. 整理过程性资料。包括调研访谈记录、游戏活动说明、游戏活动设计、活动记录、活动反思、活动录像等。

2. 整理研究成果。包括阶段性报告、论文、优秀案例等。

3. 编撰论文集，开发凉州区武南幼儿园培养幼儿自我保护能力校本课程。

4. 撰写结题报告，申报结题。

第五节　课题的可行性分析

可行性分析，指对确保完成本课题研究的水平、能力和条件进行分析的一种方法。可行性分析的内容主要包括已经取得的研究成果和社会影响，主要参与者的学科教学背景、研究经验和组成结构，以及完成课题的保障条件三个方面。

一、已经取得的研究成果和社会影响

（一）已经取得的研究成果和社会影响

已取得的相关研究成果，主要指在研究者之前完成的课题研究、发表的论文等。社会影响，是指已完成课题、论文的发表、转载、采纳和获奖情况等。论证

时，要尽量将与申报课题有直接关系或间接关系的已有成果列举出来，有直接关系的成果，表明完成课题研究有良好的基础，如期完成研究的可能性大。

如，《普通高中实施"生命安全与健康教育"策略研究》列举的已有成果：

1.论文《高考改革背景下高中化学结合多媒体教学方法的探究》，2020年4月发表于《数字通信世界》。

2.论文《新高考背景下高中化学教学策略研究》，2020年6月发表于《课程教育研究》。

3.论文《基于学生兴趣视角的高中古典文学探究性学习研究》，2021年8月发表于《内蒙古教育》。

4.课题《高考改革对高中教育教学的影响研究》，2021年9月通过市级鉴定。

(二)主要参考文献

主要列举已经取得的成果的参考文献和设计该课题研究时的参考文献。

如，《智慧教室环境下小学语文"混合式学习"课堂教学研究》列举的主要参考文献：

[1]祝智庭,贺斌.智慧教育：教育信息化的新境界[J].电化教育研究,2012.

[2]祝智庭."教育信息化带动教育现代化"的文化诠释[J].中小学信息技术教育,2007.

[3]黄荣怀.智慧教育的三重境界：从环境、模式到体制[J].现代远程教育研究,2014.

[4]孙众等.混合学习的深化与创新——第八届混合学习国际会议暨教育技术国际研讨会综述[J].中国远程教育,2015.

[5]吴东醒.网络环境中面向混合学习的教学模式研究[J].中国电化教育,2008.

[6]扈志洪,吴海霞,冯伟.构建混合式学习(B-learning)模式的策略探讨[J].重庆教育学院学报,2007.

二、参与者的学科教学背景、研究经验和组成结构

这部分需要概括叙述课题组主要参与者的学科教学背景、研究经验和组成结构（职务、专业、年龄等）。

如，《普通高中实施"生命安全与健康教育"策略研究》列举的主要参与者为：

课题负责人刘潇，中学高级教师，甘肃省"园丁奖"获得者，负责的市级课题《高考改革对高中教育教学的影响研究》于2021年结题，多篇论文发表于省市级刊物，曾担任武威市第二中学教研处副主任。多次被学校评为"优秀共产党员""优秀班主任""优秀教师"，曾获得学校"高考特殊贡献奖"，管理能力强，教学水平高，有较高的科研水平。

课题组成员刘茂山，文学学士，中学一级教师，从事语文教学15年，担任班主任9年，有多篇论文发表于《内蒙古教育》《学周刊》等杂志，2017年获武威市中小学教师教学技能大赛三等奖，曾多次被学校评为"优秀共产党员""优秀班主任"，有较高的科研水平和组织协调能力。

课题组成员车永陟，中学一级教师，从事体育教学12年，担任班主任7年，多次被武威市教育局评为"优秀教练员""优秀裁判员"，多次被学校评为"优秀共产党员"，有较高的科研水平和组织能力。

课题组成员韩莹莹，中学一级教师，从事音乐教育10年，音乐课例《第二单元 飞翔的翅膀——欣赏——天鹅》获"一师一优课"省级二等奖，指导学生参加诵读比赛多次获得市级"优秀指导教师"称号。

三、完成课题的保障条件

完成课题的保障条件，主要指完成课题研究所具备的客观条件，如时间是否允许，人员是否得力，研究手段是否具备，学校领导是否支持等。

如，《智慧教室环境下小学语文"混合式学习"课堂教学研究》完成课题的条件保障描述为：

1. 完善的软硬件设施。课题组成员所在学校有万兆光纤校园网络，信息

技术设备先进。各教室均配置"班班通"智能交互一体机，研究教师均有自己的专用笔记本电脑，可供查阅资料。

2.务实的课题组成员。参与课题研究的教师均为学校骨干教师，都承担着一线教学任务，均具备利用信息技术进行高效课堂教学研究的能力，具有较好的理论修养和丰富的教学经验，在日常教学中敢于实践新的教学方法，并能结合教育理论写出关于课堂改革等实践的论文。

3.有效的教科研机制。课题主持人所在学校始终坚持以"文化立校、书香润校、科研兴校、信息强校"的办学理念，在教科研的组织管理、制度保障、考核奖励、研究资料获取等各个方面，建立了较为完善的制度。良好的教学教研风气、健康的科研氛围为课题研究工作的正常开展提供了可靠的保障。

第三章
课题的申报

　　课题申请评审书是为课题立项审批领导机构提供评审、批准立项的文本依据，网上上传的课题申报材料是其电子依据。填写课题申请评审书是课题申请工作的关键环节，也是网上上传课题申报材料的必要准备，更是课题能否申请成功的决定性步骤。本章就课题申请评审书怎样填写，网络怎样上传课题申报材料等问题做些基本的说明。

第一节　填写立项申请评审书

一、立项评审书的主要内容

2022年3月，甘肃省教育科学规划领导小组办公室修订的《甘肃省教育科学"十四五"规划2022年度课题立项申请·评审书》(以下简称《评审书》)的主要内容包括：

1. 负责人及研究人员情况。
2. 负责人及课题组成员近三年来取得的教育科学研究成果。
3. 预期研究成果。
4. 课题设计论证。
5. 完成课题的可行性分析。

二、负责人及研究人员情况

（一）课题名称

课题名称也叫课题标题，应准确、简明反映研究内容。教研课题的生成及教研课题的拟定前文已详述，这里不再赘述。

（二）课题负责人

课题负责人，指真正承担课题研究和负责课题的研究者。不能承担实质性研究工作的，不得申请。每个课题限报负责人一名。负责人只能申报负责一项课题，且不能申报参与其他课题，有在研省级规划课题的负责人不允许申报。申报重点课题的负责人须具有高级及以上专业技术职称职务。申报一般课题的负责人必须具有中级以上职称（含中级），不具备中级职称的需两名高级及以上专家推荐。

（三）课题参与成员

课题参与成员指真正参加本课题实质性研究的工作者，不含课题负责人，不能空挂名，并按承担研究任务的多少排序，不包括科研管理、财务管理、后勤服务人员。参与者只能参与申报两项课题，有在研省级规划课题的参与者只能参与申报一项。一项课题的参与者，最多不得超过10人。

（四）预期的主要研究成果形式

表中列举了专著、译著、研究报告、论文、实验报告、工具书、电脑软件等多种形式，可以做多项选择。

（五）预计完成时间

课题完成期限规定为2—4年，可以根据课题大小和研究工作规划执行的具体情况选择。

三、负责人及课题组成员近三年来取得的教育科学研究成果

主要填写负责人和课题组成员近年来取得的与本课题相关的研究成果，可以填直接相关研究成果，也可以填间接相关研究成果。所要填写的研究成果必须是近三年来已正式公开发表的成果。

如，《家园合作培养幼儿自我保护能力实践研究》负责人及课题组成员近三年来取得的教育科学研究成果：

成果名称	著作者	成果形式	发表刊物或出版单位	发表出版时间
信息技术在幼儿园教育中的应用研究	张俊山	D 论文	长江丛刊	2018.06.20
浅谈内环境创设对幼儿园环境建设的作用	王忠华	D 论文	新课程（综合版）	2018.05.10
推进幼儿园内环境创设的策略思考	王忠华	D 论文	教学与研究	2018.06.20
分析游戏在幼儿教学中的应用	史金花	D 论文	赢未来	2018.07.24
探析幼儿体育游戏的趣味性	史金花	D 论文	中国教师	2020.05.25

四、预期研究成果

预期研究成果，是根据课题研究的问题、目标、内容和研究设计预设出来的。填写时，要把预设出的每个研究阶段的研究成果，如方案、报告、论文等具体化，并拟定成果名称，然后选择重要的填写。预期研究成果分"主要阶段性成果"和"最终研究成果"两块填写，"最终研究成果"应包含在"主要阶段性成果"中。

如，《普通高中实施"生命安全与健康教育"策略研究》预期研究成果：

主要阶段性成果（限报 8 项）					
序号	研究阶段（起止时间）	阶段成果名称	成果形式	负责人
1	2022 年 6—8 月	普通高中生命安全与健康教育现状调查报告	C 研究报告	***
2	2022 年 8—12 月	普通高中实施生命安全与健康教育策略研究开题报告	C 研究报告	***
3	2022 年 12 月	影响普通高中实施生命安全与健康教育的主要因素	D 论文	***
4	2023 年 1—10 月	普通高中实施生命安全与健康教育策略研究中期报告	C 研究报告	***
5	2023 年 1—10 月	浅谈普通高中实施生命安全与健康教育的方法	D 论文	***
6	2023 年 10—12 月	普通高中实施生命安全与健康教育有效途径	D 论文	***
7	2023 年 10—12 月	生命安全与健康教育教学案例集	H 其他	***
8	2024 年 1—4 月	普通高中实施生命安全与健康教育策略研究结题报告	C 研究报告	***
最终研究成果（限报 3 项，其中必含研究报告和系列研究论文）				
序号	完成时间	最终成果名称	成果形式	负责人
1	2022 年 12 月	浅谈普通高中实施生命安全与健康教育的方法	D 论文	***
2	2023 年 12 月	普通高中实施生命安全与健康教育有效途径	D 论文	***
3	2024 年 4 月	普通高中实施生命安全与健康教育策略研究结题报告	C 研究报告	***

再如,《提高农村小学法制课教育效果的实践研究》预期研究成果:

主要阶段性成果(限报8项)				
序号	研究阶段 (起止时间)	阶段成果名称	成果形式	负责人
1	2018年4月—6月	农村小学法制课教育现状调研报告	研究报告	***
2	2018年8月—10月	提高农村小学法制课教育效果的实践研究开题报告	研究报告	***
3	2018年7月—12月	提高农村小学法制课教育效果有效方法例谈	论文	***
4	2019年1月—5月	提高农村小学法制课教育效果的实践研究中期报告	研究报告	***
5	2019年5月—7月	开拓农村小学法制课教育新途径	论文	***
6	2019年1月—8月	提高师生法制观念,培养小学生从小遵纪守法的良好品德	论文	***
7	2020年1月—3月	农村小学法制课教育案例集	其他	***
8	2020年4月—6月	提高农村小学法制课教育效果的实践研究结题报告	研究报告	***
最终研究成果(限报3项,其中必含研究报告和系列研究论文)				
序号	完成时间	最终成果名称	成果形式	负责人
1	2018年12月	提高农村小学法制课教育效果有效方法例谈	论文	***
2	2019年7月	开拓农村小学法制课教育新途径	论文	***
3	2020年6月	提高农村小学法制课教育效果的实践研究结题报告	研究报告	***

有些研究者填写此表时,把"阶段成果名称"误填为阶段工作内容,造成评审专家看不到预期成果,使课题不能顺利通过评审立项。提醒研究者填表前应做充分准备,完整规划研究过程,认真预设阶段性成果名称,准确填写该表格。

五、课题设计论证

课题设计论证是《评审书》的核心内容。有关课题设计论证的内容和方法已在本书第二章详述,可参考下表括号内的提示规范填写。

课题设计论证填表提示

1. 本课题核心概念的界定，国内外研究现状述评、选题意义及研究价值； 2. 本课题的研究目标、研究内容、研究假设和拟创新点； 3. 本课题的研究思路、研究方法、技术路线和实施步骤。
一、本课题核心概念的界定，国内外研究现状述评、选题意义及研究价值 1. 核心概念界定 （概念1+概念2+……+本研究的问题、对象、内容、目的） 2. 国内外研究现状述评 （先简述国内外该研究已经取得的成果，再评述已有成果解决了什么问题、发挥了什么作用，最后描述自己教育教学中遇到的用以上方法解决不了的问题，明确本研究的必要性） 3. 选题意义 （研究能解决什么问题或发挥什么作用；中小学教师研究的课题，以实践研究为主，可以只阐述实践意义。一般指完成这个课题研究将对学生、教师、学校和一个地区的教育发展有什么作用，建议具体到师生、学校） 4. 研究价值 （研究能带来什么好处和效果。若意义和价值不好分开表述，可放在一起简述） 二、本课题的研究目标、研究内容、研究假设和拟创新点 1. 研究目标 （研究目标，是指通过研究所要达到的水平和取得的成果。不宜贪多求全，简述三至五条即可） 2. 研究内容 （指观察、探究、分析的对象、领域、事件或问题，即具体要研究的东西） 3. 研究假设 （针对问题，预设出解决问题的方法、策略和思路。应与研究的问题、目标、内容相匹配） 4. 拟创新点 （概述拟提出的新方法、新策略、新模式，一般可以从核心概念、研究内容、研究策略的可操作性、科学性、合理性等方面提出） 三、本课题的研究思路、研究方法、技术路线和实施步骤 1. 研究思路 （指研究的基本路径，体现的是研究过程的逻辑关系。找准"入口"或"抓手"，按研究工作开展的先后顺序简述） 2. 研究方法 （应填写各种研究方法在本研究过程中的运用方式、拟达成的目标等，切忌名词解释） 3. 技术路线 （应该简要地写出研究的路线或流程。建议用思维导图呈现）

续表

> 4.实施步骤
> （把研究过程分为若干阶段，围绕研究的中心和重点，规划出每个阶段做什么工作、开展什么研究活动、取得什么成果，然后具体地写出来。活动过程要思路清晰，突出活动化、系列化、渐进性、可操作性等特点）

下面是课题《利用乡土资源丰富农村幼儿园区角活动的实践研究》完整的设计论证：

一、本课题核心概念的界定，国内外研究现状述评、选题意义及研究价值

（一）核心概念界定

乡土资源：指幼儿所在地的自然生态和文化生态，包括乡土地理、风俗习惯、传统文化、名人足迹、生产生活经验等。

区角活动：是一种区域性的活动，就是给孩子提供材料，让孩子以小组或个人的形式自主进行观察、探索、操作的活动形式。核心内容是立足于幼儿能力的培养，突出幼儿学习的自主性和主体性，让幼儿通过直接感知、亲身体验、实际操作获得经验和知识。幼儿园开展区角活动，要坚持适切性、趣味性、可操作性、价值性等原则。

农村幼儿园：坐落在乡镇的幼儿园，其特点是教育设施简陋，游戏设备少，缺乏合格的游戏场地，家长的教育观念落后。

本课题立足凉州区农村幼儿园实际情况，通过实施利用农村乡土资源丰富农村幼儿园区角活动的具体实践活动，探索并构建可操作、能推广的农村幼儿园特色化办园经验和方法体系。

（二）国内外研究现状述评

美国学者约翰·托马斯主张，幼儿活动区并不专指专门开设出来的"区角"，应包括教室内的任何一个区域。他认为，要注意各项区域活动之间的平衡问题，动区和静区要分开，以免互相干扰，而且每次活动中以5—6个活动区为宜。哈佛大学的加德纳教授和塔夫茨大学的费尔曼教授共同主持的光谱方案中的一个核心内容就是区域活动，它针对幼儿的独特性和个性发展设计

了八个领域，幼儿可以根据自己的兴趣和发展需要自由选择活动区，教师主要给幼儿提供丰富的、富有刺激性的材料，着重培养幼儿学术能力以外的其他能力和特长。

我国《3—6岁儿童学习与发展指南》指出，幼儿园教育应创设良好教育环境，让幼儿通过直接感知、亲身体验、实际操作获得经验。《浙江省学前教育保教管理指南》中指出："关注主题环境的创设和活动空间的利用，积极利用乡土资源、家长资源、生活资源，创设适合本班幼儿自主活动的区域环境。"

利用本土资源开展幼儿园区域活动的研究，国外已经形成了较为完整的思想体系和操作方法体系，但国内还处在摸索阶段。近几年，利用本土资源开展区域活动的研究在全国各地陆续展开，但截至目前还没有成熟的经验和系统的方法。我国西部农村幼儿园教育设施简陋、游戏设备少，缺乏合格的游戏场地，家长的教育观念落后。开发本土资源，因地制宜地创设并开展多样化的区角游戏活动，能够丰富农村幼儿园儿童的学习生活，促进农村幼儿健康成长，具有重要的实践和研究价值。

（三）选题意义

1.为解决农村幼儿园办园经费少、游戏设施不足和开展区角活动材料短缺等问题探索有效的解决途径。

2.教师能在活动中形成新的感悟，提升教师能力，助推教师专业化成长。

3.通过研究，培养幼儿变废为宝、创造发明的科学意识。

（四）研究价值

1.用低成本的本土资源来丰富幼儿园区角活动的内容，不仅有利于解决农村幼儿园教育资源短缺的问题，还有利于幼儿园勤俭办园，形成特色。

2.在创设区域活动角的过程中，教师将目光转移到身边，关注并选择适合儿童成长的本土资源，工作的主动性、创造性得以充分调动，自身素养有望全面提升。

3.儿童在日常事物创设的熟悉的、感兴趣的区角中进行游戏操作、体验交流，动手操作能力、创造力、交往能力有望得到充分发展；同时，幼儿从小接受本土优秀文化熏陶，可有效培养幼儿热爱生活、热爱家乡、热爱国家的情感。

二、本课题的研究目标、研究内容、研究假设和拟创新点

（一）研究目标

1. 为农村幼儿园的孩子提供健康丰富的生活和活动环境，满足他们多方面发展的需求，使他们在快乐的童年生活中获得有益于身心发展的经验。

2. 开发有利于儿童成长的乡土资源校本课程，丰富农村幼儿园园内文化，实现农村幼儿园勤俭办园、特色发展的目标。

3. 总结在农村幼儿园区角活动中有效利用乡土资源的成功经验和有效方法，辐射周边，提高农村幼儿园办园质量。

（二）研究内容

1. 农村幼儿园开展区角活动的现状、成功经验、存在的问题。

2. 农村本土化资源中适于收集开展幼儿园区角活动材料的方法和要求，合理创建特色活动角的方法和要求。

3. 创设和实施农村幼儿园本土化区角活动的原则方法和有效策略。

（三）研究假设

1. 用低成本的本土资源丰富幼儿园区角活动的内容，解决农村幼儿园教育资源短缺的问题，改变以往活动区形式化、单一化的现象。

2. 更新幼儿教师组织区角活动的观念，学会利用身边教育资源丰富提升幼儿区角活动，促进教师的专业成长。

3. 利用本地农村具有教育属性的人文、社会和自然资源丰富幼儿园区角活动，让幼儿在区角活动中按照自己的意愿参与活动，大胆创新，促进儿童健康成长，为农村创办特色幼儿园探路奠基。

（四）拟创新点

1. 利用乡村资源，创设幼儿园特色区域活动，发挥环境育人的功能，培养儿童快乐成长。

2. 让幼儿在特色化的区角活动中了解家乡的地理风俗、传统文化、名人

足迹和生产生活经验，激发幼儿的求知兴趣及探索精神，培养幼儿从小热爱家乡的朴素情感。

3.利用特色乡土资源丰富农村幼儿园园内文化，助力农村幼儿园勤俭办园，提升农村幼儿园保教质量。

三、本课题的研究思路、研究方法、技术路线和实施步骤

（一）研究思路

针对凉州区武南镇公办、民办农村幼儿园开展区角活动存在的设备简陋、材料短缺、活动单一等问题，组织幼儿教师收集适合幼儿教育的乡土材料，分类创设特色化的幼儿园区域活动角。在此基础上，引导教师大胆创新，科学组织幼儿区角活动，开发农村幼儿园区角活动乡土资源校本课程，构建实施乡土区角活动的原则方法和有效策略，提升农村幼儿园办园质量。

（二）研究方法

1.文献研究法。查阅幼儿园区角活动的相关资料，借鉴国内外名园开展区角活动的成功经验，设计和完善农村幼儿园区角游戏活动的方法体系。

2.行动研究法。扎实实施研究方案，把已有的和预设出的区角游戏活动的组织形式、方式方法付诸农村幼儿园特色区角活动的教学实践之中，反复实验论证，去伪存真，总结概括，最终形成特色化的农村幼儿园区角活动的实施机制和方法体系。

3.调查研究法。走访凉州区武南镇各公办、民办幼儿园园长、教师和家长，了解这些幼儿园开展区角活动的现状和存在的问题，科学制订本课题的研究计划。

4.经验总结法。研究中期，总结收集整理本土资源、创设特色活动的原则方法和成功经验；总结阶段，对课题研究的过程性资料进行筛选，全面总结提炼农村幼儿园实施乡土区角活动的原则、方法和有效策略。

（三）技术路线

了解现状，分析存在问题→收集资料，预设方法策略→实践验证，开展区角活动→评议案例，总结有效做法→提炼概括，撰写论文报告→整理资料，

申报结题材料。

（四）实施步骤

1. 准备阶段（2020年5月至2020年12月）

（1）查阅学习幼儿园区角活动特别是利用乡土资源开展幼儿园区角活动的相关资料，收集典型案例和成功经验。

（2）组建课题组，确定研究项目和内容，进行选题论证和可行性论证，申请立项。

（3）了解凉州区武南镇农村幼儿园区角活动的开展状况，查找存在的问题，撰写《凉州区武南镇农村幼儿园区角活动现状调研报告》。

（4）预设利用乡土资源丰富农村幼儿园区角活动的路径和方法，制定研究方案。

2. 实施阶段（2021年1月至2021年12月）

（1）组织开题。召开开题报告会，听取专家意见建议，明确课题组成员分工。

（2）收集资源。调动教师、家长和社会力量，收集可用于农村幼儿园区角活动的本土资源。

（3）创建活动角。对收集的乡土资源进行甄别分类，创建农村幼儿园乡土资源特色区域活动角，分类撰写乡土资源区域活动角活动说明。

（4）开展活动。根据活动角材料的特点、游戏方法，结合幼儿的年龄特征，设计区角活动教学方案；实施教学方案，反思总结，修改完善，形成农村幼儿园开展乡土资源特色区角活动系列方法。

（5）推广验证。把研究中取得的成功经验和有效做法介绍给兄弟幼儿园，帮助兄弟幼儿园开展乡土资源特色区角活动，听取意见建议，验证完善研究成果。

3. 结题阶段（2022年1月至2022年6月）

（1）整理过程性资料。包括调研访谈记录、乡土游戏资源说明、活动设计、活动记录、活动反思、活动录像等。

（2）整理研究成果。包括阶段性报告、论文、优秀案例等。

（3）编撰论文集，开发凉州区武南镇农村幼儿园区角活动乡土资源校本课程。

（4）撰写结题报告，申报结题。

六、课题的可行性分析

课题的可行性分析的内容主要包括已经取得相关研究成果的社会评价、主要参考文献，主要参加者的学科教学背景和研究经验、组成结构，完成课题的保障条件三个方面。填写方法已在第二章分析过，这里列举一个完整案例，供教师参考。

《优化幼儿园体育教学活动方法与策略研究》完成课题的可行性分析：

一、已取得相关研究成果的社会评价、主要参考文献

1. 已取得相关研究成果的社会评价

（1）《提高幼儿体育教学活动效果的策略》，作者李延海，在《教育革新》2018年第9期上发表；

（2）《充分发挥幼儿户外体育游戏活动的价值》，作者李延海，在《甘肃教育》2019年第7期上发表；

（3）《基于"学生学"为中心的语文课堂教学思考》，作者崔伯仁，在《语文教学与研究》2018年第8期上发表。

（4）《幼儿数学活动中操作材料的运用》，作者罗亚莉，在《甘肃教育》2017年第8期上发表。

2. 主要参考文献

［1］中华人民共和国教育部.《3—6岁儿童学习与发展指南》，北京：首都师范大学出版社，2012年.

［2］深圳市投资控股有限公司幼教管理中心.《幼儿园一日生活实施指引》，北京：北京师范大学出版社，2015年.

［3］何成文.《幼儿体育活动的创新与实践》，北京：北京师范大学出版社，2010年.

[4]边玉芳.《读懂孩子》,北京:北京师范大学出版出版社,2014年.

[5]李季湄.《〈3—6岁儿童学习与发展指南〉实施问答》,北京:北京师范大学出版社,2014年.

[6]中华人民共和国教育部.《幼儿园教育指导纲要(试行)》,北京:北京师范大学出版社,2001年.

二、主要参加者的学科教学背景和研究经验、组成结构

课题负责人李延海,54岁,高级教师,武威市教科所教研员,省、市级骨干教师、学科带头人,甘肃省"园丁奖"获得者。6项教科研课题分获甘肃省基础教育科研成果一、二等奖,20多篇论文在《小学语文教学》《甘肃教育》等省级刊物上发表,跟踪指导完成的80多项教育科研课题通过了省级鉴定。

参与课题研究人员崔伯仁,男,46岁,高级教师,武威市实验幼儿园园长。参与国家级课题《贫困县提高小学初中完成率行动研究》,获甘肃省第七届基础教育科研优秀成果三等奖。

参与课题研究人员罗亚莉,女,41岁,一级教师,甘肃省骨干教师、青年教学能手,武威市骨干教师、学科带头人,11篇论文在省、市级刊物上发表。

三、完成课题的保障条件

(一)课题负责人是武威市教科所教研员,该课题为武威市教科所确立的专项帮扶项目,教科所对这项研究提供经费、时间等全方位的支持和保障。同时,其主持完成的多项教科研课题分获省基础教育科研成果一、二等奖,其设计、组织教育科研活动的专业知识扎实系统,指导能力和操作能力较强,可引领课题组高质量地完成研究工作。

(二)课题研究项目校为武威市实验幼儿园,该园是甘肃省省级示范性幼儿园,办学实力雄厚,师资力量过硬,园内非常重视教科研工作,将自筹经费10万元,用于研究资料征订、设备购置等。

(三)幼儿园共有户外活动场地2200平方米,设有专门的幼儿体育器材室。今年3月份投资6万多元新铺设了草坪和彩虹跑道,实现了幼儿园户外活动场地全部软化的目标,为该课题的研究提供了物质保障。

第二节　上传申报材料

一、立项课题申报材料报送要求

《关于做好甘肃省教育科学"十四五"规划2023年度课题立项申报工作的通知》(甘教规划办〔2023〕3号)提出的立项课题材料报送方式为：

(一)要求各市(州)教科所(教研室)、省属高校及高职院校科研处、厅直单位须统一上报省教育规划办。

报送材料要求如下：

1.《甘肃省教育科学"十四五"规划2023年度课题立项申请·评审书》。课题组成员须征得本人同意并签字确认，否则视为违规申报。纸质版1份(需加盖公章)。

2.《甘肃省教育科学"十四五"规划2023年度课题立项申报推荐上报公示文件及名单》，需加盖公章。要求报送纸质版1份和PDF电子版。

3.《甘肃省教育科学"十四五"规划2023年度课题立项申报推荐汇总表》须与公示名单一致。要求上报纸质版1份和EXCEL电子版。

(二)报送时间截止2023年5月5日前统一将纸质和电子材料交至省教育规划办，逾期视为自动放弃，省教育规划办不再受理，且不受理个人直接申报。

(三)省级评审采取网络评审。各市(州)教科所(教研室)、省属高校及高职院校、厅直单位须组织推荐课题申报教师于2023年5月15至6月4日登录https：//keti.gsier.com.cn网站上传申报材料。

准备申请教研课题的教师，要随时关注所在市(州)、县(区)教科研管理部门的相关通知，按要求在规定的时间段内及时上报课题纸质和电子材料，并在指定的网站上传申报材料。

二、个人网络上传申报材料指南

甘肃省教育规划课题申报系统使用说明书：

第一步，登录甘肃省教育科学规划领导小组办公室网站 https://keti.gsier.com.cn，点击注册按钮打开用户注册页面进行注册。

注册完成后，登录系统完善个人信息。

第二步，点击课题申报菜单，添加课题申报书。

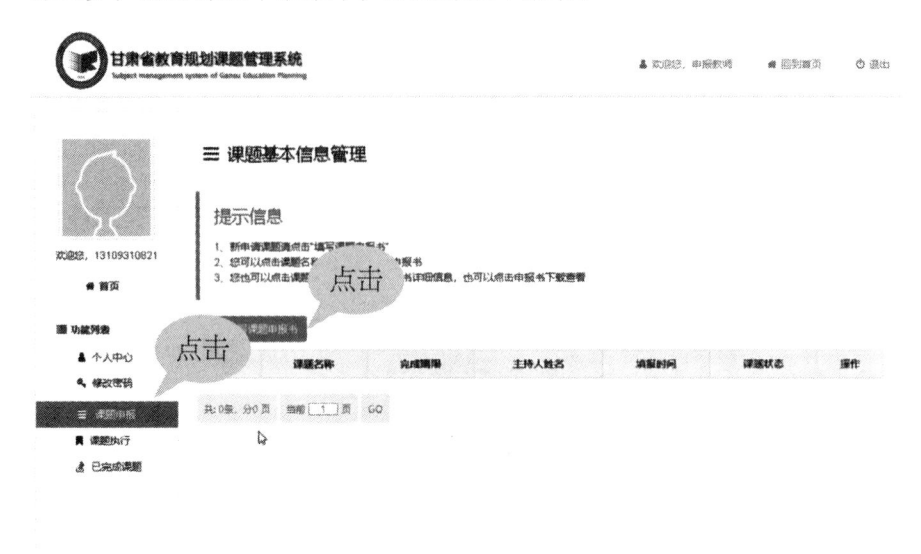

然后，添加课题基本信息。

课题基本信息填写完成并保存后，才可以添加其他信息。之后，根据实际情况填写申报书信息。

近三年成果、阶段性成果、最终成果的操作与课题组成员填报操作相似。近三年成果数量至少填 1 项，最多 8 项；阶段性成果至少 1 项，最多 5 项；最终成果至少 1 项，最多 3 项。

论证及可行性分析包含 6 项内容，要逐一点击填写。

论证及可行性分析的 6 项内容，系统会进行相似度检测。如果所填内容相似度过高，课题网络审核无法通过。

各项内容填报完成并检查无误后，可以点击左侧课题申报菜单，返回课题列表页面，点击课题网络审核链接进行网络审核。

如果课题网络审核合格，就可以点击申报书，下载申报书 word 版本，对申报书进行排版修订并打印装订；如果审核不通过，可点击退回修改。

第四章
课题研究的开启

按照省、市教育科研课题研究管理要求,课题获准立项后,需要尽快编制实施方案,在一个月之内开题。开启研究工作前,研究者需要先完成现状调研,在此基础上,撰写开题报告,组织开题研讨会,从而开启实质性研究工作。本章主要讨论课题研究中完成现状调研、撰写开题报告、召开开题研讨会等工作的操作方法。

第一节　完成现状调研

研究者把教育教学中存在的问题确定为教研课题，通过上级的评审并成功立项，说明选题有一定的研究价值和意义。但在选题的时候，研究者不一定全面了解问题存在的具体表现和具体状况，因此，要启动研究工作，在研究开始前，研究者需要进一步准确全面地了解问题存在的具体情况，如问题的覆盖面、问题的严重程度、已有的解决问题的方法等，这就需要研究者首先开展现状调研。

现状调研的意义在于围绕选题，运用适当的调研方法，深入了解并全面掌握研究问题的具体状况，梳理问题存在的各种表现，查找问题原因，围绕问题预设解决问题的思路和基本方法，为编制研究方案、撰写调研报告奠定基础。

一、编制调研工具

常用的课题研究调研方法有问卷调研法、访谈调研法、实地观察法、资料查阅法等。一个课题研究可以根据研究需要选择一到两种易于操作的调研方法完成现状调研。实施现状调研，需要编制一些基本的调研工具，如调查问卷、访谈提纲等。

（一）编制调研问卷

问卷调研具有问题指向明确、覆盖范围广、操作比较简单、结果易量化等优点，是教育科研课题研究中用来搜集资料的一种最常用的调研方式。问卷是完成问卷调研的主要工具，调研问卷的设计是调查过程中最重要的环节。

问卷设计的要求有以下四点：

一是问题指向明确，重点突出。问卷调研是调查者在大范围内要求被调查者以书面形式回答问题的方式进行的，是否具有指向性，对于课题研究而言是最重要的。问卷设计要紧扣课题研究的问题展开，内容可以是问题现象的存在形态，可以是问题给教育教学造成的阻力和困难，可以是人们对问题的认识和态度，可以是解决问题的愿景，也可以是人们已经总结出的解决问题的基本方法等。

二是问题表述清晰，便于应答。成功的问卷必须能将问题清晰地传达给被问的人，使被问者乐于回答。问卷设计时一定要考虑答卷者的身份，语言通俗易懂。问卷中的问题具有普遍意义，问题的答案简洁明了，一般用选项的方式应答。如果问卷设计得不好，问题设置得晦涩难解，回答问题的自由受到过多限制，就不便于答卷者应答，问卷调查就无法得到想要的原始数据。

三是问题排列有序，符合逻辑。前后问题需具有整体感，问题的排列应有一定的顺序，符合应答者的思维逻辑，易于回答的问题放在前面，回答有难度或比较敏感的问题放在后面。

四是问题设计精准，问卷编制便于后期数据统计分析。问卷中的问题能准确地提取研究者所需要的答案，语言力求精准。问题集中在几个关键方面，不贪多求全，一般不超过10个。问卷设计严格遵循概率与统计原理，调查方式具有较强的科学性，同时也便于操作。问卷获得的数据便于后期的统计、分析与处理。

问卷设计程序：

1. 明确把握课题的目的和内容。
2. 查阅文献，加强理论基础，加深对课题问题的理解。
3. 确定调查方法。
4. 设置问卷的问题。

如，《幼儿园"阳光体育"活动案例研究》现状调研家长问卷：

幼儿园"阳光体育"活动现状调研家长问卷

尊敬的家长朋友：

您好！阳光体育运动是教育部、国家体育总局、共青团中央决定于2007年4月29日在全国范围内全面启动的一项有利于学生健康的活动。为配合教师全面了解幼儿进行体育活动的现状，请您如实回答以下问题：

1. 您在家里和孩子进行体育活动的现状是（　　）

A. 每周带领幼儿参加 1—3 次户外体育活动

B. 每周带领幼儿参加 4—6 次户外体育活动

C. 很少带领幼儿进行户外体育活动

2. 您的孩子对户外体育锻炼的态度是（　　）

A. 喜欢　　　　　　B. 有时喜欢，有时不喜欢　　　C. 不喜欢

3. 您认为幼儿园开展阳光体育活动有无必要？（　　）

A. 有必要　　　　　　B. 无必要　　　　　　C. 不好说

4. 幼儿园开展阳光体育活动需要家园合作共育吗？（　　）

A. 需要　　　B. 不需要　　　　　C. 不知道

5. 您的孩子放学后（周一至周五）用于体育活动（或游戏）的时间大约是（　　）

A. 大于 2 小时 / 天　　B. 少于 0.5 小时 / 天　　　C. 没有体育活动时间

6. 对孩子参加体育活动，您的心态是（　　）

A. 愿意让孩子参加有一定难度的体育活动

B. 愿意让孩子参加没有难度的体育活动

C. 不想让孩子参加体育活动

（二）编制访谈提纲

访谈调查是调查者通过与调查对象进行面对面的语言交流，收集口头资料的一种调查方法。这种方法运用灵活，适用范围广，能够收集简单而详尽的资料，是教育科研课题研究中常用的方法之一。访谈提纲是访谈调研的主要工具，高水平的访谈提纲可以激发受访者与访谈者交流的兴趣和主动性，是保证访谈质量的先决条件。

完整的访谈提纲，应该包括访谈目的、访谈时间、访谈对象、访谈人员、问题设计等内容，重点是问题设计。

访谈提纲的设计要点：

1. 依据问题确定采访对象。

2.围绕中心紧扣主题。

3.问题具体、清楚。

4.讲究层次,有条不紊。

如,《初中学生课外阅读情况调查》访谈提纲:

初中学生课外阅读情况调查访谈提纲

一、访谈目的:了解初中生课外阅读的现状,以及课外阅读对初中生的影响

二、访谈方式:面对面访谈

三、访谈时间:2009年12月21日下午

四、访谈地点:校园

五、访谈对象:初中学生

六、访谈人员:高平平、于佳伟、高丽、于洋、郭壮志、张宇

七、问题设计:

1.你对什么课外书最感兴趣?

2.你读过哪些课外书?

3.你每天的课外阅读量是多少?

4.你所读的课外书对你有哪些影响?

5.你认为什么课外书适合初中生阅读?什么书不适合初中生课外阅读?为什么?

再如,《初中生道德水平与问题行为调查研究》访谈提纲:

初中生道德水平与问题行为调查访谈提纲

一、访谈目的:了解初中生的道德水平与问题行为现状,以及两者间的

联系

二、访谈方式：面对面访谈

三、访谈对象：在读初中生或今年刚毕业的初三学生

四、提问提纲

（一）访谈开场语

你好，我是武威十中的老师，现在正在做"初中生道德水平与问题行为调查研究"，最多耽误你10分钟宝贵的时间完成这个访谈。本次访谈主要通过问答形式进行，访谈内容将严格保密。为保证访谈的有效性，请真实地回答每个问题。如果没有疑问的话，我们就开始吧！

（二）问题设计

1. 你认为道德是什么？

2. 你认为道德的行为是怎么样的？

3. 你认为怎样的人才是道德水平高的人？（可以举一至两个身边人的例子）

4. 你身边道德水平高的人有哪些地方做得好（得到大家赞赏的行为）？

5. 你认为自己身边道德水平不高的人哪些地方做得不好（应该被指责，或者得不到大家认同的行为）？他们为什么会做出这些不好的行为呢？

6. 你认为身边有哪些问题行为？

7. 你所说的问题行为主要是哪些人所具有的？你认为他们为什么会有这些行为？

8. 你认为道德水平会影响问题行为吗？怎么影响？为什么？

二、汇总调查数据

当收集到数据之后，最重要的是回过头分析最初的研究目的，这样得出的结论才能为研究所用。随后要对问卷调查和访谈调查的回答情况进行统计汇总，以便进一步地分析、总结出问题存在的普遍状态和解决问题的基础方法，并准确地描述出来。

调查得到的数据通常有定性分析和定量分析两种方法。

定性分析。研究者用非量化的手段，从不同的视角对访问、观察得到的各种现象进行解释，作出判断。这种方法存在较大的主观性，会受到研究者专业知识水平和主观意识的影响。分析时要尽量站在客观中性的立场，努力避免这种情况发生。

定量分析。研究者通过对问卷中得到的大量数据进行汇总比较，得出结论，一般采用专业的数据分析软件对问卷调查中得到的数据进行分析。具体操作中，研究者可以根据数据分析的需求，学习了解相关的统计、分析数据的专业知识。

三、撰写调研报告

调研报告是对整个调查工作，包括计划、实施、收集、整理等一系列过程的总结，其核心是实事求是地反映和分析客观事实。教育科研课题研究调研报告主要包括两个部分：一是调查的目标、计划、方法和过程；二是对调查数据作分析研究，得出结论和对策。调查，应深入实际，准确地反映客观事实；研究，应在客观事实的基础上，透彻地揭示事物的本质。至于对策，调研报告中可以提出一些看法，但不是主要的。如《中学语文学习自主管理与评价研究初始状况调查分析报告》：

中学语文学习自主管理与评价研究初始状况调查分析报告

一、学生问卷调查

（一）问卷目的

了解高一新生学习语文的兴趣、习惯、爱好、自信心等方面的表现，为课题实验方案和实验课题相关专题的确定寻找依据。

（二）问卷设计

问卷分爱好、学习兴趣、学习习惯、卫生习惯、守纪情况、自信心、集体意识、自我反思、自控能力、学习目标10个小题目，每个小题有三个选项，每小题只选一个答案。

（三）问卷时间：2004年9月

（四）问卷基本情况

1. 本次问卷发出42份，收回42份，收回率为100%。

2. 对收回的问卷汇总如表一。

表一：实验初始阶段高一新生问卷调查汇总

调查项目	爱好			学习兴趣			学习习惯			卫生习惯			守纪情况			自信心			集体意识			自我反思			自控能力			学习目标		
	运动	学习	睡觉	浓厚	一般	无	好	一般	差	好	一般	差	好	一般	差	强	较强	缺乏	强	一般	差	经常	偶尔	从不	强	一般	差	明确	较明确	不明确
频数	13	8	21	9	17	16	8	18	16	39	3	0	13	29	0	10	21	11	14	28	0	10	26	6	8	13	21	11	16	15
频率%	31	19	50	22	40	38	19	43	38	93	7	0	31	69	0	24	50	26	33	67	0	24	62	14	19	31	50	26	38	36

二、家长问卷调查

（一）问卷目的

了解家长对自己孩子的看法、评价，进一步了解学生的基本状况，为课题实验方案和实验课题相关专题的确定寻找更充分的依据。

（二）问卷设计

问卷题目分学生在家表现、学习习惯、卫生习惯、所交朋友、学习成绩、期望值、诚信、自控能力、自信心、辨别是非的能力10个小题目，每个小题有三个选项，每小题只选一个答案。

（三）问卷时间：2004年9月

（四）问卷基本情况

1. 本次问卷发出42份，收回42份，收回率为100%。

2. 对收回的问卷汇总如表二。

表二：实验初始阶段高一新生家长问卷调查汇总

调查项目	在家表现 满意	在家表现 基本满意	在家表现 不满意	学习习惯 满意	学习习惯 基本满意	学习习惯 不满意	卫生习惯 满意	卫生习惯 基本满意	卫生习惯 不满意	所交朋友 满意	所交朋友 基本满意	所交朋友 不满意	学习成绩 满意	学习成绩 基本满意	学习成绩 不满意	期望值 高	期望值 较高	期望值 一般	诚信 满意	诚信 基本满意	诚信 不满意	自控能力 满意	自控能力 基本满意	自控能力 不满意	自信心 强	自信心 较强	自信心 缺乏	辨别是非 强	辨别是非 较强	辨别是非 一般
频数	8	16	18	9	15	18	39	0	3	11	14	17	6	14	22	0	8	34	16	13	13	10	21	11	0	7	35	8	15	19
频率%	19	38	43	21	36	43	93	0	7	26	33	41	14	34	52	0	19	81	38	31	31	24	50	26	0	17	83	19	36	45

三、分析结论

（一）高一新生学习基础差，自卑心理严重

从表一的数据可以看出，实验初始阶段，实验班爱学习的学生不多，学生学习兴趣不够浓、学习习惯不好、自信心不够强、学习目标不够明确、不会自我反思、自控能力较差。

（二）高一新生家长对孩子的满意度普遍较低

从表二的数据可以看出，实验初始阶段，实验班学生的家长对孩子的学习习惯、学习成绩、在家表现满意度不高，认为自己的孩子缺乏自信心，自控能力、辨别是非的能力不够强。

（三）开展中学语文学习自主管理与评价研究很有必要

基于薄弱高中大部分学生学习目标不明确、不会学习，甚至不愿学习，缺乏自信心，自控能力、辨别是非的能力、自我反思的能力不够强的现状，我们想以语文学习为抓手，研究一套以学生为主体的，管理自治、评价自持的机制，来确保学生的语文学习实践扎实有效，进而全面提高薄弱高中学生的素质。由此看来，在薄弱高中开展中学语文学习自主管理与评价研究很有必要。

再如《幼儿园"阳光体育"活动案例研究现状调研报告》：

幼儿园"阳光体育"活动案例研究现状调研报告

一、调研目的

详细了解本园幼儿参加体育锻炼的现状，分析问题和原因，明确研究方向，为科学制定研究方案，提高课题研究的针对性和实效性寻找依据。

二、调研对象、方法和内容

（一）调查对象：凉州区爱华中心幼儿园小班、中班幼儿、家长、教师。

（二）调查时间：2017年11月17日—21日。

（三）调查方法：问卷调查、访谈调查。

（四）调查内容：家庭中幼儿进行体育活动的现状；孩子参加户外体育活动的态度；每周家长陪幼儿进行体育锻炼的时间；家长对幼儿参加体育锻炼的态度；幼儿参加体育活动的态度；教师对幼儿体育活动的认识等。

（五）调研活动描述

活动名称：搭脉会诊"231"活动。

活动任务：完成2份问卷，调查对象分别为幼儿园教师、家长，内容包括对幼儿园"阳光体育"活动的认识及其现状、形式、问题，以及对策、建议等，每份问卷设计问题5—8个。开展3次访谈，访谈对象为幼儿园教师、家长和在读幼儿，主要了解幼儿园"阳光体育"活动的开展情况、问题及对该活动的建议。撰写1份报告，汇总问卷和访谈结果，分析幼儿园"阳光体育"活动现状，查找存在的问题，撰写题为《幼儿园"阳光体育"活动现状、问题分析》的报告。

三、结果与分析

（一）问卷、访谈结果统计

发放家长问卷200份、教师问卷50份，收回家长问卷183份、教师问卷50份；访谈幼儿园教师10人、幼儿家长15人、在读幼儿80人。

（二）家长问卷结果分析

1. 47.8%的家长每周带领幼儿参加1—3次户外体育活动，23.3%的家长每周带领幼儿参加4—6次户外体育活动，28.9%的家长很少带领幼儿进行户外体育活动。60%以上的幼儿在活动的时候表示喜欢，只有少部分幼儿对体育活动不感兴趣。

2. 幼儿放学后（周一至周五）用于体育活动（或游戏）的时间:6.6%的幼儿活动时间大于2小时／天，16.2%的幼儿活动时间少于0.5小时／天。家长每周陪伴幼儿进行的体育锻炼也非常少，只有2.4%的家长每周陪幼儿进行体育锻炼达到10个小时以上，有55.1%的家长每周陪幼儿进行体育锻炼的时间不到3个小时。

3. 27.4%的家长表明愿意让孩子参加有一定难度的体育活动，56.9%的家长表明愿意让孩子参加没有难度的体育活动，只有15.7%的家长不想让孩子参加体育活动。

（三）幼儿访谈结果分析

1. 58.7%的幼儿表示很喜欢体育活动，4.2%的幼儿表示对于体育活动不抱有任何的兴趣。从这组数据中我们对不喜欢体育活动的幼儿作出的分析是：教师组织的体育活动可能没有给这部分幼儿带来任何竞争；也可能是幼儿觉得体育活动应该是轻松、愉快的，但是教师始终牵着他们的"鼻子"走，导致这部分原本就比较羞涩的孩子们玩得被动；又或者是教师组织的体育活动的难度幼儿没办法承受。

2. 59.9%的幼儿表示喜欢和很多的同伴一同参与体育活动，23.9%的幼儿表示喜欢和自己的父母一起参与体育活动，13.8%的幼儿表示喜欢两个人一起参与体育活动，只有2.4%的幼儿表示希望是自己一个人参与体育活动。从这组数据中可以看出，50%以上的幼儿喜欢多人游戏。

四、结果思考和原因分析

由于目前幼儿园班级人数较多，幼儿体质能力个体差异较大，增加了活动的不确定因素。组织体育活动对教师的能力要求较高，使教师在增加体育活动难度时产生了很多顾虑。在安全和难度这两个方面，教师为了保证幼儿的安全，让幼儿在活动中不磕碰受伤，往往会降低活动的难度，减少活动的运动量，这样，提高幼儿身体素质的练习就明显减少，体育活动就很难达到预期的效果。同时，在活动过程中，教师会以安全为理由给幼儿过多的保护，规定了许多条条框框，如玩滑梯怎么玩、跳圈怎么跳等，幼儿参加活动的乐趣自然大打折扣。

受社会环境中不良因素的影响，有些家长及教师片面追求幼儿智能开发，孩子的时间都被一些英语班、舞蹈班、绘画班所占据，往往忽视幼儿的体能锻炼，致使有些幼儿动作发展不协调、体能弱，没有运动的时间，也享受不到运动的快乐。在独生子女家庭中，因家长包办太多，幼儿易产生任性、意志薄弱等不良的情绪反应和行为表现。

另外，体育活动中，教师以练习或者掌握基本动作为注意目标，重点强调动作技能的正确性，对幼儿的一些动作的要求甚至和成人一样，让幼儿认真看，一遍一遍地模仿教师的动作，看谁做得最好，谁模仿得最像。幼儿一味地看、听、模仿，这种被动的活动，使幼儿的主体性得不到发挥，创造力和探索能力自然得不到发展。

《幼儿园工作规程》明确规定："在正常情况下幼儿户外活动时间（包括户外体育活动时间），每天不得少于2小时。"受气候、场地等条件影响，许多时候，幼儿园无法保证幼儿两个小时的户外活动时间。冬天的时候，孩子都穿得多，穿脱衣服需要耗费大量的时间，活动起来极不方便，许多教师为了保护幼儿的安全就减少了幼儿的活动时间。

五、调研结论

通过调研，课题组发现当前幼儿体育锻炼活动存在的主要问题有三：

一是部分教师对幼儿体育活动的认识不足、缺乏有效的组织方法，许多家长片面追求幼儿智能开发，忽视幼儿的体能锻炼；

二是部分教师在指导幼儿体育游戏活动时，对动作要求过高，幼儿长期处于被动模仿、被动学习的状态，幼儿的自主性和创造性得不到有效发展；

三是幼儿户外活动偏少，儿童适应大自然、适应气候变化的能力变差，长时间的室内体育活动严重影响了幼儿身心健康的和谐发展。

课题组认为，本课题研究应从以上问题入手，认真总结成功经验，通过反复探索实践，积极改革幼儿园体育教学，成功打造一批幼儿园体育活动典型案例，构建有效的幼儿园体育活动模式和方法体系。

第二节　撰写开题报告

开题报告是课题立项后，研究者在完成现状调研、梳理相关文献的基础上撰写的课题研究计划。一个主题明确、思路清晰、循序渐进、操作性强的开题报告，可以引领研究者按图索骥，步步为营，逐个完成研究任务，逐步达成研究目标。

一、开题报告的内容

开题报告的主要作用是用于课题研究的开题论证，对课题研究工作进行全流程规划。开题报告主要论证为什么研究、研究实现什么目标、研究工作怎么开展、研究有哪些保障条件等问题。开题报告是课题研究的总构想，是对选题、研究内容、研究目标的再认识、再论证，是对课题研究流程和研究路线图的预设，是对研究阶段、内容、活动的具体化。撰写课题研究开题报告后，研究者就可以组织课题开题报告会，启动课题研究工作。

开题报告阐述的具体内容包括：选题原因、研究目标、结果预测、研究设计、研究条件等。开题报告的重点内容是研究过程规划，研究者要把研究过程划分为若干个阶段，清晰明了地说清楚每个阶段要做的事情和要开展的活动，以及开展这些活动要达成的目标，拟取得的成果等。

开题报告对课题研究过程的规划，应突出以下特点：

（一）**主题鲜明**。每个阶段的工作内容、活动安排紧紧围绕研究主题，要以问题为导向设计活动，不涉及与研究主题、研究目标无关或关系不大的内容。

（二）**活动化**。研究过程由一系列的主题活动组成。

（三）**具体化**。每个阶段做些什么工作，开展什么活动，怎么开展，取得什么成效，预设和表述具体。

（四）渐进性。研究过程以问题为导向，由浅入深，循序渐进，环环相扣，最后水到渠成。

（五）操作性。设计的研究活动与研究者的能力和所拥有的资源相匹配，切合实际，能够因地制宜，顺利完成，不刻意贪新求异，更不刻意贪大求洋。

二、开题报告的撰写框架

从大的方面讲，开题报告主要阐述四个方面的内容：一是研究的背景和缘由；二是研究的目标与成果；三是研究的过程与方法；四是研究的保障条件。具体操作时，可以参考以下要点撰写：

（一）核心概念界定

（二）课题的选题缘由

1. 国内外现状述评

2. 选题意义和价值

（三）课题的选题设计

1. 研究目标

2. 研究内容

3. 研究假设

4. 拟创新点

（四）课题的研究设计

1. 研究思路

2. 研究方法

3. 实施步骤

4. 人员分工

（五）完成研究的保障措施

开题报告的重点是研究的过程与方法，即课题的研究设计，尤其是课题研究的实施步骤，每个阶段完成什么工作、开展哪些研究活动、达成什么研究目标要做详细的规划。开题报告各部分的内容和本书第二章三至五节的要点基本一致，研究者可参考撰写。

如《幼儿园"阳光体育"活动案例研究开题报告》：

幼儿园"阳光体育"活动案例研究开题报告

2017年9月，我们申报的《幼儿园"阳光体育"活动案例研究》教研课题被确定为2017年度甘肃省"十三五"教育科学规划课题，课题立项号GS[2017]GHB3072。经课题组两个多月的精心筹备，已具备了开题条件。现将本课题的选题缘由、研究设计和研究规划报告如下：

一、核心概念界定

阳光体育：活动是提高全体学生体质健康水平的主要举措，学生走向操场、走进大自然、走到阳光下，积极参加体育锻炼，能够有效增强体质。

幼儿园体育教学活动：指幼儿园健康模块中的体育游戏活动和幼儿园日常开展的早操活动、课间体育游戏活动、亲子体育游戏活动等。

幼儿园作为对孩子进行奠基教育的机构，必须把幼儿的健康放在首位，以"健康、运动、阳光、未来"为准则，组织孩子开展喜闻乐见的阳光体育活动，让孩子在有趣的活动中锻炼身体、愉悦心情，把阳光体育活动作为一种习惯而终身践行。

二、选题缘由

（一）国内外研究现状述评

在欧美发达国家，学前体育活动已经成为儿童教育中不可或缺的部分，幼儿园体育课程是每周安排的必修课，时间一般在30分钟到1小时之间。同时，这些国家普遍设立了负责幼儿体育教育的机构，并制定了相应的政策和标准。而在一些发展中国家，学前体育教育活动发展相对滞后，尚未得到足够的重视和支持。

伴随着我国幼儿人口基数的增加，幼儿教育开始成为社会关注的焦点，其中体育教育在幼儿教育中扮演着重要的角色。据北京市幼儿身体活动调研报告表明，幼儿家长为孩子选择的社会培训课程中有一半是体育活动类课程。近几年，国内幼儿教育不断改革发展，幼儿园体育教育工作越来越受到人们的重视，成功经验、有效方法不断涌现。

我国幼儿体育教育还存在诸多问题：一是部分教师对幼儿体育活动的认识不足、缺乏有效的组织方法，许多家长片面追求幼儿智能开发，忽视幼儿的体能锻炼；二是部分教师在指导幼儿体育游戏活动时，忽视幼儿自主作用的发挥，幼儿的创造力和探索精神得不到有效发展；三是幼儿户外活动偏少，儿童适应大自然、适应气候变化的能力变差，长时间的室内体育活动严重影响了幼儿身心健康的和谐发展。

本课题主要观察分析幼儿园"阳光体育"活动开展的现状，总结成功经验，通过行动研究和幼儿园"阳光体育"活动具体案例分析，从而构建幼儿园开展"阳光体育"不同类型活动的机制、模式和方法体系。

(二) 选题意义

1. 通过丰富多彩的"阳光体育"活动培养儿童参加体育活动的习惯，为孩子的终身健康奠基。

2. 为幼儿提供适宜的活动环境，布置安全的活动场地，提供多样化的活动器械，促进幼儿自主选择、主动活动、相互交流和持续探索，达成幼儿快乐锻炼、健康成长的目标。

3. 引领幼儿教师树立尊重幼儿年龄特点的意识，对幼儿的发展给予合理期望，根据幼儿年龄特点准备活动材料，检查活动场地，让孩子在有准备的环境中参与活动。

(三) 研究价值

1. 帮助教师了解孩子的身心发展规律，一切从有利于孩子的发展角度出发，反思日常工作，消除不利于孩子发展的因素，俯下身子，倾听孩子的心声，了解他们的需求，给孩子真正需要的关爱，创造性地开展符合孩子身心发展需要的"阳光体育"活动。

2.让"阳光体育"活动的内容回归幼儿教育,通过提供让孩子参与活动的机会,引导孩子主动学习、探索,成为生活、学习、游戏的主人,促进幼儿自主选择,主动活动,相互交流,进而促进幼儿持续探索,为未来的可持续发展奠定基础。

三、选题设计

(一)研究目标

1.努力纠正教师组织幼儿体格锻炼活动随意性强的不恰当做法,正确认识"阳光体育"活动对幼儿终身发展的积极促进作用。

2.针对不同发展需求的孩子实施科学的体格锻炼活动,促进孩子大肌肉动作的发展,进而促进孩子身心健康和谐发展。

3.尝试制定幼儿园"阳光体育"活动的制度,探索建构幼儿园体育游戏组织的模式、方法和策略体系。

(二)研究内容

以凉州区爱华中心幼儿园为例,观察分析幼儿园体育教学活动开展的现状,总结成功经验,查找存在的问题,通过行动研究,对幼儿园体育教学活动中的具体案例进行反复打磨设计和课堂教学观摩分析,构建优化幼儿园体育教学的内容、方法体系。

(三)研究假设

1.把"阳光体育"活动合理安排在幼儿日常生活的管理和教学活动中,重视"阳光体育"活动中的安全教育和活动场地以及器械的安全,让幼儿学会保护自己,关爱同伴。

2.注重"阳光体育"活动的趣味性和教育性,通过生动有趣的体育游戏活动,培养幼儿喜欢体育活动的情趣。

(四)拟创新点

1.重视幼儿自主作用的发挥,使幼儿的创造力和探索精神得到有效发展。

2.引导幼儿主动参与各类趣味体育游戏活动,在发展基本动作的同时,训练幼儿动作的灵敏性和协调能力。

四、研究设计

（一）研究思路

从总结幼儿园已有的"阳光体育"活动的成功经验入手，查找幼儿园开展"阳光体育"活动中存在的问题，观察分析幼儿园"阳光体育"活动的不同类型。设计多种形式的幼儿体育活动，扎实开展幼儿体育教学实践，探索总结幼儿园开展各类体育活动的方法体系，提高幼儿教师的认识和素质，促进幼儿健康成长。

（二）研究方法

1. 文献研究法。查阅"阳光体育"活动的相关资料，借鉴国内外名园开展"阳光体育"活动的成功经验，逐步修订和完善幼儿园"阳光体育"活动的结构体系。

2. 行动研究法。扎实实施研究方案，把已有的和预设出的"阳光体育"活动的组织形式、方式方法付诸幼儿园教育教学的实践之中，反复实验论证，去粗取精，总结概括，最终形成一套比较完善的幼儿园"阳光体育"活动的实施机制和方法体系。

3. 调查研究法。采取问卷调查的方式对幼儿园孩子的身体状况进行全面系统的调查，了解孩子每天在家的活动量，分析原有"阳光体育"活动存在的问题，从而科学合理制订幼儿园"阳光体育"活动的计划。

4. 经验总结法。对课题研究的过程性资料进行筛选，挑选出优秀案例进行总结提炼。

（三）实施步骤

第一阶段：选题与立项阶段（2017年4月—2017年9月）

1. 确定课题方向和研究内容，完成课题选题论证和可行性论证，上报申请材料。

2. 建立课题研究组，制定实施方案。

3. 邀请专家，召开课题开题论证会，听取专家和课题组教师对研究方案的意见。

第二阶段：诊断与学习阶段（2017年10月—2017年12月）

本阶段主要安排三项活动：

1. 搭脉会诊调研活动。问卷、访谈对象为幼儿园教师、家长和在读幼儿，主要了解幼儿园"阳光体育"活动的开展情况、问题及对该活动的建议。汇总问卷和访谈结果，分析幼儿园"阳光体育"活动现状，查找存在的问题，撰写题为《幼儿园"阳光体育"活动现状、问题分析》的报告。

2. 文海寻"宝"活动。查阅"阳光体育"活动的相关资料，搜集整理关于幼儿园"阳光体育"活动的论述，如"阳光体育"活动的内容、形式、方法、特点、注意事项等。

3. 教海集例活动。搜集国内外名园开展"阳光体育"活动的成功案例，分析点评，积累成功经验。

第三阶段：创新与验证阶段（2018年1月—2018年12月）

课题组教师扎实实施研究方案，模仿"阳光体育"活动成功课例，创新设计自己的"阳光体育"活动课例，把已有的和预设出的活动的组织形式、方式方法付诸幼儿园教育教学的实践之中，反复实验论证，反思完善，去粗取精。这一阶段重点组织好以下活动：

1. "我"的"阳光体育"教学设计。模仿成功案例，设计一两个切合所在幼儿园实际的"阳光体育"活动方案，在课题组成员间分享展示、分析点评、修改评奖。

2. "我"的"阳光体育"课堂教学。（1）模仿名师"阳光体育"成功课例，组织课堂教学，学习成功经验；（2）按自己创新设计的"阳光体育"活动教案组织教学，探索新方法、新策略。

3. "阳光体育"课堂教学评比活动。鼓励教师积极参加爱华幼儿园"阳光体育"课堂教学展示活动，表彰奖励优秀课例，推荐优秀课例参加上级教育部门开展的课堂教学评优活动。

4. 撰写"阳光体育"活动论文。梳理、总结优化幼儿园体育教学活动的新方法、新策略，撰写成果论文。

5. 实验成效评测活动。通过问卷、访谈、现场观察等方法，评估实验成效，撰写题为《幼儿园"阳光体育"活动案例研究成果分析》的报告。

第四阶段：总结与提升阶段（2019年1月—2019年5月）

1. 整理"我"的研究成果。课题组成员整理自己的幼儿园"阳光体育"活动案例研究成果，内容包括知名论述、案例述评、活动设计等。

2. 开发爱华中心幼儿园"阳光体育"活动园本课程。

3. 编撰论文集，收集整理课题研究过程性资料。

4. 撰写课题研究结题报告，申报结题。

（四）工作分工

《幼儿园"阳光体育"活动案例研究》工作任务分解表

阶段名称	序号	时间	工作内容	成果形式	主持人
选题与立项阶段	1	2017.04	确定课题、申请立项	申请评审书	***
选题与立项阶段	2	2017.07	建立课题组、现状调研、撰写开题报告	研究报告	***
选题与立项阶段	3	2017.09	召开课题论证会	会议简报	***
诊断与学习阶段	4	2017.10	搭脉会诊"231"活动	研究报告	***
诊断与学习阶段	5	2017.10—11	文海寻"宝"	资料汇编	***
诊断与学习阶段	6	2017.11—12	教海集例	案例、论文	***
创新与验证阶段	7	2018.01—03	我的"阳光体育"教学设计	教学设计	***
创新与验证阶段	8	2018.04—06	我的"阳光体育"课堂教学	教学案例	***
创新与验证阶段	9	2018.07	中期总结	研究报告	***
创新与验证阶段	10	2018.08	"阳光体育"课堂教学评比	教学案例	***
创新与验证阶段	11	2018.09	撰写"阳光体育"教学论文	论文	***
创新与验证阶段	12	2018.10—12	效果评测"231"活动	研究报告	***

续表

阶段名称	序号	时间	工作内容	成果形式	主持人
总结与提升阶段	13	2019.01	整理"我"的研究成果	资料、案例	***
	14	2019.02	开发爱华中心幼儿园"阳光体育"活动校本课程	校本课程	***
	15	2019.03	编撰论文集、收集整理课题研究过程性资料	论文集、过程性资料	***
	16	2019.01—04	撰写课题研究结题报告	研究报告	***
	17	2019.05	申报结题	鉴定申报书	***

五、保障措施

（一）爱华中心幼儿园积极为实验教师提供课题研究所需的体育器材、活动场地和多媒体软硬件等设施，保障研究教师参与研究工作的时间。

（二）爱华中心幼儿园定期聘请课题研究专家和"阳光体育"活动名师指导研究工作，为课题研究提供专业支持。

（三）爱华中心幼儿园为课题研究列支研究必需的经费，包括加班补助费、培训费、论文发表版面费、材料印制费等。

第三节　组织开题论证会

课题在明确选题、获准立项、完成现状调研后，需要立即开展开题工作。开题工作是课题研究实施的必要环节，其主要目的是：系统地鉴定研究的意义和价值，严谨地分析研究的指导思想、目标、内容、方法和步骤，进行开题论证与事后反馈，明确研究任务分工，提高课题研究的质量和水平。

一、开题工作的意义与价值

开题工作是保证课题研究工作顺利进行的前提，对于提高研究质量和水平等有着重要意义。

（一）鉴定课题的可行性

课题组与专家通过考察课题所涉及的对象、内容等，分析研究背景，比较国内外同类研究，揭示课题研究的理论价值和实践价值，进而决定课题研究是否具有可行性。

（二）完善研究方案

开题工作是一个交流沟通的过程，课题组可以在与专家的互动中，提出本研究需要解决的疑问，专家给予指导；专家们的指导给予课题设计者以启发，从而促进课题方案的调整更新和完善。开题工作也是一个对方案再设计和完善的过程，发现课题研究方案中的不足与缺陷，进而指出修改或应对的措施。

（三）提高研究的质量和水平

开题研讨中，课题组成员既可以得到同类研究的启发，又可以得到专家的意见或建议，这为研究的顺利实施奠定了基础。开题工作对研究过程作出预测，整个研究的方向更加明确。同时，开题研讨会也为课题研究的前期准备作出了充分的论证，是课题研究质量和水平的可靠保证。

二、开题论证会的组织与实施

（一）开题论证会参会人员

参加开题论证会的人员应该由课题组和课题管理部门协商确定。一般情况下，除课题组全体成员外，还应邀请几位课题论证专家和一部分优秀教师参会。课题论证专家需要有高级职称，或在课题研究方面成绩突出的优秀教师、骨干教师、学科带头人、名师等，也可以是优秀的教育教学实践者、教育管理者、教育理论研究者。

（二）开题论证会议程

开题论证会主要有以下基本环节：首先介绍出席会议的人员；接着宣读上级课题管理部门的立项通知书；然后课题组做开题论证陈述；之后专家评议与研讨；最后收集论证会资料。

三、开题论证会的后续工作

（一）完善工作方案

研究者在开题论证会后，针对专家组成员详细审查论证报告后提出的建设性意见，以及整理后的会议记录，进行方案的修改补充、完善。在资料整理、讨论的基础上，课题组需要进一步修改完善开题论证报告，使之更加完善、科学和可行。如果有必要，还可以再次进行开题论证。在两次论证的基础上，进一步完善开题论证报告和研究方案。

（二）编发开题论证会简报

教科研课题开题论证会简报，是记录课题开题工作的重要依据，也是课题研究重要的过程性资料。甘肃省重点规划课题就明确要求在规定时间开题，并及时上传课题开题论证会简报。在课题研究过程中，研究者可以连续编发简报，以此形式记录研究活动，积累研究素材。

如，《幼儿园"阳光体育"活动案例研究》开题研讨会简报：

凉州区爱华中心幼儿园举办省教育规划课题开题研讨会
原创：凉州区教育局 2017-11-22

11月7日，凉州区爱华中心幼儿园在多功能厅举行了甘肃省教育科学"十三五"规划课题《幼儿园"阳光体育"活动案例研究》开题研讨会。研讨会由爱华中心幼儿园徐金娥

园长主持。武威市教育科学研究所所长雷蕴忠、武威市教育科学研究所教研员李延海、凉州区教育局民教办副主任徐兆盛出席了会议,爱华中心幼儿园班子成员、教师代表、家长代表及课题组的全体成员60多人参加研讨。

武威市教科所雷蕴忠所长宣读课题立项通知书后,课题组负责人汇报了课题开题报告,介绍了课题研究的准备和进展情况。之后,市教科所李延海老师对该课题的选题、研究方案进行了重点点评和指导。最后,雷蕴忠所长和徐兆盛副主任就课题研究工作提出了具体要求。

武威市教科所李延海老师认真分析了《幼儿园"阳光体育"活动案例研究》课题的开题报告和实验方案,认为该课题选题科学、针对性强,值得研究;课题组对选题的内涵和外延理解透彻,研究目标明确;课题方案思路清晰,活动预设具体明确,循序渐进,有较强的可操作性。同时,李老师还就如何实施研究方案、如何评估研究成效、如何收集过程性资料等关键环节提出了诸多建设性建议。

第五章
课题研究的实施

实施研究，就是把研究计划落实到教育教学实践中，把研究计划变成研究行动。落实研究计划，要与学校日常的教学管理、课堂教学相结合，边教学边研究，边研究边调整完善研究思路，把研究根植于教学，让研究服务于教学，通过研究促进教学。研究工作要按研究方案预设的步骤进行，扎实开展系列研究活动，及时提炼研究成果，认真做好中期总结评估，规范撰写中期报告，循序渐进，稳步推进。

第一节　组织系列研究活动

课题研究的过程，在研究方案中是由预设出的系列化研究活动组成的，实施课题研究就是完成系列研究活动。因此，组织好每一个研究活动，在具体的教学实践活动中总结、验证解决问题的方法和策略，通过活动促进教师的成长，提高教育质量，是中小学教师课题研究的基本思路。

不同的选题，需开展的研究活动是不一样的。教学类的，如涉及学科教学的选题，其活动侧重于课堂教学，学习兴趣培养、各类主题教学活动、教学设计、教学方法研讨等应该是该研究活动的主要内容；教育类的，如涉及教育管理、班主任工作等内容的选题，其活动应侧重于环境营造、家校融合等。无论组织什么样的研究活动，活动开始前都应制订计划，活动过程要做好记录，活动结束要认真反思总结。在认真组织系列研究活动的过程中，课题组要通过活动记录、教学日记、教学反思、教育叙事、教育案例等形式，全面地记载和表述课题研究成果。

一、活动计划

一般情况下，课题研究各阶段的活动名称和活动内容是研究开启前已经预设好了的，在具体实施活动时，负责人要制订详细的活动计划，以增强活动的目的性和可操作性。

如，《幼儿园"阳光体育"活动案例研究》"三备两磨一公开"优秀教学案例打磨活动计划：

幼儿园阳光体育"三备两磨一公开"优秀教学案例打磨活动计划

一、活动名称：幼儿园阳光体育"三备两磨一公开"优秀教学案例打磨活动

二、活动时间：2018年1月—2018年7月

三、活动人员：凉州区爱华中心幼儿园全体教师，武威市实验幼儿园、凉州区武南幼儿园部分教师

四、活动内容

以幼儿园体育教材的教学内容为主，也可自主开发设计新的教学内容，鼓励教师设计晨间体育活动、节日体育活动、亲子体育活动、体育比赛活动等方面的案例。

五、"三备两磨一公开"活动流程

1. 初备试讲

教师根据自己选择的教学内容，自主设计教学方案并进行试讲，邀请一两个同事听课、评析，撰写教学实录和教学反思。

2. 二备初磨

根据初备试讲中发现的问题和不足，修改教学方案后进行二次试讲，邀请同年级教师听课、评析，撰写教学实录，结合两次试讲的过程撰写教学反思。

3. 三备再磨

根据二备初磨中发现的问题和不足，进一步修改完善教学方案。

4. 公开研讨

在本园或兄弟幼儿园上公开课，组织听评、说课、评课研讨活动。完善教学实录，全面梳理在打造本节课的过程中，自己的教学理念、教学设计、教学方法的改进，总结成功经验，撰写题为《我教〈××〉》的教学随笔或教学论文。

六、解决的问题及贯穿的理念

1. 改变幼儿体育游戏活动中，教师忽略幼儿自主作用的发挥，幼儿锻炼

的兴趣不强，主动性不够，幼儿的创造力和探索精神得不到有效发展等问题。

2. 探讨解决幼儿园体育活动材料单一、不重视个体差异、教师引导不到位、活动过程秩序混乱、游戏活动玩法单一等问题。

3. 通过体育活动，使学生在获得体育技能与体育经验、增强体质的同时，培养儿童的自信心、勇气和毅力，进而培养儿童终身参加体育锻炼的习惯意识。

七、任务分解

1. 课题组成员每人打磨2个案例（1小1中或1小1大），二次试讲和公开研讨时邀请课题组骨干成员听课研讨，在公开研讨后一周内提交完整的磨课资料。

2. 参与优秀案例打磨活动的兄弟幼儿园，各园分别打磨9个案例，小、中、大班各3个案例，6月中旬前提交完整的磨课资料。

3. 磨课资料经过系统整理后形成的教学论文、教学反思、优秀案例可优先推荐参加省上的相关评奖活动。

二、活动记录

教研活动记录，就是把正在实施的教研活动过程如实地记录下来，需要调用活动情境时，可以把活动的过程再现出来。活动记录是教育科研课题研究重要的过程性资料。

如，《提高初中数学后进生学习成绩的方法研究》教研活动记录：

提高初中数学后进生学习成绩教研活动记录（一）

活动时间：2021年3月26日

活动地点：会议室

活动主题：研讨"如何提高初中数学后进生的学习成绩"

研讨人员：课题组全体成员，学校部分数学教师发言要点：

吴**：如何提高后进学生的学习成绩，是我们数学教师长期探讨的一个焦点问题。一个学生学习成绩长期处于落后状态，不但会使学生失去学习动力和自信心，还会影响学生本人的健康成长，影响整个班级、整个年级乃至整个学校的教学质量。授人以鱼不如授人以渔。教会学生做一百个题目还不如教给他们正确有效的学习方法。

周*：数学知识的逻辑性很强。学困生由于前后知识连接不起来，给思维造成了困难而失去了自信。因此，我们在讲授新知识时，要针对性地引导学生复习前面的知识，找到新旧知识的联系点，从而提高他们的思维水平。

王**：同一学习小组的学生，对新知识的理解和掌握程度是不同的，各自都有自己的长处和不足。课堂上留一些时间让学生讨论重点、难点，交流学习心得，既有利于学困生发表见解，促进他们的思维发展，又有利于学困生听取优秀学生的看法，开拓他们的思维视野，发掘他们的思维潜能。

汤**：根据学生的学习情况，分层设计课堂练习题，既不阻碍优生的拔尖，又兼顾了学困生完成基本的学习任务。让学困生多做一些基础题，使他们多体验成功的喜悦，以此激发他们学习数学知识的兴趣，提高他们学好数学知识的自信心。

周*：常常接近学困生，了解他们，走进他们的内心世界，听取他们在学习中遇到的困难和对教师授课的看法，这样，教师既能做到心中有数，以便因材施教、有的放矢，又能与他们沟通，使他们不受约束地发展自己的思维。

肖**：数学教学中多举实例、多运用教具，把数学教学生活化，引导学生大胆地把生活化的数学知识抽象地概括为数学语言。引导学生多读教材，用抓关键词、句的方法，正确把握数学概念的内涵；通过例题的教学，教给学生审题、解题的步骤和方法，以便举一反三地运用。

刘**：肖老师说得很好。在课堂教学中，我们要指导学生仔细审题，明确题目的已知条件和隐含条件，使他们学会分析题意，应用已知条件作出正确的分析推理，综合性地找出解决问题的正确途径，并逐步过渡到独立完成思维发展的全过程。

三、教学日记

教学日记是教师对教育现象的一种观察记录方法，主要是教师对所见、所闻、所感、所思的自由写作。教研课题研究中的教学日记要紧紧围绕研究主题来写，可以记录一次研究活动，也可以记录某种教学方式引起的学生的变化、自己的感受、课堂气氛的改变等。同时，教学日记要将事件记录与事件分析结合起来，要在形式上保证有一定量的分析。

案例：

一杯未喝的龙井茶

2021 年 5 月 20 日

"咚咚，咚咚……"的敲门声响起，下午放学回来的张武（化名）同学唱着歌打开门的一刹那，看到我和他爸爸站在他面前时，一脸灿烂的笑容瞬间凝固成惊讶。我一边帮他取下背上的书包，一边半开玩笑地说："难道不欢迎老师来你家喝杯茶吗？"听到我说得这么轻松，张武脸上的疑云消散了一半。"老师您和爸爸先聊，我给你们沏茶去。"

张武同学活泼聪明，生性好动，调皮捣蛋，喜欢打闹，上课注意力不集中，经常做一些小动作，自我约束能力差，家庭作业经常不能按时完成，考试成绩时高时低，起伏较大，是个让人欢喜又让人头疼的孩子。因此，我决定下午放学后去他家家访。

张武同学家就在学校旁边的小区，他的爸爸热情友好地接待了我。在交谈中，他的爸爸急切地向我诉说了孩子令他头疼的种种表现。我能明显地感觉到作为一位家长的担忧、急躁，还有束手无策的无奈。

不一会儿，张武端着两杯热气腾腾的龙井茶走到我们旁边，我顺势拉着张武坐在身边。张武显得有些局促，一直低着头不语，不停地用左手搓捏着右手的食指。我轻轻地拍了拍张武的肩膀，亲切地告诉他："老师来你家，只是想告诉你爸爸你在作文方面的进步。"这时，他神情略显放松。我说："你写的《爸爸，我爱你》的作文很有创意，内容新颖，情感真挚，语言表达流畅生动。"我又问他："跟老师说说，你为什么要用一只蜗牛的口吻来写作呢？"张武满脸羞涩地说："我构思这篇作文很久了，爸爸为了给我们一个温暖舒适的家，每天披星戴月，早出晚归，不就是一只背负着沉重的壳，却仍然追逐梦想的蜗牛吗？"听了张武的话，我和他爸爸都惊呆了，他爸爸的眼中闪着一颗晶莹的泪珠。张武顽皮的表面下有一颗感恩而上进的心！我轻轻地摸了摸他的头，他爸爸也第一次听到孩子的心声，这才跟我道出了对孩子成长的一份愧疚。

"由于父母年迈，身体多病，不能帮着带孩子，所以，孩子三岁时，我们就带他去广州了，每天忙于生计，根本没心思和时间教育孩子。孩子经常一个人待在家里，陪伴他的只有电视。再大些，就在附近的农民工子弟学校读书。整个小学阶段，孩子的家庭教育和学习习惯几乎是一片空白，因此，就造成了孩子今天这个状况。让老师们操心了，这是我们做家长的失职啊……"

"老师，说实话，自从我们辞掉那边的工作，带着张武从广州回来到你们学校上学后，在老师们的精心教育下，孩子有了较大的进步，每天放学能够按时到家，每天晚上也会做1—2小时的作业，双休日也不经常出去疯玩，比以前好多了，这可是以前想都不敢想的事情呀！其实，这孩子的自理能力还可以，自己的衣服自己洗，自己的房间自己整理。""啊！这么厉害！老师真要对你刮目相看了！"此时，张武的神情完全放松了，笑嘻嘻地说："老师，你到我房间看看吧！"走进张武的房间，真令人不敢相信，书架上，各种课本、资料、工具书等干净整齐地分类放着，书桌上摆着一盆青翠的文竹，地面干净整洁，一切都显得那么井然有序。

当我起身告辞，走出张武家门口时，他摇着我的胳膊说："老师，给您沏的茶您可一口都没喝呀！"尽管我没有喝张武沏的茶，但我相信，今晚他家的房子里早已飘满了龙井茶的清香。

四、教学反思

教学反思是指教师对教育教学实践的再认识、再思考，是教师提高个人业务水平的一种有效手段。其目的在于总结经验教训，进一步提高教师教育教学的水平和质量。

案例：

《勇敢的鄂伦春》教学反思

《勇敢的鄂伦春》一课，歌曲旋律流畅，节奏明快，歌词简练，情绪豪放，具有浓郁的鄂伦春民族风格，对于一年级的孩子来说是比较容易掌握的。那活泼跳动的节奏犹如一匹匹骏马奔驰在高高的大兴安岭上，表现出了鄂伦春族少年在守护山林时不畏艰难、英勇顽强的精神。在教学过程中，教会学生演唱歌曲，让学生了解鄂伦春这个民族，并明白他们护林的重要性，是这一课的教学目标。

反思今天执教的《勇敢的鄂伦春》一课，有成功之处，也有需要改进提高的地方。

一、成功之处

一年级的学生活泼好动，整堂课教学方式灵活多变，每一环都能较好地调动学生的积极性。

新课导入中的律动，从开始就把学生带入了一种愉快的音乐氛围中，引发了学生的兴趣与好奇。然后在森林的大背景下引出了动物发声练习，衔接自然，并为学生学唱歌曲打下了基础。

在学唱新歌的过程中，通过欣赏视频、了解歌曲的背景知识、识谱、读歌词、律动表演等途径，循序渐进地让学生对歌曲有了较深层次的学习，并且体会了歌曲的独特风格。在视唱歌谱时，应用了白板特有的遮盖功能，用图片将歌词遮盖住，学生可以直接唱歌谱，不受歌词的干扰。在找力度记号的环节中，让学生直观地画出力度记号，有助于学生对知识的掌握，并较好地调动了学生的积极性。在律动环节，尊重学生的创造精神，鼓励他们大胆探索、创新表现。在学生积极讨论后，采用学生创编的律动为歌曲伴舞，让学生在律动中体会并表现音乐。

拓展部分加入了三种乐器的演奏，丰富了这节课的音乐元素。学生同时演奏三种乐器并加入律动，提高了学生的动手能力和协调能力，增进了学生间的协作配合。最后环节四位学生的展示更为课堂添色不少。

二、有待提高之处

1.学生的音准不够好。在练声时出现了几处音高不准的地方，需要在平时上课时多注意、多练习，并引导学生学会听钢琴，用钢琴对比音准的正确性。

2.课堂调控有待提高。在教学中，容易忽视坐在两边的学生；在律动时，没能顾及后排个别学生的参与程度；在乐器击奏时，忽略了小部分把乐器当玩具玩，没有融入课堂的学生。今后的教学中，不仅要把控全局，还应重视细节。

总之，这节课有成功之处，也有不足之处。今后，我要认真钻研教材，不断探索、不断研究，从而更好地完成教学任务，使孩子们在音乐的天空中自由地翱翔。

五、教育叙事

教育叙事是教育主体叙述教育教学中真实情境的过程，其实质是通过讲述教育故事，体悟教育真谛的一种研究方法。通过叙事展开对现象的思索、对问题的研究，将客观的过程、真实的体验、主观的阐释有机地融为一种教育经验的发现和揭示过程。

案例：

玉儿转变记

月儿是我的学生，身体略有残疾，不善言谈，但秀气上进，讨人喜欢。

这学期接手新的班级，有一个女孩，皮肤白白的，脸圆圆的，长得很像月儿，一问得知，她是月儿的妹妹，叫玉儿。

玉儿话少，上课几乎不主动举手发言；作业认真，书写比姐姐还要细心。平时和她说话时，她目光总是到处游离，从不正眼看你。

有天晚上，玉儿妈妈发来一段视频。视频中的玉儿满眼的仇恨，充满了敌意，完全和平时判若两人。玉儿妈说："王老师，你抽时间给玉儿说一说，她每天下午回家不给手机就不写作业。"

我想，学校没有查阅手机资料之类的作业啊，最近一段时间，老师们也没有在手机上布置或者发过作业。

"每天就这样，不是搞小动作就是找借口用手机，不给就闹。自从今年上学期开始上网课就变成这样了，期中三门课平均都九十几，期末就有下滑趋势。"

这主要是手机惹的祸。我提醒了玉儿，告诉她过度沉迷手机会给身心带来危害，劝她以后不要触碰手机。她欣然应允。

大概又过了一周，玉儿妈发来信息："王老师，晚上好，明天给玉儿请个假，她今晚又故意找茬折磨她姐姐。我制止了一下，她竟然让我狠狠地打，说打死了让我心疼去。她为什么到学校就听话，回家就恨不得把家里人全杀了？"

接着又发了一段视频，视频中玉儿躺在炕的墙角，面对着墙壁，抱着枕头，呜呜地哭。炕沿的另一边趴着月儿，墙壁上的涂料有脱落过的斑驳痕迹。这是她家租的房子，我的内心涌起一阵阵的难过。

"她是不是觉得你爱姐姐多了，心理不平衡了。"

"刚才无缘无故地打她姐姐，差点把姐姐捂得上不来气了。有时候她还打我，她恨家里的每一个人。"

"孩子内心缺少了父母的爱，找不到存在感，心理不平衡了。你多抱抱她，给她擦擦眼泪，让她的情绪稳定一下。"

"我给她讲，姐姐这样，不照顾怎么办？可她什么也听不进去。"

"和关心姐姐一样地关心玉儿，说话的时候多向着她一点。玉儿毕竟小，还是个孩子啊，如果懂道理就长大了！"

"前几天她爸爸打工回来陪了几天，刚来很乖，很听话，过了几天就开始顶嘴，不给手机故意拖延不做作业。我开口，她就骂我，让我滚，说我是假惺惺，我也不知道用什么办法和她沟通了。去年下半年，她还跑出去（出走）过一次。"

"为什么出走？"

"去年期中语文考了92分，老师提醒了一下，就说老师偏心，考80几分的同学老师都没有批评……提到你，就不说什么了，好像还听你的话哩！"

"多交流，听听她的心里话，明白她需要什么。"

"最近几年，我一直背着她的双胞胎姐姐四处求医看病，把她给耽搁了，就变成这样了。真不好意思，作为母亲我太失败了。"

"多关爱孩子，用心做父母，孩子希望得到父母的爱。别气馁，我配合你，有啥需要你尽管说，玉儿会好起来的，相信自己，相信孩子！"

那一晚，我内心久久不能平静。孩子的问题出在哪里了？她内心需要什么？我应该怎么帮助玉儿？怎么才能让她走出心理阴影，重新找回自信，变得开心阳光起来呢？

玉儿来学校了。课间我把她叫到办公室来。她有点局促不安。

"玉儿，你在学校表现很好，你愿意当你们组的学习小组长吗？"我问道。

玉儿好像有点不相信，过了几秒钟后，才点了点头。

我接着说："你能不能帮我个忙，顺便配合学习委员，按时帮我收发作业？"

玉儿又冲我点点头。

"到底是答应还是不答应呢？"我笑着问。

"行哩！"她终于开口了。

学习委员是个开朗热心的同学。我单独告诉她，平时下课和同学们玩耍的时候，顺便把玉儿也叫上。

我留意玉儿,有时候写作业,我路过她身旁,发现她把两只手攥得紧紧的,好像内心很紧张。我鼓励她:"书写这么漂亮,注意写字姿势要规范,左手伸展按住作业本,右手握住钢笔,身体坐正,肩膀放平,双脚踩实。"然后轻轻抚摸一下她的头。有时上课,玉儿积极回答了问题,我肯定她;当她做得好的时候,我当着同学的面表扬她;有时候,我有意找点小事情,让她和同学一起帮助我……

慢慢地,我发现玉儿有变化了。下课不再一个人呆坐在座位上沉默,有时候和同学一起玩耍,有时候给花浇水,有时候找老师问题,有时候读书……

去年教师节那天,放学时,我叫住玉儿:"玉儿,今天是老师的节日,我很开心。听说你家里有个姐姐,是吗?""嗯。""我很羡慕你,想把这半块蛋糕和这些水果送给你和你的姐姐!"她兴奋地说:"谢谢老师!"

此后的日子,我再也没有在晚上收到过玉儿妈妈发的信息。有一次在朋友圈,玉儿妈妈在直播。我打开一看,玉儿和姐姐正在用电饼铛烤土豆片吃,有说有笑,其乐融融。

这个假期,我到另外一所学校任教。开学时,我收到了玉儿给我发来的信息:"老师,您开启了我的心扉,点燃了我的希望,谢谢您!预祝您在新的学校工作顺利,桃李满天下!"

看着玉儿的信息,我很欣慰。我为自己及时呵护了一个孩子幼小的心灵而感到满足、幸福。

六、教育案例

教育案例是在教育教学实践过程中真实而又典型的问题事件,其目的在于把教育教学实践过程中真实的情境加以典型化处理,形成可供学习者思考分析和决断的案例。作为行动研究成果的案例,叙述的是教师在行动研究过程中遇到的实例——有典型性意义的问题或疑难情境。

如,《提高初中数学后进生学习成绩的方法研究》教育案例:

把特别的爱给特别的学生

案例描述

我班马小强(化名)同学学习较差,且性格偏执内向,脾气暴躁,不易和同学相处。八年级上学期,小强几次情绪不佳,未经请假就不来上课。按班级规定,凡迟到、旷课的同学要罚打扫卫生。有一次处罚时,马小强很不乐意,对老师和卫生委员的言语很不友好。在这种情况下,若采取训斥、指责,甚至体罚的手段去刺激他,往往会激化矛盾,既达不到教育的目的,又伤害了师生感情。我翻出出勤记录,把马小强迟到、旷课的情况一一摆出来,让他清楚卫生委员的安排是公正的。在事实面前,经过耐心开导,马小强暴躁的情绪逐渐平息。从那以后,我欣喜地发现小强再也没有迟到过,更没有旷过课。

有一次,马小强在数学课上因不想写作业而与课任陈老师发生了摩擦。我没有在班里公开批评他,而是及时和他进行了一次长谈。经了解,马小强上小学时数学成绩较好,六年级因父母离异,爸爸外出打工,自己和爷爷生活在一起。他每天要帮助爷爷做家务,又比较思念妈妈,所以就自暴自弃。我耐心地开导,指出他的优点,帮他分析偏科的危害。我告诉马小强,目前他的学习成绩还有很大提升的空间,但科目的不均衡发展又是考学的一大弱势,科任老师完全是为了他的前途负责任。同时,我指出了他性格的薄弱点,告诉他若注重个人修养,学会自我调控,增强自我克制的能力,个人性格中的不足是可以改善的。我还告诉马小强,在与别人交往的时候,为避免词不达意而伤害对方,可以先打腹稿,理清思路,再与人交流。若情绪不好,可以在课余时间通过打球、散步、听歌等方式放松心情,消除烦躁和不安。

八年级下学期期末数学考试,马小强竟然考及格了!我抓住时机,及时鼓励他,只要努力,一切皆有可能。小强很高兴,学习积极性越来越高。经过一段时间的调整,小强的性格变得开朗了,遇到事情能自觉地请假,也会礼貌地和老师交谈了。有一次违反了班里的制度,他还主动地跑来认错。

案例简析

教师在传播知识的同时，还要引导学生学会为人处世，养成良好的性格和平和的心态，以适应社会日益激烈的竞争。心态对学生学习效果的影响是至关重要的。若学生经常处在不良情绪的环境中，则易分散精力，影响学习效率，还易产生孤独感以致任性行事、乱发脾气，由此造成人际关系的紧张。班主任在与学生的接触过程中，对暴躁型学生的教育应避其锋芒，注意体察学生的心理状态，善于选择有利于学生悔过认错的教育时机，采取和风细雨、以理服人的方式，耐心细致地摆事实、讲道理，稳定学生情绪，促使学生转变思想，提高认识，使问题得到解决。总之，培养学生加强自我调控的能力，以积极乐观的心态面对每项学习任务，学习兴趣和学习效率将会随之提高。

第二节　撰写成果论文

论文是课题研究成果最主要的表现形式。甘肃省教育科学规划领导小组办公室下发的课题立项书明确要求：课题研究成果须以论文形式发表在"中国知网"或"维普网"收录的期刊上；中小学、幼儿园课题负责人至少发表一篇省级期刊论文。各市（州）市级课题的鉴定，也有相应的要求。研究过程和撰写论文要同时进行，尽量写自己的研究实践，写自己的思考和成功做法。

从研究问题入手，全面阐述研究过程中的有效做法和解决问题的策略的论文，在一定级别的刊物上刊载，课题才具备相应级别的鉴定条件。

一、课题论文存在的问题

近几年，教师申报了不少省市级教研课题，撰写了许多成果论文，但在高水平的刊物上发表的却不多。从教师上报的参加省市级课题鉴定的论文看，还存在诸多问题，主要表现在以下几个方面：

（一）内容与课题不相关或关系不大

课题鉴定要求的论文，内容必须围绕课题研究展开，文中论证的方法、策略必须跟课题研究内容紧密相关。论文与课题如果不相关或论文不符合研究计划和学术规范，课题结题鉴定审核是不会通过的。

（二）字数太少，内容单薄

字数太少、内容单薄，是当前教学论文中普遍存在的，也是多年来困扰教师的一个棘手的问题。究其原因，许多教师都无奈地说："提起笔来，能写的东西太少了。""无话可说，缺材料啊！"

（三）堆砌论点，缺乏叙例

对于问题的解决，研究者会提出许多解决问题的方法和观点，想"以多取胜"，但文中缺少具体事例的叙述。没有叙例，文章提出的观点无法得到事实证明，其说服力和可操作性大打折扣。

（四）堆砌论据，缺乏论证

有些论文的作者不善选择，往往在同一平面罗列同类型的许多具体事例，叙例后又不作论证，加上一句"以上这些事例充分说明了……"一类的话，论证就结束了。对罗列出的论据不作分析，没有通过分析揭示论据与论点之间的逻辑关系，怎么能充分说明论点呢？

（五）题目太大，内容空泛

许多初做课题的教师，常常把论文题目定得太大，不是无从下手，就是泛泛而谈。比如，把论文题目定为《试论课堂教学的有效性》，就属于题目太大，难以找到写作切入点的类型。因为课堂教学的"有效性"内涵极为丰富，其中需要深入探讨的问题极其广泛。对于一般的学科教师来说，把它作为一个具体的论题显然是不合适的。

二、怎样撰写课题论文

教研课题论文是指围绕课题研究的某个点，就课题研究的问题、对象、策略和成果总结出的具有普遍意义、可资借鉴或值得推广的做（想）法的文章。与纯理论性的教育论文相比，教研类论文的撰写相对比较容易。但是，要写出具有较高价值的论文，也绝非轻而易举之事。笔者就怎样撰写课题论文提出如下建议：

（一）重视选题

写好教研课题论文，关键是选题。在课题研究过程中探索出的解决问题的各种方法和途径，就是教研课题成果论文的写作源泉。当然，并不是课题研究中提出的所有方法和途径都可以成为论文写作的选题，只有那些通过教学实践验证了的、实用且具有推广价值的方法和途径才适合作为论文写作的选题。教研课题论文的选题要注意四点：

1. 内容相关。论文的选题紧扣课题研究的内容和目标，论文阐述的问题与课题研究的问题相一致，论文讨论的解决问题的新思路、新方法、新途径、新观点与课题研究设计中预设的基本一致。

2. 具有新意。文贵创新，无论是教学研究，还是论文写作，都必须有创新点。在教育教学实践中，有许多大家共同面对和关注的问题，而解决这些问题的方法和途径也往往大同小异。所以，刻意回避或远离他人选题的做法也是不太现实的。面对相同的选题，为避免与他人雷同，可以选取不同的落笔角度。选取独特的落笔角度，应该是论文撰写时追求新颖的一个好方法。

3. 论题适当。教研课题成果论文应探究大课题中的"子课题"或"小问题"，即抓课题研究中的某个点来写。由于"小问题"的切入点较小，论证起来容易将其深化、细化，写出来的论文论点会更明确，内容会更集中，论述会更深刻，读起来让人觉得更实在。例如，对于"课堂教学的有效性研究"这个大课题，可以进行"微格化"研究。如《精心设计问题，提高课堂提问的有效性》，这个选题就比《试论课堂教学有效性》来得适当。当然，论题的切入点也不是越小越好。有些问题如果太小又过于具体的话，就会缺乏普遍意义，从而失去推广和借鉴的价值。

4. 观点鲜明。论文论证的问题要一目了然，对问题的背景、问题产生的原因梳理得简明扼要，能够透过教育现象揭示一些基本的教育本质和教育规律。论文要提出一些解决问题的方法和策略，并能通过具体的教育教学案例阐明方法和策略的操作技巧，论证清晰，操作性强，要有一定推广价值。

（二）重视材料收集

材料，对于论文来说，就像修建高楼大厦的钢筋、水泥和砖瓦。没有钢筋、水泥和砖瓦，高楼大厦就无法修建。没有足够的材料，论文的论证就会空洞乏味，就讲不清楚问题和解决问题的方法。其实，收集材料并不是一个很难解决的大问题，至少不是一项专业性和技术性很强的工作，需要的只是恒心和毅力。

1. 记好课题研究笔记。最好是日记，至少应该是周记。在课题研究过程中，组织了哪些研究活动，针对问题采用了哪些方法和技巧，获得了哪些效果和成绩，还存在哪些需要解决的问题等，都应该记录在内。课堂教学中的一些典型案例和精彩事件，应该用教育叙事的方式详细地记录下来，最好做一些反思总结。

2. 积累对比数据。期中和期末的测试成绩，采用新的教法或教学改革实验前后的前测与后测成绩，以及实验班与对比班的测试成绩等对比数据，都应该完整地保留下来。能够做些初步的对比分析更好。

3. 进行问卷调查。课题研究开始、中期、结束时，或者在试用某种教学方法的前与后，研究者可以设计一些以多项选择和填空题为主的简洁明了的表格或问卷，采用不记名的方式进行调查，能够获得比较可靠的原始材料。

4. 进行个案研究。首先，要确定个案研究的对象，根据研究的需要，可以是一个学生，也可以是一组学生，或一个班级的学生。然后，根据研究工作的推进，全程观察了解研究对象发生、发展、变化的过程。最后，对观察所得进行比较分析，找到研究对象发展变化的原因。很多时候，促使研究对象发生变化的原因，可能就是解决问题的好方法。

（三）拟定论文提纲

课题组要撰写什么样的论文，课题负责人要事先预设好题目。随着研究工作的推进和研究目标的逐步达成，课题组要及时收集汇总研究材料，讨论拟定好论文撰写提纲，在此基础上撰写出高质量的论文。

如《优化幼儿园体育教学活动组织方法与实施策略研究》系列论文提纲：

论文一：

题目：提高幼儿体育教学活动效果"六法"

提纲：

一、幼儿体育活动要以故事或情节为主线

二、随时为幼儿提供适当的指导和帮助

三、关注幼儿个体需求，因材施教

四、经常与幼儿交流沟通

五、让幼儿自主活动，培养幼儿的创造力

六、逐步增加难度和密度

论文二：

题目：科学合理地设计幼儿园体育教学活动

提纲：

一、幼儿园体育教学活动设计中存在的问题

二、科学设计幼儿园体育教学活动

1. 设计符合儿童年龄特点的体育活动

2. 活动结构合理，循序渐进

3. 动作示范准确，训练强度适中

4. 教具准备、处置得当

5. 考虑四季的不同变化

6. 适时培养儿童的自理能力和创造力

论文三：

题目：对幼儿园早操编排的几点建议

提纲：

一、幼儿园早操活动的作用和早操动作编排中存在的问题

二、对幼儿园早操动作编排的几点建议

1. 以游戏的形式开展，主题明确

2. 从幼儿的需求出发，引导孩子主动参与

3. 以锻炼幼儿身体为主要目的，兼顾行为习惯的养成

4. 借鉴传统体育理念，开发幼儿体育活动的保健功能

论文四：

题目：充分发挥幼儿户外体育游戏活动的价值

提纲：

一、幼儿户外游戏活动的概念界定和活动要求、意义

二、幼儿园户外体育游戏活动中存在的问题

三、充分发挥幼儿户外体育游戏活动价值的几点做法

1. 创设自由宽松的活动情境

2. 使用丰富多样的活动器材

3. 选择符合要求的活动形式

4. 挖掘主题鲜明的活动内容

5. 创新高效实用的活动方法

6. 发挥示范有效的主导作用

（四）**多读权威期刊，撰写高水平论文**

总结阅读教育教学期刊和撰写教研论文的经验，把撰写出的论文分为三个档次：一是"教学理论＋问题现象＋方法手段罗列"式，称为初级层次，这种论文正规刊物是不会登载的；二是"教育故事＋对比分析"式，称为中级层次，其中论点新颖者或视角独特者可以在一般省级刊物上发表；三是"问题背景＋教育故事＋对比分析"式，称为高级层次，其中优秀者即可在国家级核心刊物上发表。

初次撰写课题论文的教师，在动笔前，一定要多读一些教育教学权威期刊，学习期刊中优秀教研论文的作者在选材、布局谋篇、问题提出、教育叙事、论证分析方面的方法和技巧，在勤写多练中逐步提高撰写论文的水平。

第三节　撰写中期报告

中期检查是推进课题研究工作不可或缺的步骤。课题组通过自我检查和自我反思，在系统概括前一段研究工作成绩和经验的同时，找到研究中存在的问题，有机会对下一步的研究作出更好的规划和调整。中期检查的主要方式有现场检查、网络通信检查、会议汇报评估检查等。课题研究中期检查无论采用哪种方式，都需要撰写并提交中期报告。

一、中期报告内容要点

《甘肃省教育科学规划课题中期报告》模板提示的撰写内容包括"中期报告要点"和"主要阶段性成果及影响"两大部分。第一部分主要撰写研究工作主要进展、阶段性成果、主要创新点、存在问题、重要变更、下一步计划、可预期成果等内容；第二部分主要撰写成果名称、成果形式、完成或发表时间、成果影响等内容。

二、中期报告的撰写

（一）*研究工作主要进展*。这部分内容主要阐述此研究工作所处课题研究的哪个阶段，可采用时序式，按任务完成时间的先后编写，也可采用任务分项式，一项一项地写，也可把时序和任务分项式结合起来编写。

（二）*阶段性成果*。这部分内容是课题中期报告的关键和重点，主要是按照研究计划的时间规定，写明研究任务的进展情况和取得的主要阶段性成果（包括已出版、发表的成果，已产生的实践反应及专家、行政领导的评价等。已发表的论文，请注明发表的时间及刊物）。支撑性材料主要有教育案例、教育论文、教育日志、教育经验总结、教学实录等。

（三）*存在问题*。对于不具备研究条件而未完成的任务应作出说明，认真分析问题存在的原因，要客观而中肯。撰写这部分内容时注意避免烦冗、流水账。这部分写得如何，是衡量研究进度和质量的关键所在。

（四）重要变更。对重要变更部分作出明确的阐述，一方面提炼出下一步研究的重点，另一方面是成果和问题总结后的调整，需要格外重视。

（五）下一步计划。这部分写作既要参照课题工作方案中下一阶段将要进行的研究，又要针对上一阶段工作的经验和存在的问题，将未完成的任务移至下一阶段去完成。如果研究工作计划有变动，可以把研究任务适当向后推移，但是需要特别注明变动原因并做出新的安排。

（六）可预期成果。是在完成上述工作后对课题研究的宏观设想，以简练的介绍性语言进行阐述。

（七）经费的使用情况。有的中期报告要求呈现课题经费的使用情况，明确经费用于何种用途，是否严格按照课题经费管理的规定。可采用定量与定性相结合的方式，既有一目了然的数字罗列，也有评估经费使用合理性的阐述。

（八）附录。是指内容太多、篇幅太长而不便于写入中期报告但又必须向读者交代的一些重要材料。主要是中期报告第二部分罗列出的阶段性成果，为评审者检查课题实施情况提供依据。

三、中期报告实例

甘肃省教育科学规划课题
中期报告

课题批准号	GS［2018］GHBZ058
课题名称	生本自主互动作文教学实施策略与研究
课题负责人	王伟德
工作单位	凉州区教育局
填表日期	2019 年 6 月 22 日

甘肃省教育科学规划领导小组办公室　制
2019 年 6 月

一、中期报告要点：研究工作主要进展、阶段性成果、主要创新点、存在问题、重要变更、下一步计划、可预期成果等，限 5000 字左右。

（一）研究工作主要进展情况

课题开题以来，课题组立足实际，统筹安排，以武威第十中学、武威第十九中学语文学科教研组和学校骨干教师为主研人员，以加强教师素养提升、语文教研组学科建设、学生作文能力提升为突破口，以改进作文教学与批阅模式为契机，立足实际，积极实践，大胆创新，重点开展了以下活动：

1. 开展了专家听诊活动

为确保课题研究实效，在课题实施之初课题组便邀请到市教科所专家，通过召开课题开题论证会，听取了专家和课题组教师对课题研究方案的意见，经过汇总分析，对意见与建议进行梳理，形成了指导课题有效开展的实施方案。这一环节有效克服了课题研究的盲目性和随意性，增强了研究实效。

2. 开展了课题组理论学习活动

为提高课题组成员的理论素养和教科研能力，课题组开展了《改变，从写作开始》《语文课程标准》《现代教育理论选讲》《静悄悄的革命》《师生沟通的艺术》《教学教育过程最优化》《给教师的一百条新建议》《赏识你的学生》等书籍的阅读学习活动，要求教师做好学习笔记，并通过读书沙龙活动分享读书心得。这一环节避免了课题研究闭门造车，有效更新了教师的教学理念，为课题研究的深入开展打下了坚实基础。

3. 开展了问卷调查和访谈活动

课题组根据学校和学生实际，设计了"作文教学现状""作文兴趣爱好能力水平"2 份调查问卷，调查对象分别为课题实验学校语文教师和实验相关班级学生，内容包括当前作文教学主要方式与方法、作文批阅现状、对作文教学的期待、学生作文兴趣与爱好、学生对作文批阅方式的期待、学生喜爱的作文教学等。开展 2 次访谈，访谈对象为两所实验学校主管教学的领导以及语文学科组长，主要了解学校作文教学及作文教研开展情况、存在的问题和建议。

问卷和访谈结束后，课题组汇总了问卷和访谈结果，分析了初中语文作文教学现状、学生作文兴趣爱好和能力水平现状，查找了存在的问题，并提出了改进作文教学的方法与建议。这一环节摸清了作文教学亟待解决的问题，增强了课题研究的针对性，为课题研究深入开展注入了活力、提供了动力。

4. 开展了"三种模式"的示范教学和观摩教学活动

"三种模式"即"师生改写互动""生生改写互动""自主借鉴改写互动"三种作文教学模式。在示范教学中，课题组做到根据个人所长，每人选择其中一种模式参与实验，按前期专家指导意见和课题实施方案进行教学设计，在充分论证，形成有效学案的基础上，开展课堂教学实践。这一活动，通过持续的观摩研讨和课后反思，积极探究规律，优化设计和流程，不断提升经验，形成了可推广扩散的高效作文教学模式。

5. 开展了"三个序列"作文能力提升的探究和构建研讨活动

以语文教研组和年级组活动为依托，根据学生实际与教学实际，在两所学校的三个年级开展了"记叙文写作能力提升策略""说明文写作能力提升策略""议论文写作能力提升策略"三种文体教学的序列化操作模式探究活动。这一活动中，课题组参与实验的教师每人选择其中一种文体，进行能力提升有效策略序列化设计。在确定主题后，课题组所有成员共同研讨，探究规律、强化衔接，着力构建有效改变初中语文作文教学现状的指标体系与操作体系。探索取得了一定成效。

6. 开展了阅读平台搭建和良好阅读氛围营造活动

阅读是写作的基础和前提，为促进学生阅读能力的发展，培养良好的阅读习惯，开展了读书平台的搭建活动。武威十中建成了学校文化长廊，长廊不仅展示了师生风采，更重要的是摆设了开放式书架，定期轮换，把学校图书室的藏书移入书架，任由学生自主调换阅读。无论课间时光，还是上学放学的空隙，都有许多学生放回阅读完成的书籍，又找出自己喜欢的新书，面带笑容地回去；或者坐于长廊小凳上，静静阅读，享受一段美好时光。武威十中利用顶层楼阁，建成"教师书吧"，为全校教师读书开辟出一方别具一格的空间。花香、茶香与书香相伴，一处不足三十平米的空处成为教师阅读的怡人去处。上完课、批阅完作业，便有人赶过去，让心灵徜徉书海，让学习成为享受，让读书成为习惯，让书香溢满校园，让书山拥有更多的掘"金"人。

7. 开展了阅读写作"六个一"活动

"六个一"即：每日读书一小时，每天吟诵一篇经典诗文，每周做一次摘抄，每半个月写一篇读书笔记或读后感，每一个月亲子共读一本书，每一个学期争取向校刊编辑部投发一篇优秀习作。学校定期有序组织开展经典诗文诵读比赛、读书演讲比赛、读书知识竞赛、读书征文比赛、好书推荐词征集评选、校园汉字听写大赛等活动，为学生搭建多种形式的读书活动平台，引导鼓励学生"悦读"，培养学生良好的阅读习惯和阅读方法。

（二）课题研究取得的阶段性成果

1. 初步构建了"生本自主互动作文教学"三种课堂教学模式

开展"师生改写互动""生生改写互动""自主借鉴改写互动"三种作文教学模式示范教学。课题组参与实验的教师每人选择其中一种模式，进行教学设计和教学示范，邀请专家，通过观摩研讨，探究规律，优化设计和流程，提升经验，形成了可推广的高效作文教学模式。

2. 厘清了对中小学作文教学三大功能的认识

课题组认识到，中小学作文教学要突出对三大功能的认识：一是作文教学的认知功能。作文之所以重要，不仅仅在于它是语文能力的综合体现，更重要的是，它是一个人认识世界、思考世界、走向世界必不可少的中介与桥梁，也是一个人发现自我、思考自我、构建自我不可或缺的必要工具。二是作文教学的构建功能。作为学科之母的语文，其重要性不仅仅在于为学生打下坚实的人文底子，促进言语实践与语言运用，适应听、说、读、写的社会交际需要，更重要的是可以帮助学生建立思想体系、价值体系、认知体系、情感体系，顺利实现自然人向社会人的过渡，促进人格的形成，促进精神品质与道德意识的提升，由平庸走向高尚、平凡走向高贵，发现、探索、经历，实现自我价值的最大化。三是作文教学促进人发展的可持续作用。作文教学通过规范而持续的训练，可以使学生在不同层面得到发展。首先是认知能力的提升。随着作文能力的增强，接受、分析、加工信息的能力也将随之上升，使学生学习活动更为有效。其次，道德情感与道德意识也将随之而得到培养与提升。行动源于思想，思想促进行动。通过叙事与议论的训练，作文主体更容易思考事物之间的关系，关注表现之下的本质，情感倾向分明，能够在更高层次获得优美的道德体验，从而使行动更为理性。

3.客观分析了凉州区城区初中作文传统评改模式的弊端

课题组分析认为，作文教学改革需要从改变传统作文评改模式的弊端出发，要遵循"教师从旁指导，学生主动探究"、学生作文应该"从学生中来，到学生中去"的原则，从作文评改如何合理分组、如何做好互动评改的充分准备、如何使小组成员各司其职以及如何使小组长的评改能力最大化方面做出探究与实践。作文教学实践活动，教师要把批改权和评价权下放给学生，对学生分组遵循动态的原则，充分激发学生的互动热情，始终保持活动的长效运行。

（三）课题研究的主要创新点

以生本教育和自主互动为理念，打破传统作文教学的局限与束缚，在师生、生生、自主借鉴的改写互动教学模式中探索"三段六步式"作文训练系统："三段"，即"积累—写作—批改与升格"；"六步"即"作文基本技巧训练—辅助作文训练—正式作文—互动批阅—互动点评—作文升格"。让学生从体验生活、积累素材、培育思维、掌握方法技巧到写作审题、写作构思、写作讨论、写作评议、写作修改、写作反馈全过程，逐步形成完善、科学、有序的训练体系，充分激发学生的自主参与意识与个性表达，使写作训练走上科学高效的训练轨道。

（四）课题研究存在的问题

1.重视了教学技术层面的突破，忽略了学生写作素材的积累。语文新课程标准规定，中小学生九年课外阅读的总量应在400万字以上，但学生阅读量明显不够，同时缺乏生活的积累，因此，在作文教学写作环节，学生无从下笔的现象十分普遍，严重影响到学生习作能力的发展。

2.繁重的课业负担削弱了对学生生活能力的培养，影响了作文的真情表达。调查显示，城区中小学生课业负担普遍较重，不只有各科的作业，还有门类繁多的知识竞赛、社团活动、征文平台及各类APP的作业，学生忙于应付，根本没有时间静下心来思考生命与生活，更谈不上自主生活能力的培养。

3.作文教学评价体系须进一步完善。目前的语文课堂作文教学评价体系较为模糊，处于边缘化的境地。随着语文学科建设的进一步深化，会出现较多可探讨性的问题，这就需要进一步完善作文教学评价体系，从而达到强化语文教学师资队伍建设，优化教师群体，提高语文教师的现代教育素养的目的。

（五）下一步计划

1.进一步提升教师素质，树立"生活作文"的大教育观。课题组成员必须不断更新自己的教学观点，用现代先进的教学思想、教学理念武装自己，将课题研究向纵深方向推进。

2.积极进行课题的研讨和延伸。课题组成员要实施形式各种各样、内容丰富多彩的开放性教学，积极讨论在研究中出现的新情况、新问题，通过讨论达成共识。

（六）可预期成果

一是形成作文教学理论体系。从初中作文教学的实际出发，分年级、分学期、分单元，根据语文教材编排制订作文序列化训练计划，确定训练的要点、内容和形式，使整个初中阶段能形成一个完整的作文链，编写一套完整的序列化作文素材。构建多种形式的素质型的作文指导课，以期建立起初中作文的理论框架和训练体系。

二是课题研究将给学校带来变化。生本自主改写互动式作文教学研究与实践，将有效减轻语文教师工作负担，有利于教师自身的专业发展。课题研究将进一步激发学生作文兴趣，促进作文能力的发展，有利于学生健康成长。

通过作文教学改革积极实现语文教育的构建功能。

二、主要阶段性成果及影响：成果名称、成果形式、完成或发表时间、成果影响等，限 3000 字左右。

（一）成果名称、成果形式、完成或发表时间

课题的深入实施与研究，有效促进了作文教学改革，也产生了一定成果。开题以来，课题组成员共在省级以上刊物发表课题研究成果论文 9 篇：

课题负责人王伟德撰写的《中小学生自主学习能力的培养策略》发表于《甘肃教育》2018 年第 21 期；《撷谈作文教学》发表于《甘肃教育》2020 年第 8 期。

课题组成员叶祥元撰写的《生本自主互动作文教学模式的实践探索》发表于《甘肃教育》2020 年第 10 期。

课题组成员王丽霞撰写的《浅谈个性化作文教学》发表于《小作家选刊》2018 年第 3 期。

课题组成员殷世伟撰写的《初中语文"生本"作文批阅策略探究》发表于《甘肃教育》2019 年第 19 期；

课题组成员党玉芬撰写的《初中作文教学探析》发表于《甘肃教育》2019 年第 23 期。

课题组成员单雪萍撰写的《浅析初中作文教学"生本互动"策略》发表于《甘肃教育》2020 年第 8 期。

课题组成员聂爱荣撰写的《初中作文分组互动评改模式的探究与实践》发表于《甘肃教育》2019 年第 22 期。

课题组成员张宗雄撰写的《浅谈中学语文课内外阅读与写作教学》发表于《学周刊》2017 年第 30 期。

（二）成果影响及对课题研究产生的积极意义

1. 对当前凉州区城区初中学校作文教学现状作了较为客观的分析，为作文教学研究的深入开展奠定了良好基础。

论文《撷谈作文教学》指出：在凉州区部分学校、部分教师的语文课堂

中，作文教学处于被弱化和忽视的位置。针对这一现状，论文提出：极有必要分析原因，探求作文教学的本质与规律，积极建构作文教学的流程规范，实现可操作、可控制，让作文教学回归本位，变成语文课的常态教学，让它发挥在学生学习成长中的价值与作用。基于以上分析，生本自主互动作文教学强调五个"突出"，即突出学生、突出学习、突出探究、突出合作、突出互动。

2. 课题研究厘清了对中小学作文教学三大功能的认识，有利于促进作文教学在更高更深层次的研究和发展。

论文《生本自主互动作文教学模式的实践探索》中指出：作文的实质是生命个体对现实世界的思考与建构，是个人情感与思考的交流和表达。对于基础教育阶段的中小学生来说，其意义不仅仅停留于这一层面，对他们而言，作文是一种更重要的认识活动，是自我融入社会走向成熟，个性得到发展与支撑的必要手段。因此，关注作文教学，不仅仅是在关注学生语文能力的发展，更关注着学生的生存状态，生活幸福与成长体验。中小学作文教学要突出对三大功能的认识，一是作文教学的认知功能；二是作文教学的构建功能；三是作文教学促进人发展的可持续作用。生本自主互动作文教学的三种模式对应三大功能，有利于促进中小学作文教学在更高更深层面的发展。

3. 客观分析了城区初中作文传统评改模式的弊端，为作文评改方式的改革奠定了基础。

论文《初中语文"生本"作文批阅策略探究》中提出：随着语文教学改革的日益深入，作文教学的地位也越来越突出。在"生本"教育的理念下，探索"生本"作文的批阅模式，是语文教师将要面对的课题。殷世伟强调，必须引导学生建立作文评价规范，给学生更大的空间、更大的自由，让学生在批阅中自行评判、自由发表意见，以此激发孩子的写作动力，让孩子爱上写作，产生表达、写作的"冲动"，为作文教学提供原动力，从而大大提高作文教学的效率。

论文《初中作文分组互动评改模式的探究与实践》指出：作文教学改革需

要从改变传统作文评改模式的弊端出发,要遵循"教师从旁指导,学生主动探究"、学生作文应该"从学生中来,到学生中去"的原则,从作文评改如何合理分组、如何做好互动评改的充分准备、如何使小组成员各司其职以及如何使小组长的评改能力最大化方面作出探究与实践。作文教学实践活动,教师要把批改权和评价权下放给学生,对学生分组遵循动态的原则,充分激发学生的互动热情,始终保持活动的长效运行。

第四节　研究成效测评

一项课题研究是否有效,研究过程是否解决了教学实践中的问题,是否促进了师生的成长、提高了学校的办学质量,课题研究工作实施到中期和结束时,研究者有必要评测研究实效。研究成效评测的方法和现状调研分析的方法基本一致,可以是问卷调查和访谈调查法,也可以是现场观察和档案查阅法,还可以组织专题论证会。研究者对于评测过程中获得的各类数据要认真记录,归类分析,最好与研究开始时获得的现状调研数据进行比较分析,从而对研究过程和研究成效作出科学客观的评价,并写出评测报告。

如,《优化幼儿园体育教学活动方法与策略研究》结束阶段成效评测报告:

优化幼儿园体育教学活动研究成效评测分析报告

一、评测时间、目的和方式

1. 评测时间:2021 年 4 月
2. 评测目的

(1)了解家庭中幼儿进行体育活动现状和幼儿参加体育活动的态度;评估教师对幼儿体育活动的认识和组织幼儿体育活动的能力水平;了解家长对幼

儿参加体育锻炼的态度。

（2）评价研究成果，分析研究成效。

3. 评测方式

（1）问卷评测。完成了 2 份问卷，调查对象分别为幼儿园教师、家长，内容包括对幼儿园体育活动的认识及其现状、形式、问题，以及对策、建议等，每份问卷设置问题 5—8 个。

（2）访谈评测。开展了 3 次访谈，访谈对象为幼儿园教师、家长和在读幼儿，主要了解幼儿园当前体育活动的开展情况、问题及对该活动的建议。

（3）专题会议。邀请相关专家和市内示范性幼儿园园长召开课题研究成效分析会。

二、评测概况

1. 问卷、访谈概况

2021 年 4 月 9 日，发放家长问卷 200 份、教师问卷 50 份，收回家长问卷 198 份、教师问卷 47 份；访谈幼儿园教师 10 人、幼儿家长 15 人、在园幼儿 80 人。

2. 专题会议概况

2019 年 4 月 26 日，在武威市实验幼儿园召开了甘肃省"十三五"教育科学规划课题《优化幼儿园体育教学活动方法与策略研究》结题暨研究成果交流分析研讨会，市内课题相关专家、示范性幼儿园园长和课题组成员 20 多人参加会议。与会人员听取了课题研究过程和研究成果介绍，通过查看资料、观摩课堂教学、召开座谈会了解了研究工作的全貌，对研究成效作出了客观的评价。

三、评测结果及分析

（一）研究成果丰富，提升了幼儿园的办园水平

该课题的研究过程和研究方法扎实有效，研究成果丰富，促进了幼儿园的体育教学。实验成效具体表现在以下几个方面：

1. 提高了全园教师的认识水平和教学水平

课题研究初始对幼儿教师的访谈结果显示，大多数教师认为，幼儿体育活动应以游戏活动为主，在保障安全的前提下，让幼儿玩好就行了。在组织幼儿体育活动时，教师为了保证幼儿安全，往往会降低活动的难度和运动量，提高身体素质的练习明显减少，运动量普遍降低。

通过两年的实践研究，教师对幼儿体育活动的认识发生了根本转变，大家明确认识到：在幼儿园科学开展形式丰富的体育活动，可有效培养幼儿终身参加体育活动的习惯，愉悦幼儿身心，促进幼儿身体素质全面提高，使幼儿快乐生活、健康成长。教师在学习中提高了理论认识，在打磨教学案例、实施课堂教学的反复实践中反思总结，概括出了优化幼儿园体育活动的系列方法，逐步提高了教学技能。体育活动前，教师不仅认真选择幼儿最感兴趣的游戏活动，还认真为孩子们准备符合年龄特点的活动材料和活动场地。活动时，教师不仅关注活动的游戏性和运动量，还重视幼儿体能锻炼和探索精神的培养。教师根据教学内容，运用研究中总结出的方法组织幼儿体育教学活动，课上得越来越生动活泼、科学有效。

2.幼儿多方面的素质得到了提高

教师教学行为的转变，带来的是全园幼儿各方面素质的全方位进步和提高：

一是幼儿参加体育活动的积极性和主动性不断提高。初始家长问卷显示，"自己的孩子对体育锻炼的态度"，"喜欢"的为56.8%，"有时喜欢，有时不喜欢"的为25.9%，"不喜欢"的为18.3%。实验结束时，以上数据分别是78.4%、22.5%、3.3%。幼儿不仅喜欢体育活动，而且愿意主动参与体育活动，体育锻炼的热情逐步提高。

二是幼儿的身体素质逐步好转。家长和教师反映，前些年，每逢秋冬、冬春交际，许多幼儿都会患病请假，有时班里超过一半多的孩子不能入园就读。这两年这种现象明显好转，严重时生病不能入园的孩子最多没有超过四分之一。

三是幼儿的规则意识得到培养，意志水平不断提高。实验过程中，教师发现幼儿规则意识培养中普遍存在讲解不明、引领示范不到位等问题，这是导致体育教学活动幼儿规则意识淡薄、任由自己的心性和兴致行事的主要原因。教师重新认识了培养儿童规则意识的重要性，从幼儿的特点出发，认真探讨培养幼儿规则意识的方法，耐心讲解示范。随着研究工作的推进，孩子们的规则意识从无到有，并不断增强，体育活动课逐步井然有序。孩子们在玩中体验了快乐，锻炼了身体，集体意识和自我控制能力也得到了初步培养。

3. 提高了家长的认识，促进了家园沟通

研究初始家长问卷统计数据显示，认为"幼儿园开展体育活动有必要"和"需要家园合作共育"的家长分别为80.4%、83.1%，"愿意让孩子参加有一定难度的体育活动"的家长为27.4%，"每周带领幼儿参加4—6次户外体育活动"和"很少带领幼儿进行户外体育活动"的家长分别为23.6%、28.9%。这些数据表明，现今的家长大多知道幼儿参加体育锻炼的重要性，但害怕孩子在锻炼中受伤，而且普遍缺乏亲自带着孩子参加体育活动的实际行动。

研究过程中，教师主动引导家长了解了新时代儿童体育锻炼活动少、身体素质差的原因，积极向家长宣传孩子多参加室内外体育活动的意义和重要性。家长的认识不断提高，支持幼儿园开展有一定难度的体育游戏活动的家长越来越多，"家园联动""亲子共乐"等体育游戏形式相继出现。研究结束后，家长问卷统计数据显示，认为"幼儿园开展阳光体育活动有必要"和"需要家园合作共育"的家长分别为95.3%、90.2%，"愿意让孩子参加有一定难度的体育活动"的家长为52.5%，"每周带领幼儿参加4—6次户外体育活动"和"很少带领幼儿进行户外体育活动"的家长分别为53.1%、11.9%。

4. 幼儿园体育设备得到了补充和改善

武威市实验幼儿园是一所处于老城区中心的公立幼儿园，校园占地面积小，幼儿活动场地有限，体育活动器材严重不足。研究开始时，园里只能基本保障幼儿体育活动的器材，但种类少，数量严重不足。课题立项后，在课题组的倡导下，幼儿园以实施课题研究为契机，积极补充幼儿体育器材，鼓励教师自制体育器材，新开辟了14个体育活动区域角，并配置了大量的小型玩具。幼儿园还扩建了足球场、塑胶跑道，创设了户外沙坑、秋千、梅花桩等游戏场地，扩展了幼儿体育活动场所。

5.提升了幼儿园的办园水平

武威市实验幼儿园办园时间长，园内设施齐全，教师业务素质过硬、教学经验丰富，办园水平得到了全市的认可，早在2013年就被认定为省级示范性幼儿园，但还存在幼儿开展体育活动的场地小、设施不足、特色不突出等问题。课题研究启动以来，全园教师研究教学的热情和积极性得到激发，大家学习教育理论，借鉴、探索有效的教学方法，幼儿园的办园水平迈上新台阶。如今，武威市实验幼儿园体育教学活动内容丰富、形式活泼多样，办园特色鲜明，孩子喜欢，家长点赞，多次受到了上级教育部门的表彰奖励。

(二)存在的问题

1.研究提出的部分策略方法存在局限性，理论提升还不够。

2.对特殊儿童在体育活动中的表现关注不多。

3.实验成效检测评估体系不完善，评价手段单一。

第六章
总结与申报结题

　　一项教育科研课题的研究工作按计划完成后,需要对研究的过程和研究的结果进行分析与综合、抽象与概括、判断与推理,从而收获具有科学性、创新性和应用性的成果,这就是课题研究的结题。结题是课题研究的收尾阶段,是收获课题研究成果的阶段。课题研究结题阶段的主要工作有撰写结题报告、填写鉴定申请书、整理申请资料、申请结题等。

第一节　撰写结题报告

结题报告是一种专门用于课题结题验收的实用性报告类文本，是对课题研究过程和研究结果全面、客观、实事求是的描述，是课题结题验收的主要依据。撰写结题报告的目的是科学地总结研究工作，通过书面的形式反映研究成果，以期丰富教育理论、推动教育实践和教育研究。课题研究结题报告的撰写是一个严密的思维过程，这种对教科研课题研究过程和成果进行文字加工的过程，是教育科研的重要环节。

一、结题报告的内容及要求

（一）结题报告的内容

一篇规范、合格的结题报告，主要回答好六个问题：一是"课题研究什么"；二是"为什么要选择这项课题进行研究"，即这项课题是在怎样的背景下提出来的，研究这项课题有什么理论意义和现实意义；三是"这项课题是怎样进行研究的"，要简要地叙述研究的理论依据、目标、内容和方法，详细地叙述研究的步骤，着重讲清研究的主要过程和研究过程中开展的研究活动；四是"课题研究达成了什么目标、取得了哪些研究成果"，要详细地叙述研究获得的基本观点和主要结论，包括实践中的新思路、新举措，理论上的新观点、新发展及成果的社会影响等；五是"课题研究取得了哪些成效"，主要叙述课题研究带来的发展、变化和收获；六是"课题研究存在什么问题，今后有什么设想"。

一般情况下，结题报告大致包括以下10个内容：

1. 课题的核心概念。
2. 课题提出的背景（包括研究的意义和价值）。
3. 课题研究的理论依据。

4. 课题研究的目标。

5. 课题研究的内容。

6. 课题研究的方法。

7. 课题研究的步骤和过程。

8. 课题研究的成果。

9. 课题研究的成效。

10. 课题研究存在的主要问题及今后的设想。

1 回答"课题研究什么"的问题，2 回答"为什么要选择这项课题进行研究"的问题，3 至 7 部分内容回答"这项课题怎样进行研究"的问题，8 回答的是"课题研究取得哪些研究成果"的问题，9 回答"课题研究取得了哪些成效"的问题。

（二）结题报告的要求

对课题结题报告的要求，主要体现在内容、用语和结构三个方面。

1. 结题报告的内容要客观真实

结题报告提出的观点必须可靠，列举的证据必须充分，并且在论证过程中要充分利用好研究所掌握的第一手材料。不管是报告结构，还是具体内容，都要有科学依据和合乎逻辑的推理，要经得起检验。报告撰写者要重视汇报研究工作的全过程，写进报告的内容必须忠于事实和原始材料，全面客观地反映研究过程和研究结果。

此外，课题研究报告中的讨论、推理和判断都要以事实为依据，课题研究成果的表述必须观点正确、材料可靠，论证要以事实为依据，推理要合乎逻辑，不可无根据的主观臆断。

2. 结题报告用语要科学、准确

结题报告作为课题研究的重要组成部分，在报告的表述中应该力求学术用语的准确与科学，让读者看了之后不会产生对学术研究过程和结论的误解。课题结题报告的表述要准确运用相关概念，尤其是对核心概念进行界定的时候，要在广泛阅读相关领域研究者的概念定义的基础上，结合自己的课题研究，得出自己对于核心概念的理解。同时，在报告撰写的过程中，文字表达要力求通俗易懂，在不影响报告规范性的前提下，尽可能地使用简洁的语言。

3.结题报告的结构要严谨，内容的表述符合规范

在撰写结题报告前，要有明确的计划和提纲，确保课题结题报告的完整性。在撰写结题报告时，要按照结题报告的基本格式与结构规范要求，围绕中心，突出重点。

二、结题报告的结构与撰写方法

（一）结题报告的结构

一篇规范的课题结题报告，在结构上应包括题目、正文、结尾三个部分。题目部分主要包括标题、署名、内容摘要、关键词等几个要素；正文部分包括核心概念界定、选题缘由（背景和依据）、研究目标和内容、研究思路和方法、研究过程、主要研究进展、研究成果成效、问题与打算等几个方面；结尾部分包括注释、参考文献、附录等几个方面的内容。报告的重点是研究过程、主要工作和有效方法、研究成果、研究成效等内容。调查问卷、访谈提纲、观察记录表、数据量表、前中后测报告等过程性支撑材料可以放在附录中。

（二）结题报告各部分内容的撰写

1.题目

一般用原研究题目加"结题报告"字样。例如：《小学数学教学中培养学生反思能力的策略研究结题报告》。

2.序言

主要概括说明所研究的课题是什么，从什么时间开始立项研究的，到现在经历了几年等。

例如，《提高小学高年级学生数学审题能力的方法研究结题报告》的序言：

> 《提高小学高年级学生数学审题能力的方法研究》是由武威师范附属小学教师赵亮负责的甘肃省教育科研"十三五"规划课题，2018年9月获准立项并开始研究。经过课题组教师近两年的努力，已经完成了课题研究的所有工作，课题研究的基本目标已达成，现就课题研究工作进行全面总结。

3. 正文

（1）课题的提出

课题的提出主要阐明为什么要进行这一课题的研究，主要包括：国内外对该问题研究的现状、研究意义和价值、研究目的等内容。这一部分，可从理论和实践两个角度进行说明，要高度概括，用简洁的语言表达清楚。

（2）课题的设计

课题的设计主要包括：研究课题概念的内涵与外延，研究的目标和内容，研究的对象，研究方法的选择，研究的指导思想或理论基础，研究的假设等。

（3）课题研究的实施过程

从课题研究开始写到课题研究结束，写出研究过程的实施步骤和具体开展的研究活动，把研究过程中获得的第一手材料和感性认识，通过比较、分析和归纳，进行抽象与概括，进而上升到理性认识。

（4）课题研究取得的成果

这一部分主要写课题得出的结果和结论是什么，取得了哪些主要成果以及它的应用价值和推广价值。

①结果。对大部分中小学教育科研课题来说，这部分要写教育效果。在教育科研中，反映在研究对象（学生）身心上的变化，就是实实在在的教育效果，是证明教育理念的科学性和先进性，证明教育方法的科学性和有效性的最直接的材料。因此，结题报告的教育效果部分是非常重要的，是中小学教师教育科研的核心指向，是非文本研究成果文本化的过程，是报告中要详写的部分。写教育效果一般可以结合数据统计、个案描述、综合分析等方法。

②结论。课题研究结题报告的结论部分是研究者经过反复研究之后形成的论点，它是整篇报告的实质部分。研究结论要结合研究方案中的目标来写，主要记述在研究中总结了哪些解决问题的主要经验和基本方法，发现了哪些规律性的问题等。结论部分撰写时常见的问题：运用他人的论点进行推论，或采用研究之外的事实解释自己的立论，这不是真正的课题研究的结论。

（5）课题研究的成效分析

这一部分主要分析课题研究带来的发展、变化和收获。研究是否解决了教学实践中的问题，是否促进了教师和学生的成长，是否提升了学校的办学质量等内容是这一部分阐述的重点。可以运用研究前期、中期、结束时的检测数据，通过定性分析和定量分析等方法把课题研究的成效讲真实、讲具体。

4.附录和参考文献

在研究过程中所获得的足以佐证结论的、有价值的且在正文中不易表述的资料，可附录在正文的后面；将写作参考的文献在正文后注明。

三、结题报告案例

下面是一份完整的课题结题报告，大家可以阅读揣摩，进一步体会结题报告的写作要领。

生本自主互动作文教学实施策略与研究

结题报告

李延海　叶祥元

【摘要】生本自主互动作文教学，既是一种教学理念，又是一种教学方法。本研究以全面推进作文课堂教学改革为目的，以学生作文能力发展为本，紧密结合当前凉州区城区初中语文学科作文教学现状展开。研究构建出的"生本自主互动作文教学"的三种课堂教学模式，营造了全新的作文生态体系，完善了作文评改方式，初步形成了作文批阅的理论体系与操作规范，有效提升了学生的语文学科成绩，在一定程度上促进了语文教师的专业化成长，使作文教学更具科学性、实践性、针对性和实效性。课题研究取得了预期的效果，具备一定的推广价值。

【关键词】生本自主；互动作文；教学策略

2018年7月，王伟德老师主持的《生本自主互动作文教学实施策略与研究》被确定为甘肃省2018年"十三五"规划重点课题，课题批准号为GS〔2018〕GHBZ058。该课题立项以来，课题组立足实际，统筹安排，扎实开展教学实践活动，认真探索并构建提高学生作文能力的教学方法和操作模式。经过两年多的实践研究，课题研究已达成了预期目标，效果良好。

一、核心概念界定

"生本自主"，即以学生为根本，指在教学过程中充分体现学生主体地位，充分发挥学生自主能动性，实现以学生需求和学生发展为根本的教学。

"互动作文"，指在作文教学过程中，学生充分参与作文评改过程，师生合作，生生合作，以改促写，以写促改，改写互动。

"生本自主互动作文教学"，是指在作文教学过程中，学生充分参与作文评改过程，以改促写，改写互动，形成促进学生作文能力有效提升、有效解决高耗低效难题的螺旋递进式的作文教学方式和方法。

二、问题的提出

（一）国内研究现状分析

"生本教育"在国内由广东省教科所郭思乐教授所倡导，是一种全新教育理念，其特点是以学生为本，把学生当作学习的主体，教师把学习的主动权交还给学生，让学生自己主动地去学，从而使教育教学在实现最大限度地解放学生的同时，也使教师得到真正意义上的解放。十几年来，"生本教育"在内地、香港、澳门等地的近200多所中小学、幼儿园等进行了实验，获得了意义深远的理论与实践成果。

"生本教育"具有强大威力，山东省杜郎口中学的课堂教学模式、江苏省如皋中学的"活动单导学"教学模式、江苏省泰州市洋思中学的"先学后教"教学模式、江苏省沭阳中学的"三动五自主"教学模式等的思想都与"生本教育"理念有着相似之处，但是，"生本教育"作为一种先进的教育理念，在凉州区还没有具体的操作模式和方法，还没有进行实验研究的学校。

（二）国外研究现状分析

当前许多国家都很重视学生作文能力的培养，世界各国都设有以本国母语进行作文教学的课程，各国作文教学几乎存在着一个共同的问题：师生投入得多，但收效不大，学生的写作水平不高，难以适应社会发展的需要。英国政府已经意识到，学生读写技能素养的欠缺导致了学生就业面窄、获取高薪职业的机会匮乏，成为制约英国经济发展的瓶颈。日本的写作要求明确提出："使学生掌握根据一定的目的和场合，正确、美观、迅速书写的能力，同时培养使书写直接有益于生活的态度。"这都表明探索符合作文教学规律的训练体系，提高学生写作能力已成为亟待解决的世界性课题。

（三）加德纳多元智能理论对语文教学新的启示

教学要以发展学生智能为核心，促进学生和谐发展，因此要重在教会学生如何去学习。学生是发展的，每个学生都蕴藏着巨大潜能，要做到以学论教、以学定教，做到以学生为中心，关注每一个学生的特性，要灵活多样地评价学生。

基于以上分析，生本自主互动作文教学以以上有效反思为基础，提出应对策略，旨在探寻一条弥补教材不足、贴近教师教学和学生实际，并且符合初中生作文教学规律，能够有效提升作文教学质量的方法与策略，从而实现语文学科教学质量的有效提升。

三、课题研究的内容和目标

（一）课题研究的内容

以学生自身为教学资源，充分调动学生作文兴趣，发挥学生的能动性与创造性，使作文教学过程体现以学生为本，学生参与修改批阅，学生参与点评指导，在参与中学习，在学习中提高，从而有效提高学生综合理解能力，最终实现学生作文能力的提高与持续发展。

改进教学现状，努力形成有效作文教学的操作模式和体系，为语文教师减负，促进语文教师专业能力的发展与提高。

（二）课题研究的目标

发挥学生在作文教学过程中的主体地位，利用学生身边的教学资源，激发学生的作文兴趣；发挥学生的能动性与创造性，引导学生在参与中学习，在学习中提高，实现学生作文能力的提高与持续发展。

为语文教师减负，让语文教师找到工作的快乐与信心，促进语文教师专业能力的有效发展与提高。

探寻出一条弥补教材不足、贴近教师教学和学生实际、符合初中生作文教学规律、能够有效提升作文教学质量的方法与策略，从而实现语文学科教学质量的有效提升。

四、课题研究的思路和方法

（一）课题研究的思路

分析当前初中语文作文教学现状，总结梳理与本课题相关的已有作文教学经验和方法，分析利弊，制定课题实施方案。

以武威十中、武威十九中两所学校的三个年级为实验主体，确定实验班级与对照对比班级，以师生改写互动作文教学为突破口，由易到难，由浅入深，探索提高学生写作能力与水平的有效方法。

总结有效方法和策略，形成可操作的作文教学模式，以推广三种互动作文序列化训练为目的，使成果得以广泛应用，让学生会写、老师会教，进而全面提高语文教育教学质量。

（二）课题研究的方法

1. 调查研究法。采取问卷调查的方式，对学生作文兴趣和能力、不同学校作文教学现状和期待进行全面调查，分析作文能力发展和作文教学中存在的问题，了解作文教学高耗低效的成因，从而科学合理制定生本自主互动作文教学实施策略与研究实施方案，为全面开展实验做好准备。

2. 观察研究法。以作文课堂教学和学生个体作文能力发展为重点观察对象，选择不同年级作文课堂，确定不同能力与水平学生个体，跟踪观察，对比分析，形成作文课堂教学案例和学生作文能力发展评估报告。

3. 行动研究法。扎实实施研究方案，把预设出的生本自主互动作文教学实施策略的课堂教学方式、方法付诸初中语文作文教学实践之中，反复实验论证，去粗存精，概括总结，最终形成师生改写互动、生生改写互动、自主借鉴互动三种作文教学模式。

4.文献研究法。广泛查阅中小学作文教学文献资料，通过摘录、整理和反思，学习名师作文教学成功经验，提升课题组成员的研究能力和水平。

五、课题研究过程

生本自主互动作文教学方法的实践与探索共经历了四个阶段。

（一）前期探索与学习提升阶段

课题组对相关作文教学实践的做法加以凝练分析后，制定课题研究方案、建立档案，进行前期数据调查。

这一阶段，重点加强理论学习，积极提高课题组成员的理论素养和教科研能力，先后组织阅读并学习了《语文课程标准》《现代教育理论选讲》《静悄悄的革命》《师生沟通的艺术》《教学教育过程最优化》《给教师的一百条新建议》《校本研修面对面》《赏识你的学生》等书籍。同时，聘请市教科所专家对课题进行了指导。

（二）申报立项与研究方案制定阶段

经过前期多轮探索与实践，分析不足，查找原因，课题组于2018年4月召开主题研讨会，成立了课题研究互助组，通过诱导内因变化，测定相关数据，分析、评议、评价，提出《生本自主互动作文教学实施策略与研究》立项申请。当年7月审核通过，被列为甘肃省2018年"十三五"重点课题，并获甘肃省教育科学规划办重点课题项目资助。

（三）课题研究实施阶段

2018年9月，课题实验与实施全面开展。课题组依据研究计划组织实施，不断探索研究方法，优化研究途径，发现问题及时调控，确保研究的实效性。这一阶段突出了以下两个方面的工作：一是在部分实验班进行小范围的观摩研讨，使参与研究的教师掌握操作方法；二是各实验班依据实验的总体设计方案按计划组织实施，在实验中积累数据材料，形成中期研究成果。

这一阶段，重点采用分散研究与集中研究相结合、文献研究与调查研究相结合、行动研究与案例分析相结合的方式进行，立足语文学科教学实际，做到科学有序、稳步提高，以形成具有针对性、切合学校教学实际的生本自主互动作文教学体系为目标，使作文教学做到有的放矢，全面提高了学生写作水平，达到了预期目标，成效良好。

（四）成果总结与推广提升阶段

课题组于 2020 年 1 月至 5 月，对前期研究成果做了全面梳理与总结。一是总结整理了"我"的研究成果，即课题组成员整理了自己在"生本自主互动作文教学"活动中的研究成果。二是编撰了学生优秀作文选集。三是编撰了课题研究教师论文集；收集整理课题研究过程性资料，包括调查问卷、访谈记录、分析报告、阶段性报告、论文、优秀案例等。四是撰写了课题研究结题报告，申请结题。

六、课题研究中开展的活动及有效做法

（一）召开了开题论证会，完善了课题研究方案

为确保课题研究实效，从课题实施之初课题组便邀请到市教科所专家，通过召开课题开题论证会，听取了专家和课题组教师对课题研究方案的意见。经过汇总分析，对意见与建议进行梳理，修改完善了课题研究实施方案。这一环节有效克服了课题研究的盲目性和随意性，增强了研究实效。

（二）强化了理论学习，奠定了课题研究的理论基础

为积极提高课题组成员的理论素养和教科研能力，课题组开展了《改变，从写作开始》《名师作业设计新思维（语文卷）》《语文课程标准》《现代教育理论选讲》《静悄悄的革命》《师生沟通的艺术》《教学教育过程最优化》《给教师的一百条新建议》《校本研修面对面》《赏识你的学生》等书籍的阅读学习活动，要求教师做好学习笔记，并通过读书沙龙活动分享了读书心得。这一环节避免了课题研究闭门造车，有效改变了教师教学理念，为课题研究的深入开展打下了坚实基础。

（三）开展了现状调研活动，摸清了作文教学亟待解决的困难和问题

课题组根据学校和学生实际，设计了"作文教学现状""作文兴趣爱好能力水平"2 份调查问卷，调查对象分别为课题实验学校语文教师和实验相关班

级学生，内容包括当前作文教学主要方式与方法、作文批阅现状、对作文教学的期待、学生作文兴趣与爱好、学生对作文批阅方式的期待、学生喜爱的作文教学等。开展 2 次访谈，访谈对象为两所实验学校主管教学的领导以及语文学科组长，主要了解学校作文教学及作文教研开展情况、存在的问题和建议。

问卷和访谈结束后，课题组汇总了问卷和访谈结果，分析了初中语文作文教学现状、学生作文兴趣爱好和能力水平现状，查找了存在的问题，并提出了改进作文教学的方法与建议。这一环节有效增强了课题研究的针对性，摸清了作文教学亟待解决的问题，为课题研究深入开展注入了活力、提供了动力。

（四）开展了"三种模式"的示范教学和观摩教学活动，形成了可推广扩散的高效作文教学模式

"三种模式"即"师生之间改写互动""生生之间改写互动""自主借鉴改写互动"三种作文教学模式。在示范教学中，根据个人所长，课题组成员每人选择一种模式参与实验，按前期专家指导意见和课题实施方案进行教学设计，在充分论证，形成有效学案的基础上，开展课堂教学实践。这一活动，通过持续的观摩研讨和课后反思，积极探究规律，优化设计和流程，不断提升经验，形成了可推广扩散的高效作文教学模式。

（五）开展了"三个序列"作文能力提升的探究研讨活动，全力构建了作文教学改革指标体系与操作体系

以语文教研组和年级组活动为依托，根据学生实际与教学实际，在两所学校的三个年级开展了"记叙文写作能力提升策略""说明文写作能力提升策略""议论文写作能力提升策略"三种文体教学的序列化操作模式探究活动。这一活动中，课题组参与实验的教师每人选择其中一种文体，进行能力提升有效策略序列化设计。在确定主题后，课题组所有成员共同研讨，探究规律、强化衔接，着力构建有效改变初中语文作文教学现状的指标体系与操作体系，探索取得了一定成效。

（六）开展了阅读平台搭建和良好阅读氛围营造活动，让读书成为习惯

阅读是写作的基础和前提，为促进学生阅读能力的发展，培养良好的阅读习惯，开展了读书平台的搭建活动。武威十中校利用南校墙靠近一壁绿萝的空处，建成学校文化长廊，长廊不仅展示了师生风采，更重要的是摆设了开放式书架，定期轮换，把学校图书室的藏书移入书架，任由学生自主调换阅读。无论课间时光，还是上学放学的空隙，都有许多学生放回阅读完成的书籍，又找出自己喜欢的新书，面带笑容地回去；或者坐于长廊小凳上，静静阅读，享受一段美好时光。武威十中利用顶层楼阁建成"教师书吧"，为全校教师读书开辟出一方别具一格的空间。花香、茶香与书香相伴，一处不足三十平米的空处成为教师阅读的怡人去处。上完课、批阅完作业，便有人赶过去，让心灵徜徉书海，让学习成为享受，让读书成为习惯，让书香溢满校园，让书山拥有更多的掘"金"人。

（七）开展了阅读写作"六个一"活动，让写作及时开花

"六个一"即：每日读书一小时，每天吟诵一篇经典诗文，每周做一次摘抄，每半个月写一篇读书笔记或读后感，每一个月亲子共读一本书，每一个学期争取向校刊编辑部投发一篇优秀习作。学校定期有序组织开展经典诗文诵读比赛、读书演讲比赛、读书知识竞赛、读书征文比赛、好书推荐词征集评选、校园汉字听写大赛等活动，为学生搭建多种形式的读书活动平台，引导鼓励学生"悦读"，培养学生良好的阅读习惯和阅读方法。

（八）开展了学生作文兴趣培养和能力提升跟踪调查活动，探索了作文序列互动教学的普遍规律

课题组实验教师以实验班级作文教学实际为依据，确定跟踪调查对象，以访谈、观察、量化测评为主要手段，分析促进学生作文能力提升的关键因素，以成功个体为例，探索了作文序列互动教学的普遍规律，更好地完成了本课题的实验和研究。

（九）开展了"我"的研究成果整理活动，做好课题凝练与提升工作

与课题研究和实践同步，课题组成员认真整理研究成果。一是编撰了学

生优秀作文精选集，集子按七、八、九年级三个学段进行了归类，体现了学生作文能力的递进性与螺旋性。教师根据教学实际对学生作文进行适度点评，概括提炼其规律与借鉴价值。二是编撰了教师文集，收集整理了课题研究过程性资料，包括调查问卷、访谈记录、分析报告、阶段性报告、论文、优秀案例等。这一集子，以学生作文兴趣培养和能力提升跟踪调查为依据，结合自己的教学实际和专家的观摩评价，评估实验成效，反思实验结果。

七、课题研究成果

（一）构建了"生本自主互动作文教学"模式下"师生之间的改写互动""生生之间的改写互动""自主借鉴的改写互动"三种课堂教学模式

师生之间的改写互动。这一模式，以改进七年级学生作文习惯为目标，重在通过教师的引导与示范，让学生掌握作文评改的要领，学习必要的评改方法，为评改互动整个模式的循环与发展奠定基础。在具体教学中，教师把选定的学生作文从整体上加以修改，然后把原稿和修改稿同时印发给学生，让学生在比较中感悟、领会评改方法；选择部分段落，进行评改示范，将评改结果复印给学生，让学生对照感悟；教师和学生同改一篇作文，让学生直接感知教师修改的全过程，使学生掌握修改的方法。

师生互动评改方式，充分体现教师在作文教学过程中的主导地位，教师与学生互动评改，让学生从整体上感知把握在作文过程中所必需的元素，做好字、词、句、篇、修辞、逻辑等的相关储备，为下一次更为有效的作文实践搭建平台，确立范本，明确努力的方向，掌握写作的方法。教师的评改重点起示范作用，学生的评改注重感性体验与认知。师生互动评改方式是改写互动式作文教学模式的起步，虽然不能弥补学生写作理论的不足，但对于写作能力的发展、写作经验的提升发挥了重要的作用。

生生之间的改写互动。八年级开始的生生之间的改写互动作文教学模式以合作学习为基础。这种作文评改，重点从以下几个方面着手：一是看格式是否正确；二是看文面是否整洁；三是看有无错别字；四是看有无病句；五是看标点有无明显错误；六是看文章中心是否鲜明集中；七是看选材是否围绕中心，是否符合生活实际，是否具有典型性；八是看文章结构、层次、段落是否清晰，过渡是否自然，开头和结尾是否呼应；九是看表达方式是否恰当；十是看语言是否简练、准确、生动、形象。在小组合作的最后，评判小组的同学要向作文作者阐明评改依据与意图，相互交流，提出下一次作文努力的方向。

生生互动的作文评改，是读者与作者之间在信息、情感、思想、精神等方面的交流互动，既是借鉴，又是另一种感悟与学习；既能让评判者提高认识，又能让写作者走出迷津。生生互动作文评改方法的有效尝试，充分体现了学生在习作中的主体地位，解放了学生思想，放飞了学生思维，使学生心智与习作能力得到了最大程度的发展。

自主借鉴的改写互动。从九年级开始，课题组探索了学生自主借鉴的改写互动作文教学模式。在这一改写互动的教学过程中，课题组教师要做到：一是注重学生作文兴趣的激发，提高自主评改意识，注重培养学生作文的积极性，让学生明确知名大家对文学修改的重视，养成自主评改的好习惯，注重培养学生朗读推敲的能力，在自主评改中做到眼看、口念、心思、手练。二是通过整篇默读，将作文中的错别字、漏字找到并纠正过来，然后再轻声读，看作文用词是否贴切，句子是否通顺，上下句连贯是否合理，标点是否正确等；还要从文章结构入手审视诵读，如层次是否颠倒，条理是否清楚，前后是否紧密，过渡是否自然，首尾是否呼应。三是做到重视思想内容，如审题是否正确，中心是否明确，选材是否围绕中心，事例是否典型，内容详略是否得当，细节是否真实等，力求文通字顺。

自主借鉴的改写互动模式，与九年级学生年龄特征相契合，充分发挥了学生的主观能动作用，提升了学生的自主意识，审美情趣、思想观念、价值追求、人格修养等方面在借鉴互动中得到了提高，为学生的终身学习奠定了良好基础。以语文学习带动其他学科的学习，真正达到学生应该达到的学习目标。

（二）对当前凉州区城区初中学校作文教学现状作了较为客观的分析，为

作文教学研究的深入开展奠定了良好基础

课题负责人王伟德在论文《撷谈作文教学》中指出：当前中小学生课堂教学中占语文教学半壁江山的作文教学，在部分学校、部分教师的语文课堂中，处于被弱化和忽视的位置。针对这一现状，王伟德提出：极有必要分析原因，探求作文教学的本质与规律，积极建构作文教学的流程规范，实现可操作、可控制的目标，让作文教学回归本位，变成语文课的常态教学，让它发挥在学生学习成长中的价值与作用。

（三）厘清了对中小学作文教学三大功能的认识，有利于促进作文教学在更高更深层次的研究和发展

课题组成员叶祥元在论文《生本自主互动作文教学模式的实践探索》中指出：作文的实质是生命个体对现实世界的思考与建构，是个人情感与思考的交流和表达。对于基础教育阶段的中小学生来说，其意义不仅仅停留于这一层面，对他们而言，作文是一种更重要的认识活动，是自我融入社会走向成熟，个性得到发展与支撑与必要手段。因此，关注作文教学，不仅仅是在关注学生语文能力的发展，更关注着学生的生存状态，生活幸福与成长体验。

叶祥元认为，中小学作文教学要突出对三大功能的认识：

一是作文教学的认知功能。任何信息不经过加工处理，只能是信息而不会内化为受教育者的知识，同样，任何知识不经过实践与运用，也只能是知识而不会转变为能力。作文之所以重要，不仅仅在于它是语文能力的综合体现，更重要的是，它是一个人认识世界、思考世界、走向世界必不可少的中介与桥梁，也是一个人发现自我、思考自我、构建自我不可或缺的必要工具。

二是作文教学的构建功能。作为学科之母的语文，其重要性不仅仅在于为学生打下坚实的人文底子，促进言语实践与语言运用，适应听、说、读、写的社会交际需要，更重要的是可以帮助学生建立思想体系、价值体系、认知体系、情感体系，顺利实现自然人向社会人的过渡，促进人格的形成，促进精神品质与道德意识的提升，由平庸走向高尚、平凡走向高贵，发现、探索、经历，实现自我价值的最大化。

三是作文教学促进人发展的可持续作用。作文教学通过规范而持续的训练，可以使学生在不同层面得到发展。首先是认知能力的提升。随着作文能力的增强，接受、分析、加工信息的能力也将随之上升，使学生学习活动更为有效。其次，道德情感与道德意识也将随之而得到培养与提升。行动源于思想，思想促进行动。通过叙事与议论的训练，作文主体更容易思考事物之间的关系，关注表现之下的本质，情感倾向分明，能够在更高层次获得优美的道德体验，从而使行动更为理性。

生本自主互动作文教学的三种模式对应三大功能，有利于促进中小学作文教学在更高更深层面的发展。

（四）客观分析了城区初中作文传统评改模式的弊端，为作文评改方式的改革奠定了基础

课题组成员聂爱荣在论文《初中作文分组互动评改模式的探究与实践》中指出：作文教学改革需要从改变传统作文评改模式的弊端出发，要遵循"教师从旁指导，学生主动探究"、学生作文应该"从学生中来，到学生中去"的原则，从作文评改如何合理分组、如何做好互动评改的充分准备、如何使小组成员各司其职以及如何使小组长的评改能力最大化方面作出探究与实践。作文教学实践活动，教师要把批改权和评价权下放给学生，对学生分组遵循动态的原则，充分激发学生的互动热情，始终保持活动的长效运行。

殷世伟在论文《初中语文"生本"作文批阅策略探究》中提出：随着语文教学改革的日益深入，作文教学的地位也越来越突出。在"生本"教育的理念下，探索"生本"作文的批阅模式，是语文教师将要面对的课题。当前，在初中作文批阅中存在批阅形式单一、批阅的约束太多和教师批阅作文的工作十分繁重的问题，往往是语文教师花了大量的精力、大量的时间精心写的评语不能引起学生的重视，不能起到应有的作用。长期在一个固定的模式和标准下去评判，就会形成一种固有的格式和"套路"，束缚学生的思维，不利于学生的发展。教师为了阅作文"疲于奔命"，往往是事倍功半、收效甚微。殷世伟强调，必须引导学生建立作文评价规范，给学生更大的空间、更大的自由，

让学生在批阅中自行评判、自由发表意见，以此激发孩子的写作动力，让孩子爱上写作，产生表达、写作的"冲动"，为作文教学提供原动力，从而大大提高作文教学的效率。

八、课题研究成效分析

课题研究实施以来，课题组成员大胆实践，付出了艰辛的劳动，也取得了一定的成效。

（一）切实减轻了城区学校语文教师的工作负担，有利于教师自身的专业化发展

通过改写互动作文教学模式的探索与研究，找到了适合学生实际、充分发挥学生主观能动性的作文评改方式，切实提高了语文教学质量，也真正解放了语文教师，减轻了语文教师工作负担。在城区学校大班额情况下，可以让教师有更充足的时间开展作文教学研究，有效促进语文教师专业能力发展。

（二）增强了学生作文兴趣，促进了学生作文能力的发展，有利于学生健康成长

改写互动教学模式使作文教学有的放矢、有章可循，使学生喜欢上作文课，写作的兴趣和积极性高涨，增强了课堂教学的实效性。同时，这一教学模式，使学生真正成为整个作文流程的主人，有效提高了学生作文能力与水平，促进了学生思想、情感、人生观与价值观的发展，促进了学生语文能力的发展，语文学习又带动了其他学科的学习，改变了学生的学习状态，进而改变了学生心理与成长面貌。

（三）课题研究实现了语文学科教育的构建功能

作为学科之母的语文，其重要性不仅仅在于为学生打下坚实的人文底子，促进言语实践与语言运用，适应听、说、读、写的社会交际需要，更重要的是可以帮助学生建立思想体系、价值体系、认知体系、情感体系，顺利实现自然人向社会人的过渡，促进人格的形成，促进精神品质与道德意识的提升，由平庸走向高尚、平凡走向高贵，发现、探索、经历，实现自我价值的最大化。

（四）课题研究让作文教学回归生活，师生更加注重自我体验的表达

课题实施过程中，教师引导学生热爱生活、观察生活、认识生活、描述生活，加深了生活体验，提高了作文能力。教师在指导学生作文的过程中，也逐步形成了个性化的作文教学方法，真正实现了教学相长。

（五）生本互动教育理念，让教师整合了语文教学的听、说、读、写，优化了作文教学过程

在语文学习中，听、说、读、写是最基本的技能和素养，可以划分为输入和输出两种类型。"听"和"读"属于输入，通过这两种方式，可以实现对外在知识、文化以及信息的吸收；"说"和"写"属于输出，通过这两种方式，可以实现对外表达的需要，所以有效整合听、说、读、写，语文教学才构成完整的闭环。互动作文让学生在"写"中释放，激活思维，在"读"中评价，激励创造。

九、课题研究存在的主要问题及今后的打算

一是重视了教学技术层面的突破，忽略了学生写作素材的积累。新的语文课程标准规定，中小学生九年课外阅读的总量应在400万字以上，但学生阅读量明显不够，同时缺乏生活的积累，因此，在作文教学写作环节，学生无从下笔的现象十分普遍，严重影响到学生习作能力的发展。

二是繁重的课业负担使学生丧失了爱生活的能力，影响了作文的真情表达。调查显示，城区中小学生课业负担普遍较重，不只有各科的作业，还有门类繁多的知识竞赛、社团活动、征文平台及各类APP的作业，学生忙不过来，影响到学生静下心来思考生命与生活，正如有学生在作文中感慨："我曾用一颗火热的心拥抱这个世界，奈何世界给我的，我根本抱不住！"

今后，课题组还需要进一步完善作文教学的评价体系，形成长效的激励机制，对于作文教学方法独特、成绩优秀的教师给予客观公正的评价。

参考文献

[1]刘祥.《改变，从写作开始》，上海：华东师范大学出版社，2018年；

[2]雷玲.《名师作业设计新思维（语文卷）》，上海：华东师范大学出版

社，2017年；

［3］李金巧，杨向谊.《思考·追问·探究——培养反思型教师的探索》，上海：复旦大学出版社，2006年；

［4］（日）佐藤学.《静悄悄的革命——课堂改变，学校就会改变》，北京：教育科学出版社，2014年；

［5］徐世贵.《新课程与教师专业能力的提升》，南宁：广西人民出版社，2005年；

［6］余文森，吴刚平，刘良华.《探索以校为本的教学研究》，上海：华东师范大学出版社，2005年；

［7］张行涛，李玉平.《走进校本教研》，北京：开明出版社，2003年；

［8］申继亮.《教学反思与行动研究》，北京：北京师范大学出版社，2006年。

附录（略）

第二节　填写结题申请审批书

课题申请鉴定须按要求填写并按时提交课题成果鉴定申请审批书，它是课题结题鉴定的主要依据和档案材料。下面以甘肃省教育科学规划领导小组办公室提供的《甘肃省教育科学规划课题成果鉴定申请·审批书》为例，说一说鉴定申请审批书的填写。

一、鉴定申请审批书的构成

课题鉴定申请审批书的内容主要包括：基本情况、工作报告、研究总报告简介、课题组重要的阶段性研究成果、对成果的自我评价、单位推荐意见、县（区）教育科研管理部门意见、市（州）教育科研管理部门审核意见等，其核心是工作报告和研究总报告简介，要严格按照内容提示正确填写。

二、鉴定申请审批书各部分内容的填写方法

（一）基本情况要和立项申请评审书的内容保持一致，若有人员变更等情形，要根据变更批复如实填写。

（二）工作报告是对研究工作的总结回顾和要点的梳理，其内容主要包括研究的主要过程和活动，研究计划执行情况，研究变更情况（课题负责人、课题名称、研究内容、成果形式、管理单位、完成时间等），成果在校、县（区）、市（州）及省内外教育、教学实践中的具体实施应用状况及成效，成果的发表、出版、转载、采用、引用情况，成果的代表作等几个方面，有其内在的逻辑，填写时要注意语言简练概括。

（三）研究总报告简介是课题结题报告的精华，内容从结题报告中提炼，但不是结题报告的搬运，应该抓住要点，更加精练概括。其主要内容包括：研究的基本观点和主要结论；研究的过程方法、主要特色与创新；研究的主要进展（实践中的新思路、新举措，理论上的新观点、新发展）；成果的社会影响；研究中存在的问题；今后的研究设想。

（四）课题组重要的阶段性研究成果要按表格所列的项目去梳理、筛选，规范填写。成果名称表述准确，成果内容要与课题研究相关且成果是在课题研究期间取得的。

（五）对成果的自我评价可以参照如下思路去撰写：

1. 内容层次上按照"选题＋研究方案＋过程与方法＋成果与成效"展开，分层阐述。

2. 每个内容一两句话，写出判断和结论，点明特色和影响。语言简明概括，客观准确。

例：以规划课题《凉州区留守儿童家庭教育现状及对策的研究》为例，鉴定申请审批书中对成果的自我评价如下：

该课题从留守儿童家庭教育中存在的家长观念陈旧、对留守儿童陪伴时间不足、学校主导作用发挥不够、家校联系渠道不畅，教师对留守儿童家庭教育重视不够科学、家庭教育成效低下等问题入手，以有效提升家长素质、提高教师家庭教育专业指导能力、促进留守儿童身心健康发展为目标，立足区情校情。选题针对性强，有较高的研究价值。

课题开题报告重点规划了研究过程和研究方法，每个阶段的研究工作和目标预设具体详尽，研究思路清晰明了。围绕研究重点，研究的各阶段设计了多个系列化的研究活动，研究过程的活动化、可操作性特色突出。

课题研究过程以家庭教育指导为中心，以家校共育为抓手，通过学习优秀案例，学习借鉴了成功经验；通过巡讲指导、家校共育等活动的开展，普及了家教知识、理念，构建了家教网络，形成了基本方法策略；通过主题实践、展示评议、成果展示，验证完善了家庭教育运行体制机制。研究过程科学完整，扎实有效。

研究总结出了有效提高留守儿童家庭教育效果、发挥学校在家庭教育工作中主体主导作用的系列策略与方法，开发出了《留守儿童心理健康指导手册》。这些成果引领武威第二十一中学及联合实验学校的教师强化了理论学习、掌握了操作方法、提高了专业能力。教师运用成果中提出的新理念、新方法开展留守儿童家庭教育工作，活动过程逐步规范，留守儿童多方面的素质得到了提高，生活幸福感显著提升。研究还促使实验学校升级了"留守儿童之家"，完善了德育网络，畅通了家校联系渠道，促进了家校沟通，提高了家长对家庭教育的认识，提升了学校办学品位，教育效益和社会效益明显。

三、鉴定申请审批书的填写与上报要求

1. 使用计算机如实、准确填写各项内容。
2. 本表报送一份原件，A4 纸张，于左侧装订成册。
3. 课题类别：重点课题 / 专项课题 / 一般课题。
4. 课题组主要研究人员：指真正参加课题实质性研究工作者，不能空挂名，并按承担研究任务的多少准确排序并与《课题申请·评审书》中署名顺序相符，如

有不一致，必须有相关变更申请及获准批复等相关证明材料说明原因。

5. 工作单位：填写全称。××市（州）××县（区）××学校、或××学院（大学），与单位的公章一致。

6. 鉴定申请·审批书须经课题负责人所在单位领导审核，签署明确意见，承担信誉保证并加盖公章后方可上报。

四、鉴定申请审批书填写案例

以省级规划课题《课堂观察视域下促进初中语文精准化教学的实践研究》为例，填写如下：

一、基本情况

课题名称	课堂观察视域下促进初中语文精准化教学的实践研究		
负责人姓名	陈有武	职务	教师
工作单位	***	职称	***
联系地址、邮编	***	电话	***
电子信箱	***	课题类别	***
成果形式	研究报告	课题起止时间	2020.05—2022.05
课题组主要参与研究人员姓名（最多10名）	单位	职务和职称	课题研究中所承担的工作
张军	***	***	阶段性报告
于雪梅	***	***	调查报告 实践研究
吴庆庆	***	***	实践研究 案例整理
何晶晶	***	***	实践研究

二、工作报告（不超过2000字）

内容提示：研究的主要过程和活动；研究计划执行情况；研究变更情况（课题负责人、课题名称、研究内容、成果形式、管理单位、完成时间等）；成果在校、县（区）、市（州）及省内外教育、教学实践中的具体实施应用状况及成效，成果的发表、出版、转载、采用、引用情况；成果的代表作等。

续表

一、研究的主要过程和活动

研究的过程分为选题与立项、实践与验证、总结与提升三个阶段，各阶段以行动研究为主线，任务明确，活动和目标具体清晰。研究过程中主要开展了以下活动：

（一）组织了课题开题研讨会。2020年11月30日组织了开题研讨会，武威市教科所与凉州区教研室的领导、市内课题研究专家、课题组成员、凉州区部分初中学校的校长等共计30余人到会进行了专题研讨。

（二）制定了课题研究方案。方案规划了课题研究的路线图，明确了课题组成员的任务分工，预设出了实验过程中开展的各种活动和每个阶段的预期成果，体现了研究工作的系统化、渐进性和研究活动的系列化，增强了课题研究的针对性和可操作性。

（三）组织了专题培训。举办了专题培训会，邀请省内外知名专家做了专题报告，进行了课堂观察专题培训，强化课题组成员对课堂观察视域下实施精准教学的重要性和必要性的认识，坚定实施课程改革和做好课题研究工作的信心。

（四）搜集整理文献资料，定期组织研讨交流，不断推进课题研究。搜集整理课堂观察和精准教学的文献资料，课题组每月召开一次研究例会，成员相互进行交流，并对课题研究活动进行布置和小结。

（五）制定了多维度课堂观察量表，以指导课堂教学。为强化课堂观察的有效性，以课堂观察评析结果反馈指导课堂教学，促进教学的精准化，结合课题研究实际修订完善了指向精准教学的多维度课堂观察量表。该量表从学生学习、教师教学2个纬度，准备、倾听、互动、自主、达成、环节、呈示、对话、指导、机智10个视角，35个视点，分组对课堂教学进行观察，汇总观察结果，对整堂课进行全方位的评析。

（六）组织了问卷调查，通过分析统计数据，提出了解决策略。一是为深入了解实验学校"精准教学"的开展情况，对初中生语文学习现状进行了问卷调查；二是为全面了解教师开展观课议课的情况，对实验学校初中年级全体语文教师进行了问卷调查。

（七）开展常规性的教学研究活动，积累研究素材。备课小组每周坚持集体备课，每两周组织一次研讨课，每月进行一次专题交流，集中解决课题研究中出现的突出问题。

（八）组织教学沙龙，开展论文评选，总结阶段成果。课题组推选学校评选的优秀论文案例参加省市教科研部门组织的论文比赛。按期进行了课题中期评估与总结，撰写了中期报告，邀请专家进行了诊断与指导。

（九）开展多维度课堂观察促进精准化教学的课例研究。积极实践并完善以学案为载体的精准课堂教学模式，创新教学设计，优化课堂教学环节，调整教学结构，在广泛研究课例、多轮试教、观摩研讨的基础上，经过反复打磨，完善了以导学案为支撑的精准教学六步教学模式。

（十）开展了课堂观察视域下促进初中语文精准教学的课例研究。持续开展课例研讨，侧重从创新教学设计、优化课堂教学环节、调整教学结构、提高课堂教学效率入手，以期最大限度激发学生学习语文的积极性。汇编了《精准教学典型案例集》，刻录了典型课例视频。

续表

（十一）开展了个案分析研究。一是通过同课异构、磨课赛课，形成了教师精准教学典型案例集；二是在不同班级选取若干名不同层次的学生，跟踪研究导学案运用情况，反思反馈，及时对教学模式及操作策略进行调整。

（十二）积极搭建学习平台，鼓励课题教师参加各级专业技能培训和比赛。通过开展丰富多彩的研训活动，实验教师充分享受了课题研究带来的获得感。实验教师执教的两节课例获得市级优质课一等奖。

（十三）组织进行实验后期研究效果评测工作。设计调查问卷，组织调查和评测，汇总评测数据，撰写了效果评测分析报告。

（十四）回顾研究过程，提炼研究成果，撰写了结题报告。全面回顾和总结开展的研究工作，汇集课题组成员撰写的系列论文或研究报告，深入分析，总结规律，形成了系统全面的结题报告。

（十五）召开了课题结题汇报会，进行课题成果的宣传与推广。在联片教研组专题研讨会上进行了课题成果与案例分享，受到一致好评。

二、研究计划执行情况

本课题研究从 2020 年 5 月开始，在组织实施过程中，课题组结合学校课程改革、校本教研及教学工作的实情，及时修订了研究方案，分三个阶段开展研究，目前已完成课题研究方案的全部任务，实现了预定的目标。课题研究中，课题组整体按照"认识—实践—再认识—再实践"的思路，围绕"调查—论证—设计—分析—行动—反思—总结—推广"的行动路线，遵循"从特殊到一般"的认识规律，综合运用问卷调查、行动研究、案例分析、文献研究等研究方法，研究工作进展顺利，取得了预期的成果。

三、成果的发表、出版情况

课题研究期间，课题组成员发表与课题相关的省级论文 3 篇、市级论文 2 篇，其中：陈有武老师的《刍议初中语文精准教学的实施策略》发表于《教育革新》，《刍议初中语文课堂精准教学的实施策略》发表于《武威教育》；吴庆庆老师的《基于语文核心素养培养初中生古诗词鉴赏能力的策略》发表于《学周刊》；张军老师的《课堂观察视域下实现初中语文精准化教学的策略探析》发表于《教育革新》。

四、成果的代表作

（一）系列论文。在省级以上学术期刊公开发表课题研究相关论文 3 篇。

（二）课题研究总报告。此报告用较为翔实的文字陈述了课题研究的基本过程和方法，总结了研究的成果。

（三）典型案例、课例。编印《精准教学典型案例集》1 册，刻录《精准教学典型课例》视频光盘 1 张。

三、研究总报告简介（不少于2000字）

内容提示：研究的基本观点和主要结论；研究的过程方法、主要特色与创新；研究的主要进展（实践中的新思路、新举措，理论上的新观点、新发展）；成果的社会影响；研究中存在的问题；今后的研究设想。

一、研究的基本观点和主要结论

（一）本课题研究的基本观点

学案导学是实现精准教学、提高课堂教学质量的有效方法，是提升学生语文学科核心素养的有力抓手；多维度课堂观察是调控初中语文课堂教学精准化的有效手段；在课堂观察视域下促进语文精准教学的核心要义在于找到二者的最佳切合点，并有机渗透，循序渐进，不断深入。基于信息技术的课堂观察能有效促进学案导学的精准性和有效性，易于操作的教学模式框架和系列化的推进策略，能够有效提升学生的学习质量。

（二）课题研究理论成果

1. 总结出了课堂观察视域下运用精准教学提升学生学习质量的方法策略

课堂观察突破了传统教学模式的诸多制约，有利于推动教师在思维理念上接受并认可精准教学，对推动精准教学的发展、促进精准教学的应用具有重要意义。为此，本研究从教学目标确立、教学过程框架设计、教学评价三个维度，构建了基于课堂观察的精准教学操作模式。

（1）精准化的教学目标确立。明确教学目标是实施教学的逻辑起点，也是检验教学成败的重要依据。在精准教学中，必须设计精准化的教学目标，即对学生掌握的知识或技能程度必须有一个精准的解释和描述——解释的基本思想是问题的分解与细化，描述的方式即量化。也就是说，在精准教学中，每条教学目标应转化为对应的问题，每个问题则应分解、细化为可以量化描述的小问题。

（2）程序化的教学过程设计。设计程序化的教学过程框架，是保障精准教学有效实施的关键。本研究设计的程序化教学过程框架具体包括①优化传统教学过程，融入精准练习。具体来说，本研究在操作层面进行了两类尝试：一是基于翻转课堂的精准辅助教学，即以微课为内容、以教育智慧云个人端为平台，进行精准教学；二是基于目标导向任务驱动的精准教学，即在学案导学任务驱动教学框架内，进行精准教学。②实施精准干预。具体来说，在操作层面按照特殊问题和普遍问题分别进行针对性的干预：针对个别学生的特殊问题，通过即时通信工具，进行实时点对点的干预纠正；针对反映比较多的普遍问题，则通过教学钉钉群等平台，统一进行干预纠正。

（3）精准化的教学评价。为实现精准测评，教学评价主要依赖于技术手段（包括数据采集、学习分析和数据可视化技术），通过各类智能教学系统自动监控、自动分析学生的学习情况，并实时反馈给所需要的人；教师、学生、家长等可以根据自身的需求，查询并生成可视化的评价报告。

续表

2. 完善了精准教学六步课堂教学模式

课题组通过研究，提炼出的初中语文精准教学六步课堂教学模式以导学案为统领，以学习小组建设为抓手，以自主、合作、探究为主要方式，核心是"五环节"。无论是新授课，还是复习课，都要求原则上按"五环节"的要求组织教学。

目标导向、任务驱动。精准设计目标，课前出示目标和学习任务，引导学生将精力聚焦在课堂训练，增强教学的针对性。

检查学案、了解学情。课前发放预先编写好的学案，让学生带着问题对课文进行预习。教师通过学案完成情况的检查，督促学生养成良好的自主学习习惯。同时通过对学案完成情况的检查，了解学生自学掌握知识的情况，为精讲点拨做好准备。

自主学习、交流展示。学生把自主学习中遇到的疑点、难点、重点问题提出，通过与小组同学进行讨论探究，共同找出解决问题的方法与思路。根据问题特点，教师可提问题让学生回答，如需要也可以让个别同学黑板展示。教师纠正学生的知识性错误或不准确的表述，评价回答或展示的内容。教师汇总学生交流展示中出现的问题，准确把握学生在合作学习中遇到的疑点、难点、重点问题，为精讲点拨做好准备。

合作探究、精讲点拨。教师根据学生交流探究中存在的问题，对重点、难点、易错点进行精讲点拨，帮助学生解难答疑，总结答题规律，点拨答题方法与思路。精讲点拨准确有效的前提是教师应具备准确把握课标、教材的能力，能够准确地了解学生的学习情况，做到"三讲三不讲"。

当堂检测。针对本节课教学目标，精编精选达标训练题，进行当堂达标测试。测试题可多媒体呈现或在现场资料中选题，要求学生限时完成测试题。教师通过巡视了解学生答题情况，并当堂点评，确保训练的及时性和有效性。

归纳小结。教师或者学生对本节课所学的知识、方法、规律、思路进行总结整理。也可进行纠错整理。

当然，精准教学模式并不是一成不变的。各环节可根据教学内容进行选择，实施过程中各部分可以交互进行、灵活运用。此外，对于作业的设计，也要根据学情，作业不仅要少而精，设计更要有层次、有梯度，分基础作业和拔高作业，学生可根据自身的情况进行选择。

3. 编制了精准导向的课堂教学观察量表和评价标准

为了强化课堂观察的有效性，以课堂观察评析结果反馈指导课堂教学，促进教学的精准化，课题组在学习借鉴崔允漷、吴江林老师课堂观察理论的基础上，结合课题研究的实际修订完善了指向精准教学的多维度课堂观察量表。该量表从学生学习、教师教学2个纬度，准备、倾听、互动、自主、达成、环节、呈示、对话、指导、机智10个视角，35个视点，分组对课堂教学进行观察，然后汇总观察结果，对整堂课进行全方位的评析。

修订了精准教学课堂评价标准，从教学目标设计、教师教学指导过程、学生学习过程、整体教学效果4个项目共30个评价指标进行量化分析，从总体上进行质性评价。

续表

4. 丰富了精准教学的研究内容

课题组成员在研究工作中结合自身教学实际，学习现代教学理论，大胆进行课堂教学实践，力求做到理论与实践结合，借鉴与创新结合，基于这样的认识，课题组成员积极撰写研究论文，有4篇在省级论文比赛中获得一二等奖，并有5篇在刊物上发表。如陈有武撰写的《刍议初中语文精准教学的实施策略》阐述了精准教学的特征，分析了精准教学的过程要素，并且有针对性地提出了初中语文精准教学的落实措施：一是保障教学目标的精准性，突出精准引导；二是突出教学内容的精要性，扩大课堂效益；三是实现教学评价的精准化，落实训练目标。张军撰写的《课堂观察视域下实现初中语文精准化教学的策略探析》针对教学现状，从课堂观察的视角提出了一些优化教学的对策：一是确认目标、掌握方法，讲求教学设计的优化；二是注重导入、夯实过程，实现教学过程的升级；三是当堂检测、分层作业，合理评价教学。吴庆庆撰写的《基于语文核心素养培养初中生古诗词鉴赏能力的策略》阐述了培养初中生古诗词鉴赏能力促进语文学科核心素养的价值意义，从精准设计教学目标、精心选择教学内容、灵活采取教法学法等方面提出了一些操作性较强的策略。这些论文从不同层面、不同角度对课堂观察视域下如何有效促进语文精准化教学、有效培养学生语文学科核心素养进行了有益的思考与探索，提出了一些有针对性的举措，丰富了精准教学研究的内容，扩大了研究的影响。

（三）课题研究的实践成果

1. 促进了学生学习方式的转变和学生语文学科素养的发展

"精准教学"研究的实施，有效引导学生转变了学习方式，使学生的自主学习意识和能力得到培养，激发了学生学习兴趣，也保证了学习质量，提高了课堂教学的有效性，取得了显著的效果。在精准分析学情的基础上，学生基于精准教学目标，主动学习，乐于探究，自己发现问题并探索解决问题的方法，通过各种学习途径"获得知识和能力、情感和态度的发展，特别是探究精神和创新能力的发展"。近两年来，实验学校有30多名学生在区级以上教育部门组织的经典诵读、主题演讲及征文比赛活动中分获一、二、三等奖。

2. 促进了学科教学质量的提高，提升了学校的办学品位

在精准教学的导向下，课堂教学结构发生了巨大的变化，特别是"学案导学"的推行，使每个学生都能得到较充分的发展，大大增强了课堂40分钟的教学效果，有效促进了我校语文教学质量的提高，学科测试成绩逐步提升。系统总结了实验学校精准教学研究的成功经验，构建了促进学生、教师、学科全面和谐发展为目标的语文课堂，并使教学改革向深层推进；遵循以人为本、立德树人的宗旨，出台了相关实施细则和行动方案，引导教师诊断、反思教学行为，改进了教学策略和方法，为其他学科教师实施精准教学提供了依据；深化了新课程改革，优化了教学策略，促进了学生的全面发展，提高了教学综合效益。通过课题研究的推动，学校文化建设不断加强，育人环境不断改善，学校的影响力不断扩大，办学品位明显提升。近两年来，学校先后获得凉州区"书香校园中华经典诗文诵读"比赛初中组二等奖、凉州区"文明校园"、

续表

甘肃省"语言文字规范化学校"等殊荣。学校开展的特色教科研活动和办学业绩被"凉州教育"微信公众号、武威教育网站等媒体多次宣传推介。

3. 促进了教师的专业发展，培养了一批科研型的骨干教师

通过课题研究，引导语文教师在充分理解当前语文课程改革理念的基础上，对存在的问题进行了反思，从而理解和实践正确的语文教学观、师生观、教育评价观、教育价值观。教师的理论水平与业务水平有了极大提高，参与课题研究的积极性极为高涨。在研究开展的过程中，锻炼了教师，加强了学校教育科研的力量，教师们由原来的望而却步，变成了主动请缨，大大推动了学校教育科研工作的开展，形成了开展教育科研的良好氛围，使这项研究有了浓厚的群众基础。

一批中青年骨干教师在精准教学研究实践中脱颖而出，成长为市、区级教学能手；在课题研究中得到锻炼，理论素养和研究水平有了很大提升，成为校本教研的行家。课题组有3名成员被聘为区级兼职教研员，2名教师被聘为市级特聘教研员，1名教师被聘为市级学科专家；实验教师执教的精准教学课例有3节被评为区级优质课一等奖，2节被评为市级优质课一等奖。

4. 以研究案例为主体，选编了精准教学实践研究成果集

通过开展精准教学设计和精准课堂教学观摩研讨等活动，课题组成员编写了初中学段六册教材的导学案，完成了20个优秀研究案例的撰写与修改工作。在打磨案例的过程中，教师们不仅写出了教学设计，还写出了试讲的教学实录，以及教学反思和研究心得。提高语文课堂教学效率、促进学生深度学习、提升语文教学质量的系列方法就是从这些案例和反思中提炼概括出来的。

5. 研究成果示范辐射作用明显

课题组成员均为凉州区名师工作室成员，学校一线骨干教师。课题组教师参加省、市级观摩课、教研论文、课件制作和优质课比赛等，强化教科研意识和研究能力，体现了课题研究和常规教研、常规管理的相融相连。

课题研究得到了教育主管部门的肯定和大力支持，产生了辐射效应。区教育局教研室多次组织辖区联片学校教师在我校举行"高效课堂创建——学案导学观摩课"研讨活动，并对我校基于精准教学的"学案导学五步教学法"给予极高的评价。凉州区初中语文名师陈生德工作室多次开展多维度课堂观察专题观摩研讨培训活动，辐射引领全区初中学校推进语文有效教学和深度学习。当地媒体对活动情况多次宣传报道。

二、研究的过程方法、主要特色与创新

（一）研究的过程方法

本课题研究时限两年，分三个阶段进行，以"理论学习应用与实践归纳相结合"作为研究原则，把文献研究、调查研究、案例分析、行动研究、课堂观察等方法有机结合起来，不断深化研究。

续表

在准备阶段主要采用文献研究法，广泛搜集整理学者和一线教师对精准教学问题的研究著作、论文、报告等，借鉴已有的理论成果，支撑和构建精准教学的理论框架和方法论，提高了对有效开展课题研究的整体认识；采用调查研究法，对初中生语文学习现状进行了调查分析研究，查找了学生浅表性学习的问题。

在研究实施阶段，主要采用问卷调查法，深入了解课堂教学现状；采用行动研究法，立足课堂，开展了"专题讲座""教师论坛""案例分析""课例研讨"等系列研究活动；采用案例研究和课堂观察法，大量研读研究案例，精心打磨课例，有针对性地进行课堂观察，编制了多维度课堂观察量表和精准教学课堂评价标准，完善了"精准教学六步教学法"的框架和操作要点。

在课题总结阶段主要采用综合分析法和经验总结法，对课题研究的效果进行了评测分析，全面回顾课题研究的过程，汇总和整理研究资料，提炼出了研究成果，撰写了结题报告。组织召开课题结题汇报会，对课题成果进行了宣传与推广。

（二）主要特色与创新

1. 专家引领科研。课题立项后，学校采取"请进来"和"走出去"的方式，让教师和课题组成员走近专家，先后聆听了天津市大港实验中学正高级教师蔡正学、兰州一中正高级教师王文槐、凉州区教研室冯亚瑾等专家的报告，接受了高端又接地气的专业培训，领会了课程改革和多维度课堂观察的精髓，从而大大拓宽了教学和科研视野，坚定了实施课改的决心和投身教育科研做好课题研究的信心。

2. 自始至终将研究植根于课堂实践，立足课堂推进课堂教学改革。所有研究均围绕学校开展的学案导学高效课堂教学模式实验进行，以推进课堂教学改革、打造高效课堂、减轻学生学习负担、提高教学质量为目的，不断总结课改经验，为课堂教学服务。以课堂教学改革推进语文课程改革。将教学实践中亟待解决的难点问题提炼上升为课题，再通过课题研究将行之有效的做法总结出来，力求破解教学难题，较好地解决了教师认识课改的问题以及实践中产生的疑惑和困扰。

3. 综合运用多种研究方法。此课题研究过程中，课题组通过调查法深入分析语文教学的现状，采用行动研究法分析提炼出系列化的促进精准教学的策略，通过总结法分析比对，形成符合本区域的教学模式；并将文献研究法与行动研究法贯穿研究全过程。课题组针对师生在导学案中的典型案例，开展个案分析，为由点到面形成研究成果奠定基础。

4. 研究注重实效。将研究成果运用到实际教学中，促进教学的改进和教师的成长。一项成果有没有用，就看实际效果。在课题研究进程中，采取"以赛促研"的策略，鼓励实验教师积极参与各类教学竞赛活动，增加了实验教师的获得感、成就感，有效推动了研究进程，及时展示了研究水平，推广了研究成果，增强了课题研究的实效。

三、研究的主要进展

研究从初中语文教学中存在的问题入手，立足于课堂教学实践，遵循学习模仿、行动推进、

续表

实践验证、辐射扩散的研究思路。通过搜集研究文献,学习借鉴了成功经验;通过教学案例观察和课堂教学行动,摸索出了新的教学方法,构建了新的教学模式,总结出了规范化的系列操作策略;通过课堂教学观摩研讨评议,验证完善了教学方法、模式。研究过程科学完整,扎实有效。研究扎根教学实践,获得的成果可信度高,有效实用。

研究深化了教师对课堂观察下精准教学的认识。针对当前初中语文课堂教学实效性不强、吸引力不高的现状,研究提出了精准化教学的方法手段,如合理使用"学案"、开放教学过程、借助信息技术拓展课堂学习空间等。教师对精准教学理念认识和接受后,在实践中进行探索,有效避免了误区,在语文教学中发挥了很好的引领作用。

研究完善了学案导学促进精准教学的操作模式,建构出了推进精准教学的策略体系。针对课堂教学中学生参与度不高、主体地位不突出、思维训练不深入等问题,研究厘清了影响精准教学的主要因素,在反复的教学实践中完善了"精准教学六步教学法"的框架与操作要点。针对学案导学操作不规范、推进不深入、效果不明显等问题,研究着眼语文教学的全过程,统筹考虑课前、课中、课后的关系,形成了以精准确立教学目标、精准设计教学过程框架、精准测评教学效果为模式的方法策略。这是经过事实验证了的实施素质教育的有效模式,是新教育思想与新课改理念的生动运用。

四、成果的社会影响

(一)通过两年的研究实践,提升了课题组成员的教育理论素养与实践水平。在课题研究过程中,课题组学习了大量的有关语文课程改革、课题观察、精准教学的理论知识,提升了自己的教育理论素养;在大量的实践与反思中,提高了自己的课堂教学水平,有效培养了学生的语文核心素养,提升了语文教学质量;课题研究也带动了学校其他学科课堂教学的改革。

(二)课题研究得到了教育主管部门的肯定和大力支持,产生了良好的辐射效应。凉州区教研室多次组织辖区联片学校教师在我校举行"高效课堂创建——学案导学观摩课"研讨活动,并对我校"学案导学五步教学法"给予极高的评价。凉州区初中语文名师陈生德工作室多次开展专题观摩研讨培训活动,辐射引领全区初中学校推进语文有效教学和深度学习。当地媒体对活动情况多次进行宣传报道。

(三)在课题研究过程中,课题组有5篇论文发表,其中3篇被中国知网收录,形成研究成果专辑2本。课题负责人陈有武被聘为武威市教育学科专家,课题组成员于雪梅、吴庆庆执教的课例获市级优质课一等奖。研究成果先后在市、区教研培训会上进行了汇报交流,受到一致好评。课题组成员多次参与市、区教育部门组织的送教下乡活动,执教示范课,举办专题讲座,在一定范围内扩散了课题研究成果。

五、研究中存在的问题

(一)由于资料来源方式受限,研究的资料不够丰富、不够全面,教师对课题研究的认识和研究水平不均衡,对课堂观察和精准教学,少数教师在认识上不够深入,在实践上不能到位,

续表

理论与实践脱节，影响了研究进程。精准教学操作模式在矫正课堂教学"一言堂"和"知识灌输"的传统落后的教学方法后，应该更加注重释放学生潜力，但在实际教学过程中，仍有少数教师放不开，教师操控课堂，学生学习主动性不够。

（二）课堂观察视域下的精准教学实践对教师的业务能力和综合素质较之传统教学要求更高，需要教师投入更多时间和精力精心备课、精准施教，努力提高驾驭课堂的能力，做到引导得法、收放自如。有少数教师尚不能完全适应，消极应付，流于形式，效果不佳。

（三）课题组成员在对学生学科核心素养和学习能力培养的实践上还不够深入，与新课程课堂教学理念的结合不够紧密，理论水平以及动笔归纳总结的能力有待提高。部分成员存在重教学轻研究、重实践探索轻理论学习的倾向，理论与实践结合得还不够理想，对实践的总结也不够深入，课题研究的质量受到一定程度的影响。课题组成员撰写的研究论文有不少还是初步的经验总结，层次有待进一步提高，全面而系统的理论概括有待进一步完善。

（四）虽然取得了一些阶段性研究成果，但研究的深度、研究对实践推动的力度还不够，还有不少问题有待进一步深入研究解决。

六、今后的研究设想

（一）加大新课程实施力度，加大课堂教学改革力度，通过生动的教学改革实践，为课题研究创造丰富而先进的经验。

（二）深化课题研究，推广运用初步研究成果，指导课堂教学改革深入开展，争取较大面积提高教学质量。

（三）继续跟踪研究课改并进行实践，引入大数据，升级课堂观察技术。内化课改先进学校经验，对总结出来的精准教学课堂模式及推进策略作进一步完善，使之更具科学性、针对性和实效性。

四、课题组重要的阶段性研究成果

负责人发表的论文及成果名称	作者	成果形式	出版单位、发表刊物名称、时间
刍议初中语文精准教学的实施策略	陈有武	论文	《教育革新》2022年2月
参与者发表的论文及成果名称	作者	成果形式	出版单位、发表刊物名称、时间
课堂观察视域下实现初中语文精准化教学的策略探析	张军	论文	《教育革新》2022年2月
基于语文核心素养培养初中生古诗词鉴赏能力的策略	吴庆庆	论文	《学周刊》2021年10月

续表

精准教学典型案例集	课题组	校本课程	武威第二十一中学 2022年5月
参与者获奖的论文及成果名称	获奖者	获奖类别及等次	授奖单位及时间
基于语文核心素养培养初中生古诗词鉴赏能力的策略	吴庆庆	优秀论文一等奖	甘肃省教科院 2020.12
初中古诗文群文阅读教学策略初探	于雪梅	优秀论文二等奖	甘肃省教科院 2020.12
浅析群文阅读在中学古诗文教学中的应用策略	张军	优秀论文二等奖	甘肃省教科院 2020.12
串联与并联	吴庆庆	优质课一等奖	武威市教育局 2021.02
感恩师爱	于雪梅	优质课一等奖	武威市教育局 2021.07
初中语文有效教学系列研究	陈有武	教学成果特等奖	武威市教育局 2022.02

五、对成果的自我评价

该课题从初中语文教学中存在的新课程理念落实不到位、教学活动设计不够精细、学生被动接受式学习趋势严重、学生课堂主体地位不够突出、课堂教学效率不高等问题入手，选题针对性强，有较高的研究价值。

课题开题报告重点规划了研究过程和研究方法，每个阶段的研究工作和达成目标预设具体详尽，研究思路清晰明了。围绕研究重点，研究各阶段设计了多个系列化的研究活动，研究过程的校本化、可操作性特色突出。

课题研究过程以学案导学课堂为支撑，以课堂观察为抓手，通过搜集研究文献，学习借鉴了成功经验；通过教学案例分析和课堂教学行动，摸索出了新的教学方法，构建了新的教学模式，总结出了规范化的系列操作策略；通过观摩研讨评议，验证完善了教学方法、模式。研究过程科学完整，扎实有效。

研究总结出了课堂观察视域下促进语文精准化教学、充分发挥"学案导学"优势、提高学生语文学科素养的系列策略方法，编写了精准教学典型案例集（校本课程）。特别是研究形成的多维度课堂观察方法体系、基于课堂观察的精准教学操作模式等成果，极大地激发了课堂活力，在创建高效课堂中起到了较好的作用。这些成果引领教师们强化了理论学习，更新了教育理念，掌握了操作方法，提高了专业能力，在落实学生学习主体地位，减轻学生过重课业负担，培养学生创新意识、创新精神和创新能力，全面提高教育教学质量等方面收到了明显的效果。

第三节　整理结题材料

一、整理汇总课题研究档案资料

教育科研结题是整个课题研究的工作总结，是对研究成果的鉴定。一项教育科研课题结题前要分门别类整理汇总课题研究档案资料，分析提炼研究成果，甄选佐证性材料。一般说来，课题档案资料主要包括以下几类：

（一）课题文件性材料

1. 课题立项申请评审书；

2. 课题立项批复通知；

3. 课题中期评估检查报告；

4. 课题变更申请批复；

5. 课题成果鉴定申请审批书。

（二）课题研究过程性材料

1. 课题实施方案；

2. 课题研究计划；

3. 开题报告；

4. 课题研究问卷设计、访谈提纲；

5. 课题研究培训学习记录；

6. 课题研究观摩研讨活动记录。

（三）课题研究成果性材料

1. 阶段性成果

中期报告，前测、后测及分析，活动设计与成效分析，问卷调查及分析报告，学生作品及分析等。

2. 最终成果

一是显性成果，包括：（1）研究报告、研究工作报告、学术论文及其他一些形式的成果；（2）典型的教学设计案例、说课材料、评课材料；（3）教师和学生有关课题研究的获奖证书及学生考试成绩统计表册；（4）调查报告、观察报告、个案分析等。

二是隐形成果，包括教师教学理念、行为的转变，学生学习兴趣的提高等。

二、教育科研成果鉴定申报材料目录

（一）课题立项评审书

（二）课题研究总报告

（三）重要的阶段性研究成果

1. 课题开题报告

2. 课题中期报告

3. 课题实施期间，课题负责人、课题组研究人员撰写、发表的与课题研究相关的论文网络版复印件（复印件要求打印出"中国知网"或"维普网"刊登的本论文的首页，后附论文全部内容）或杂志原件。

幼儿园及中小学课题负责人须至少有1篇省级刊物发表的与课题内容相关的文章；高校、职校课题负责人至少有1篇核心刊物或2篇省级刊物发表的与课题内容相关的文章（采稿通知单或论文杂志版复印件一律不能作为已发表论文的证明）。

（四）其他与本研究课题相关的成果

所报材料要集中装订成一册，加上封面、目录，便于分类、检阅和评审。

第四节　提交结题材料

一、提交结题材料的格式要求

在提交结题申请报告后，经有关部门审核，同意后即可提交结题材料。课题结题材料提交分平台提交电子材料和上报纸质材料两种形式。平台上传材料内容及格式要求如下：

（一）《审批书》：在网络申报平台填写上传。

（二）《经费结算表》：需盖章上传，仅限于省规划办资助的课题填报。格式要求：PDF格式。

（三）开题报告：在网络申报平台填写上传。格式要求：PDF格式。

（四）中期报告：在网络申报平台填写上传。格式要求：PDF格式。

（五）课题研究总报告即结题报告：含报告正文及附件（调查问卷、访谈提纲、观察量表等样表）。格式要求：PDF格式。

（六）负责人发表的论文：

1. 要求在立项后负责人发表的与研究课题相关的论文（其中：高校负责人发表1篇核心期刊或2篇省级期刊的论文；中小学及幼儿园负责人发表1篇省级期刊的论文），且被"中国知网"或"维普网"收录。以其网站中论文的屏幕截屏方式上传，并提交论文收录页面地址。

2. 已正式发表但"中国知网"或"维普网"中此杂志最新出版的刊号还未更新上传的论文：以扫描件上传，包括原始杂志封面、目录、刊登的论文内容（同一文章封面、目录、刊登的论文内容需要扫描成单个PDF文件上传，不能分成多个PDF文件上传）。

（七）其他成果：以扫描件上传。与本课题研究相关的获奖证书（市级以上不超过 5 项）；校本课程、案例集等（包括封面、目录、摘要、正文。总共不超过 10 页的单个文件）；课题组参与者的研究成果（须与本课题研究主题相关，不超过 10 项）；视频材料（选择具有代表性的内容，时长不超过 10 分钟，大小不超过 100M）。

纸质上报材料主要为《甘肃省教育科学规划课题成果鉴定申请·审批书》。

二、网络结题申报流程

列入教育科学规划的所有课题按期完成后，最终成果均须进行鉴定，通过鉴定后予以结题。

申报流程：

（一）依据课题管理办法，凡由甘肃省教育科学规划办立项的课题，必须报送甘肃省教育科学规划办进行鉴定结题。

（二）课题负责人上报所在县区后，统一上报市州，由各市、州教研部门组织当地申报工作，按期上报省规划办。

课题网络结题申报网址：https://keti.gsier.com.cn

甘肃省教科院网址：https://www.gsier.com.cn

网络平台申报结题的具体操作流程可参照第三章第二节。

第七章
研究成果的推广

教育科研课题通过鉴定，标志着研究成果的形成，但并不是研究的终结。教育课题研究成果的推广，主要解决教育科研成果在推广实践过程中遇到的各种特殊问题，从而有效地实现科研成果的转移或转化，扩大其应用范围。教育科研成果的推广应用，是教育科研获得价值和效益的最佳方式，是促进教育理论与教育实践双向结合的重要途径。本章主要从教育科研成果应用推广的内容和形式、制定推广方案、开展推广活动三个方面讨论一些教研成果推广中的基本问题。

第一节　成果推广的内容和形式

一、教育科研成果推广应用的含义

"推广"是指扩大事物使用的范围或起作用的范围,"应用"是指使用。依据推广应用的字面含义和教育科研成果作用于中小学教育的实际情况,教育科研成果推广应用的含义有着广义和狭义之分。

广义的教育科研成果推广应用,是指包括传播、学习在内的一切教育科研成果使用范围或起作用范围的活动。其活动类型有三种:一是教育科研成果的传播交流;二是教育科研成果的自发运用;三是教育科研成果有组织地推广及应用。

狭义的教育科研成果推广应用,是指有组织、有计划、有步骤地将科研成果的思想、内容及方法在一定范围内运用,试图使其转化为教育效益的过程。其活动类型也有三种:一是"操作型"成果的推广与应用;二是"教改型"成果的推广与应用;三是"课题型"成果的推广与应用。

实践告诉我们,广义的教育科研成果推广与应用,更多地有助于一个地区、一所学校整体科研意识的提高,有助于尊重科学、吸纳科研成果良好氛围的形成;狭义的教育科研成果推广与应用,由于推广应用的目标、内容、要求等很明确,所以,教育科研成果对教育实践所产生的积极作用也较为确定。

二、教育科研成果推广的意义和价值

科学技术是生产力。教育科研成果作为一种潜在的生产力,是一种促进教育改革和发展的力量,通过教育科研成果的推广应用,能够使其得到充分的展示和体现。

(一)进一步检验、丰富和发展教研成果的内容

成果的推广应用既是科学研究的目的，也是科学研究的归宿。教育科研成果是一种知识产品，这种产品成功与否，完善与否，价值如何，效益如何，需要在实践推广中接受检验。通过成果推广，可以在实践中进一步检验、丰富和发展教研成果内容。

教育科研的一般思路是：从选题开始，经过研究得出成果，在实践中将成果加以推广；从推广实践中再选题，再研究出成果，然后再推广实践。这个思路，体现了科学研究"实践—认识—再实践—再认识"循环往复的一般规律。如果把科研成果只停留在知识产品阶段，而不研究在实践中的推广应用，还不能说是进行了完整的科研活动。因此，成果的推广活动是科研活动全过程不可分割的组成部分和重要环节。

(二)推广应用效益是衡量教育科研效益的重要标志

教育科研的根本目的在于认识教育现象及其规律，进而指导教育实践。教育科研成果只有在教育实践中得到推广应用，它的社会价值、经济价值和学术价值才能显现出来，科研的效益才能得以发挥。

成果推广是教育科研成果向实践转化的重要中介，也是衡量教育科研效益的重要标志。把推广研究的成果列为教育科研成果的一种类型，必将有助于推广活动的开展和推广研究成果的创造，从而推进教育改革的深化，提升教育教学质量，提高广大教师的素质。

(三)推广应用有利于发挥中小学教师参与教科研活动的积极性

中小学教师工作在教育实践第一线，既有创造性的成功经验，也会遇到各种迫切需要解决的理论和实际问题。由于工作关系，中小学教师不可能像专职科研人员那样参与教科研活动，但当研究任务与他们的实际工作结合时，就能有效地吸引他们投身于教育研究中来。成果的推广恰恰提供了一种把教学研究活动与实际工作相结合的有效机制。

教研成果的推广活动离不开广大教师的实践，离不开广大教师的参与。把成果推广活动作为一种研究活动，把推广研究的成果列为教育科研成果的一种类型，

这无疑有助于调动和发挥广大教师参与科研的积极性。

三、教育科研成果推广应用的主要内容

教育科研成果是社会科学类的成果，它与自然科学类成果的推广应用有较大差异。根据教育科研成果的基本属性，其推广应用的内容可侧重于以下几个方面：

（一）教育科研成果中的先进教育思想

但凡在评价中得到肯定的教育科研成果，都往往会在某一方面体现出研究者对教育的较为科学、先进的认识。故此，在推广应用成果时首先要让成果中先进的教育观念得以广泛传播，力求让更多的人接受。也只有当成果中先进的教育思想得到传播和社会认可后，成果才有被推广应用的"市场"。

（二）教育科研成果中新近揭示、总结的科学规律和原理

人们对教育规律的揭示和办学中应遵循的诸方面原则的总结，有一个不断深入的过程。新近揭示和总结出来的规律或原则，迫切需要人们去学习、把握或遵循，以促进教育事业的健康发展。

（三）教育科研成果中所提供的新方法和新技术

教育教学方法的改进和先进技术的推广应用，是中小学教师极为关注的事。我们在教育教学实践中遇到一些疑难问题时，都要面临着一个在原有基础上提高工作质量和效益的问题，因此，应该将成果中提供的新方法和新技术作为重点，及时地加以推广应用。

（四）教育科研成果中所体现的科学的思维方式

教书育人是一种创造性的实践活动。中小学教师应当紧跟时代要求，借助教研成果的推广，不断改进自己的思维方式，力求用新的视角研究分析新情况、新问题；要结合学科特点和实践，创造性地分析与展示问题，提出解决问题的新思路、新方法，努力提高学科教学的效率与质量。

四、教育科研成果推广应用的形式

教育科研成果推广应用的方法和途径，一般常用的有成果报告会、现场观摩

会、成果展示会、成果推广经验交流研讨会、录像文献资料的学习、办班培训指导等多种形式。值得一提的是"课题研究式推广""成果课程化推广"和"主体扩展式的竞赛式推广"三种推广形式。

（一）以课题研究方式推广成果

所谓课题研究式成果推广，就是将成果推广的运作按课题研究的方式进行，成立课题组，进行方案设计，组织实施，在研究中推广，在推广中研究，开展成果推广活动。

（二）以课程化为特征的培训式推广

所谓科研成果课程化推广，就是将科研成果编成讲义或教材，纳入教师职务培训的内容，将科研成果形成特色课程，进行课程化推广。通过开设课程的方式，来达到比较系统、全面介绍成果的思路、主要内容、研究方法和操作方式的目的。实践证明，成果推广课程化，有利于成果推广在师资、经费、人员、时间、组织和管理上得到落实，特别是使成果的推广指导能做到当面辅导，落到实处。

（三）以学生为接受对象的主体扩展式推广

所谓主体扩展式推广就是把学生也作为推广的主体，充分调动学生的积极性，让学生在了解、运用成果的基础上去丰富、充实成果。如，某区教育局"中学生学习方法指导"的推广，不仅在教师中广泛传播推广，而且十分注重学生的学习运用。他们让学生学会分析自己的学习状况，然后介绍一些学习方法，让学生面对众多的方法，根据自己的实际情况去识别、选择和实践，在选择的基础上，积极总结自己的学习经验，发挥聪明才智，形成新的学习方法。这样，不仅使"学法指导"成果得到了广泛推广，而且还丰富了"学法指导"的成果内容，充分发挥了学生主体作用。

五、教育科研成果推广的步骤

(一)确定推广成果

推广行为本质上是成果的传播。从传播中我们会接触到各种各样的教育科研成果,但到底推广哪一项,这就有一个比较选择的过程,由比较而选择确定。一项有较高价值的成果,如果符合接受者的实践需要,再有比较充分的应用条件,通常就易于被人们选为要推广的成果。

(二)进行推广论证

这是对前面的比较选择进行更全面、更深入、更严密的综合考察过程,并着重联系实际分析推广过程中的重点、难点问题,预测解决问题的可能性。凡与推广有关的行政人员、科研人员、教师都应尽可能参与这一过程,从各方面提出问题,展开讨论,研究对策。只有在充分的科学论证中被证明是切实可行的推广项目,才能进入下一个过程。

(三)制定推广方案

推广方案的常规内容有:成果名称、成果内容和价值分析、推广的目的和意义、推广范围、推广条件分析、推广形式、推广步骤、推广的组织与分工等。

(四)组织培训

培训包括一般科研知识及科研方法的培训和具体成果的专项培训。培训的内容既要有理论性又要有实践性、可操作性,如果成果原来就有实验点,最好组织推广人员进行实地考察、现场观摩。培训得越充分,推广的效果就越好,如果草率从事,则可能导致推广夭折。

(五)实施推广

实施推广的过程就是把成功的内容内化成推广者的思想观念和行为动机,并在具体的教育教学中有意识、有目的、有计划地外显出来的过程。推广初期,并不排斥一招一式的模仿,有时这种模仿甚至是十分必要的,它可以促进推广者的内化过程,使推广由形似变为神似。当然,成果推广不能停留在简单模仿上,简单模仿不能充分实现其应有的价值增值。

（六）拓展与创新

既然成果推广是一种应用和发挥作用范围的扩大，成果本身又有时空的相对性，那么推广中对成果内容的拓展乃至创新就是必然的。一个在城市初中取得的成果，不用说向农村初中推广，就是在同类城市初中的应用过程中都会遇到个性化的问题需要解决。解决这些问题的过程，就是拓展与创新的过程。成果内容也由此得到了进一步的丰富。

（七）总结评价

教育科研成果推广是一个循环往复、不断发展的持续过程。为了对推广活动的价值进行判断，同时为了对原有成果及其推广方案进行调整和完善，为下一轮的推广提供可资借鉴的经验，因此，在进行了一个阶段（往往以学生的自然学段为界）的推广活动后，需要进行总结评价。总结评价的主要内容一是推广过程，二是推广效益和价值。其方法应该是综合性的，这不仅要体现在定性分析上，而且要体现在定量分析中，非此则难以获得确切的判断。

第二节　制定推广方案

一项教育科研成果在推广之前，需要在判断成果价值意义的基础上，根据现实需要确定推广的内容，制定翔实可行的推广方案，以保障推广工作的有序开展。一份完整的推广方案应包含成果名称、推广内容、推广思路、推广目的、推广范围、推广步骤、推广方法、推广分工和保障措施等要素。具体到某项成果的推广方案，内容可有所增减，不一定面面俱到，但一定要体现成果推广的针对性、实效性、可操作性和可行性。

以课题《幼儿园体育教学活动组织方法与实施策略研究》成果推广应用为例，我们可以制定如下推广方案：

幼儿园体育教学活动组织方法与实施策略研究
成果实践推广方案

武威市教科所李延海同志主持研究的教研课题《幼儿园体育教学活动组织方法与实施策略研究》系列课题《幼儿园"阳光体育"教学活动案例研究》在凉州区爱华中心幼儿园实践研究历时一年，课题研究的方案已得到充分论证，解决问题的系列方法已得到初步实践验证。通过反复研讨论证和修改完善，课题研究方案已趋于成熟。根据项目实施规划，此项目实施方案和已取得的成果具备推广要求。为进一步推进项目实施，顺利开展成果实践推广工作，特制定本方案。

一、基本思路

按照"试点先行、培训师资、分类推进、全面深化"的思路推广验证。课题《幼儿园"阳光体育"教学活动案例研究》推进到中期时，在试点幼儿园宣传项目内容，培训实践师资，实施研究方案，选择性地应用几个方面的研究成果。跟进课题《优化幼儿园体育教学活动方法与策略研究》启动时，在市直幼儿园和凉州区幼儿园展开全面推广工作，根据不同幼儿园的特点，因地制宜地推广研究成果。

二、预期目标

（一）实施成果方案，通过教学实践对课题研究方案作出调整和完善。

（二）培训幼儿教师，引领幼儿园教师掌握基本的教育科研方法。

（三）运用已经总结出的幼儿园体育教学活动组织方法和策略，验证成效，去粗取精，总结新方法、新策略。

（四）提升幼儿教师体育教学素养，丰富幼儿园体育教学活动内容形式，促进幼儿健康成长。

三、基本原则

理论联系实际原则。把推广研究工作植根于幼儿园体育教学日常活动，凸显成果推广的可操作性和实效性。

点面结合、循序渐进的原则。第一轮研究推进到中期时，在试点幼儿园推广，探索推广经验。第二轮延伸研究启动后，在凉州区幼儿园展开全面推广工作。

主体性原则。充分发挥幼儿园教师的主导作用，课题组成员主要承担成果宣传、师资培训、活动指导等工作。

四、推广阶段、学校及推广内容

（一）试点推广阶段

推广时间：2018年7月至2019年7月。

推广单位及人员分工：

市教科所组织，课题主持人李延海负责，《幼儿园"阳光体育"教学活动案例研究》课题组全体成员及推广学校相关人员协助。

推广幼儿园：

武威市实验幼儿园，负责人崔伯仁；凉州区火车站幼儿园，负责人张俊山；凉州区武南镇天翔幼儿园，负责人万冬梅。

推广内容：

执行《幼儿园"阳光体育"教学活动案例研究》研究方案，开展课题系列研究活动；运用并完善已经探索出的幼儿园体育活动组织方法与实施策略，即通过体育游戏促进幼儿动作发展的方法、提高幼儿体育教学活动效果的策略、幼儿户外体育游戏活动的组织策略。

（二）深入推广阶段

推广时间：2019年8月至2021年9月。

推广单位及人员分工：

市教科所组织实施，李延海主持，马小梅落实；凉州区教育局协助，张俊山负责落实。《幼儿园体育教学活动组织方法与实施策略研究》课题组全体成员及推广学校相关人员参与。

推广幼儿园：

凉州区第一幼儿园、凉州区第三幼儿园、凉州区火车站幼儿园等12所幼儿园。

推广内容：

执行完善后的系列课题《优化幼儿园体育教学活动方法研究》实践检验方案，开展课题系列研究活动；全面运用已经形成的幼儿园体育活动系列方法，即通过体育游戏促进幼儿动作发展的方法、提高幼儿体育教学活动效果的策略、幼儿户外体育游戏活动的组织策略、科学合理地设计幼儿体育教学活动的方法、编排幼儿园早操活动的方法。

五、工作要求

（一）加强理论学习和实践指导

课题推广领导小组和系列研究课题组不定期印发课题研究辅导资料和推广情况通报，对幼儿教师进行教育科研方法培训，提高幼儿教师的教学理论水平和教育科研能力。通过"请进来观摩""走出去示范""沉下去指导"等方式，加大成果推广指导力度，提高幼儿教师的体育教学实践能力。

（二）加强协作研究

参与推广工作的幼儿园要结合本园实际，在认真学习、筛选、论证成果理论、方法体系的基础上进行，各园要有重点地选择一两个方面深入实践检验。推广幼儿园要定期组织园内研讨和园间交流会活动，总结经验心得，探讨解决带有共性的问题。

（三）深化研究成果

各成果推广幼儿园强化教学设计、课堂教学观摩研讨工作，组织好园内教师的听课、评课活动，认真做好活动记录，通过总结反思，形成优化幼儿园体育教学活动的新思路、新方法，深化研究成果。

（四）做好档案资料工作

建立课题档案，及时收集成果推广实施过程中的有关研究资料。

六、保障措施

（一）组织保障

成立课题成果推广领导小组，组长由项目主持人李延海担任，副组长由崔伯仁、张俊山、马小梅担任。崔伯仁具体负责市直幼儿园的成果推广工作，张俊山具体负责凉州区各幼儿园的推广工作，马小梅负责联络、协调、各种推广活动的组织策划和资料收集整理工作。

（二）经费保障

接受成果推广的幼儿园根据工作需要设立一定的专项经费，用于师资培训、体育器材更新、刊物征订、资料打印等必要的工作开支。

《幼儿园体育教学活动组织方法与实施策略研究》课题组
2018 年 7 月 16 日

第三节　开展推广活动

开展推广活动是进行课题成果推广的主要途径和重要抓手。活动效果的评测，则是推广质量的保证。

一、开展推广活动

在教育科研成果推广过程中，我们可以开展如下推广活动：

（一）报告会、学术交流会

当对教育科研成果进行鉴定和评价后，发现其确有应用与推广的价值，就可召开成果报告会、学术交流会、学术年会、展览会，由研究者宣读研究报告，介绍研究思路、方法、过程、成果价值等，这是推广教研成果的基本形式。

例如，《"少教多学"在初中语文教学中的实践研究》在研究成果推广中召开了学术交流会，交流会的议程如下：

1. 会议开始，主持人致辞。
2. 介绍学术交流会参会人员（领导、专家、推广人员）。
3. 成果持有人汇报成果。
4. 现场互动交流。

5. 专家进行点评。

6. 会议主持人简要总结。

（二）编撰专著、成果汇编，发表论文

要对数量众多的成果进行推广，单靠会议宣传与局部交流是无法满足社会需求的，更多的必须通过信息载体——出版专著、发表论文、汇编成果、录制音视频、拍摄照片等进行推广。这类推广方式的优点是便于保存，形象逼真，存贮容量大，且具有快捷、简便、不受时空限制等优点，这有利于应用者学习和借鉴。因此，这种推广形式在教育科研中具有巨大的发展潜力。

例如，规划课题《课堂观察视域下促进初中语文精准化教学的实践研究》在研究后期印制了《课堂观察视域下促进初中语文精准化教学的实践研究案例汇编》，结题之后在《武威教育》2022年第4期上发表了《课堂观察视域下促进初中语文精准化教学的实践研究成果概要》，在一定范围内进行了成果的推广。

（三）组织现场观摩活动

对一些操作性比较强的教育科研成果，也可以采用现场观摩会的形式进行推广。由成果拥有者就实施过程的关键部分，边讲解边指导，进行操作示范。这种成果推广的形式，不仅能激发学习者的兴趣，也便于推广者与学习者之间的双向交流，使学习者能及时掌握实施中的重点、难点、操作定义和研究方法等。

（四）举办培训讲座

对于一些价值高、意义大，效益明显但操作要求又比较高的成果，则可以通过专题讲座、系统培训的方法来推广，主要是将成果中最有效并带有普遍意义的内容综合成教学常规，转换成便于操作的教学语言，用课程的形式来宣传和介绍。通过成果拥有者身体力行的传授指导，保证学习者掌握该项研究成果的实施要领、方法步骤，从而使成果应用与推广取得很好的效果。

例如，《利用"学案导学"促进初中语文教学有效性的策略研究》成果中的精要部分，一是导学案的编制与使用，二是"学案导学"的课堂模式，涉及理论与操作实践的问题。在推广过程中，采用了专题讲座的形式，对参与推广应用学校的教师进行了培训，使其较为系统地了解了操作规程和要领。

（五）开展推广实验

利用实验推广，首先为某一研究成果的推广提供或设计一个假想或初步特征的理论方案，再查阅一些有关资料，进一步了解该项成果；其次，看客观条件（包括经费、仪器、设备和有关人员的支持）是否具备；然后，落实实验者对实验方法、技术的掌握等主观条件。一般认为，检验某项措施、某种成果是否可行可靠，是否具有推广价值，都宜首先进行小规模实验，视其效果如何，再决定是否逐步推广。即使实验失败，受损失也只限于小范围内。因此，我们推广教育科研成果，一般采取重点实验，在局部区域推广论证，再大范围地传播普及，这样层层推进有利于达到成果推广的目的。

例如，"甘肃省中小学语文群文阅读实验与推广研究项目"在全省范围内通过确定实验校、申报实验区、申报专项课题开展推广实验等方式，逐年深入推进项目，定期征集、推广研究成果。研究成果在大范围内传播，很好地展示了群文阅读研究实践中取得的经验成果，深化了群文阅读研究。

二、推广成效评测

推广应用的成效如何，要通过设计评测工具、制定评测标准，及时进行评测，反馈评测结果，以利于调整和改进推广活动。通常用于成效评测的方式有两种，可供大家根据需要灵活选用。

（一）以问卷调查、访谈等形式进行质性分析

对侧重于策略研究、调查研究的推广项目，要根据推广工作的进展情况，设计师生和家长问卷，进行问卷调查；编制访谈提纲，组织座谈会。收集汇总调查资料，进行综合分析，撰写调查或访谈报告，对推广成效进行质性的分析。

（二）组织测试，进行量化分析

对侧重于实践研究、行动研究的推广项目，可能涉及成绩数据的对比分析，要根据推广工作的需要组织学科测试，统计数据，利用数据统计分析工具，对推广成效进行量化分析。

第八章
成果评奖

  基础教育教学成果奖是在基础教育教学研究和实践领域中颁授的最高业务奖项，是彰显人才培养工作和教育教学改革创新能力及教学质量的重要标志，每4年评审一次。成果评奖是对课题研究成果的最终评价，其目的在于进一步深化基础教育改革，鼓励和支持广大教育工作者继续潜心从事教育教学研究工作，提高教学水平和教育质量，促进优秀教育教学改革成果的交流、共享与推广应用，更大限度地发挥课题研究的效益。本章主要讨论教育教学成果的含义及呈现方式、教育教学成果评选资料、撰写成果报告、填写成果申报表等内容。

第一节　教育教学成果的含义及呈现方式

一、对基础教育教学成果的界定

2014年，教育部组织进行了首届国家级基础教育教学成果奖评选活动，通知中对基础教育教学成果的内涵作出了比较具体的界定：

是什么：反映我国基础教育教学改革与实践探索的重要成果，内容包括课程、教学、评价、资源建设等方面，可以是综合性的（以课程改革为核心），也可以在某些方面有所侧重。"教学"是广义的概念，有关教与学互动的活动，都是教学。不限于课堂教学，也包括教学内容和教学评价；不限于认知学习和智育，也包括德育、体育、美育、劳动教育。教学成果必须对教学过程本身进行变革，接受教学实践的检验。

不是什么：不与现有中国教育体制、课程设置和学习组织方式、考试和评价制度等产生直接联系的学术理论研究，不是教学成果。对教学起辅助甚至支撑作用，但未对教学过程本身进行变革，同时主要是政府行政职能的成果内容，不纳入教学成果奖励范围。

二、教育教学成果的呈现方式

教育教学成果本质为教育教学方案。教育教学方案不是论文，不是课题报告。所有的理论思考与探索的结果都必须转化为教育教学方案——行动纲领、指南、模式、策略、资源等，这些方案需要经过比较长时间的实践检验，才能证明是有效的。

这个转化过程充满张力，充满活力，也充满挑战性。科研是教学创新的过程，这正是教学成果奖需要重点加以关注的。

第二节　教育教学成果评选资料

一、评选材料的种类

成果申报时个人或单位需要填写《甘肃省基础教育教学成果奖申报表》，撰写并提交成果报告及支撑成果的其他材料。

《申报表》是成果申报的主要依据，是申报评奖成果的总纲。

成果报告是研究成果的主件，是申报评奖成果的核心。

支撑成果和佐证应用的材料是申报成果的血肉。支撑成果的材料主要有发表的论文与研究案例、课题鉴定证书、成果获奖证书等。实践应用的佐证材料主要有成果推广与应用实施方案、成果推广与应用工作计划、成果推广与应用工作总结、成果推广与应用总结报告、典型的学案设计与教学案例、师生调查问卷与分析报告、教师访谈记录、观摩研讨会议记录、推广研究的课题鉴定证书等。还有其他材料，比如工作简报、工作流程、操作规范、评价量表等。这些材料要分类编排，依序装订。

示例：初中语文有效教学系列研究成果材料清单

一、成果报告

二、成果支撑材料

1. 课题鉴定证书

2. 阶段性成果获奖证书

3. 发表的论文

三、实践应用的佐证材料

4. 成果推广与应用实施方案

5. 教学活动获奖证书

6.教学案例(摘编)

7.学生问卷调查与分析报告

四、其他材料

8.学案导学有效课堂评价标准

9.深度学习课堂观察记录表

10.学案导学课堂观察量表

二、对申报成果材料的总体要求

(一)对成果价值的要求

基础教育教学成果必须符合党的教育方针、国家的教育政策,落实立德树人根本任务,发展素质教育,推进教育公平,体现时代精神和素质教育的核心理念,遵循学生身心发展和教育教学规律。必须围绕解决基础教育教学过程中的实际问题,创造性地提出科学的思路、方法和措施,经过实践检验,对于实现培养目标、提高教学水平和教育质量效果显著,产生广泛而积极的影响,至今仍在教育教学中发挥示范引领作用。

(二)对成果申报人资格的要求

成果的主要完成人应遵纪守法,具有良好的思想品德和学风,忠诚于党和人民的教育事业,为人师表;直接参加成果的方案设计、论证、研究和实施全过程,并作出主要贡献;直接承担教育教学工作,一般要有连续三年以上从事基础教育教学工作的经历。

(三)对成果质量的要求

特等奖教学成果应在教育教学理论上有建树,在教学改革实践中取得特别重大突破,经过不少于3年的实践检验,对提高教学水平和教育质量、实现培养目标有突出贡献,在省内处于领先水平,在全省产生重大影响。一等奖教学成果应提出自己的理论或发展和完善已有理论,经过不少于3年的实践检验,对教学改革实践有重大示范作用,对提高教学水平和教育质量、实现培养目标产生重大成效,在全省产生较大影响。二等奖教学成果应在教学改革实践的某一方面有所突破，经过不少于 2 年的实践检验，对提高教学水平和教育质量、实现培养目标产生显著成效，发挥了重要的示范作用。

第三节　撰写成果报告

一、成果报告的结构

成果报告从结构上一般包含三部分：题目、正文和结尾。

题目部分包括题目、署名、摘要和关键词。

正文部分包括问题的提出、解决问题的过程与方法、成果的主要内容、效果与反思等。

结尾部分包括注释、参考文献、附录。

二、成果报告撰写要求

内容充实，结构完整，体例规范，署名无争议。

成果报告的主体是正文部分，要参照《申报表》中有关要点撰写，字数不超过 8000 字。其中，"问题的提出"部分需阐明针对什么问题进行改革与实践探索，以及为什么进行这一改革与实践探索；"解决问题的过程与方法"部分需说明怎样进行改革与实践探索的；"成果的主要内容"部分需说明经过实践检验后形成的问题解决方案（主要观点、实践模型等）；"效果与反思"部分需说明成果取得了怎样的实践效果，还有哪些不足以及需要进一步探索的问题等。

三、成果报告撰写范例

幼儿园体育教学活动组织方法与实施策略研究

成果报告

李延海　崔伯仁

【摘要】当前，国内幼儿体育教育还存在认识不到位、制度不健全、活动形式单一、组织方法不系统、锻炼强度不够、缺乏趣味性等问题。从幼儿园体育教学活动现状入手，学习先进理念，借鉴成功经验，打磨优秀教学案例，构建幼儿园体育教学新的类型机制和模式方法。科学设计幼儿园体育教学活动、合理编排幼儿早操活动、充分发挥幼儿户外体育游戏活动的价值、全方位提高幼儿体育教学活动效果，是优化幼儿园体育教学，引导幼儿快乐游戏、主动锻炼、健康成长的有效途径。

【关键词】幼儿园；体育教学；方法；策略

《幼儿园体育教学活动组织方法与实施策略研究》由《幼儿园"阳光体育"活动案例研究》和《优化幼儿园体育教学活动方法与策略研究》两个子课题组成。实践验证从2017年1月开始，至2021年9月结束，主要解决目前我国幼儿园体育教育中存在的认识不足、缺乏有效的设计方法和组织方法，体育活动强调游戏性、忽视体能锻炼，户外活动偏少、儿童适应大自然的能力变差等问题，探讨科学组织幼儿园体育教学活动，培养幼儿健康成长的方法和策略体系。

一、问题的提出

发达国家幼儿体育教育体系完善，其完善程度一直是许多人津津乐道的话题，主要特点为：一是体育活动内容丰富，重视幼儿身体充分活动和良好习惯的形成；二是体育器材丰富，善于利用自然，体育活动持续时间长；三是讲求科学性，在保障安全的前提下注重冒险精神和意志品质的培养；四是重视户外活动，幼儿园户外活动没有区域的限制，也没有内容和年龄限制。

我国幼儿体育教育存在诸多问题。近几年，国内幼儿教育不断改革发展，幼儿园体育教育工作越来越受到人们的重视，成功经验、有效方法不断涌现。然而，我国幼儿体育教育还存在诸多问题：一是部分教师对幼儿体育活动的认识不足、缺乏有效的组织方法，许多家长片面追求幼儿智能开发，忽视幼儿的体能锻炼；二是幼儿教师组织的各种体育游戏活动，大都过多地强调活动的游戏性，而忽略了孩子基本动作的发展；三是幼儿户外活动偏少，儿童适应大自然、适应气候变化的能力变差，长时间的室内体育活动严重影响了幼儿身心的健康和谐发展。

体育教育在幼儿教育中扮演着重要角色。伴随着我国幼儿人口基数的增加，幼儿教育开始成为社会关注的焦点，其中体育教学在幼儿教育中扮演着重要角色。我国《幼儿园教育指导纲要（试行）》《3—6岁儿童学习与发展指南》要求：通过为幼儿提供适宜的活动环境，布置安全的运动场地，提供多样化的活动器械等，促进幼儿自主选择、主动活动、相互交流和持续探索，达到促进身体素质全面提高的目的。据北京市幼儿身体活动调研报告表明，幼儿家长为孩子选择的社会培训课程中有一半是体育活动类课程。落实《纲要》《指南》精神，重视幼儿体育教学，提高幼儿身体素质和健康水平，为幼儿的未来发展奠定基础，是幼儿教育改革发展的重要任务。

二、解决问题的过程与方法

（一）解决问题的过程

实践验证从2017年1月开始，至2021年9月结束。研究工作循环进行了两轮，每轮研究为期两年半。

第一轮研究从2017年1月开始，在凉州区爱华中心幼儿园实施。研究的子课题是甘肃省"十三五"教育科学规划课题《幼儿园"阳光体育"活动案例研究》，立项号GS［2017］GHB3072。研究的主要任务是调研分析当前幼儿园体育教学中存在的问题，学习国内外幼儿体育教育先进经验，通过组织优秀案例打磨、课堂教学研讨等系列研究活动，探索构建幼儿园体育教学活动的组织方法和实施策略。研究分为选题与立项、诊断与学习、创新与验证、总结与提升四个阶段。至2019年7月，研究计划执行完毕，研究目标全部达成。主要成果为《体育游戏促进幼儿动作发展的有效途径》《提高幼儿体育教学活动效果的策略》《幼儿户外体育游戏活动的组织策略》3篇论文，分别在《教育革新》2018年第9期和《甘肃教育》2019年第16期上刊登。2019年9月，该课题通过省级鉴定。

第二轮研究从2019年4月开始，在武威市实验幼儿园实施，研究的子课题为《优化幼儿园体育教学活动方法与策略研究》，是甘肃省教育科学"十三五"规划2019年度国培计划专项课题，立项号GS［2019］GHBGPZ02。这轮研究是第一轮研究的延伸和深化，研究的主要步骤和系列活动参照第一轮研究的方案进行，不同之处是加大了成果推广力度。主要任务是推广第一轮研究的成果，通过组织优秀教学案例打磨、课堂教学研讨、园本课程开发等系列研究活动，验证完善第一轮研究中构建出的幼儿园体育教学活动的组织方法和实施策略。这轮研究除按第一轮研究的方案开展好各项研究活动外，把推广成果贯穿始终，不仅重视承担研究任务学校的推广验证，还在凉州区10多所幼儿园进行了认真推广。至2021年6月，研究计划执行完毕，各阶段的任务全部完成。主要成果是《科学合理地设计幼儿体育教学活动》《对幼儿园早操编排的几点建议》2篇论文，分别在《教育革新》2020年第9期和《教育革新》2021年第2期上刊登。2021年8月，该课题通过省级鉴定。

（二）主要实践活动与有效做法

1.制定幼儿园体育教学方法与策略研究方案。针对研究的问题，课题组制定了课题研究实施方案，规划了课题研究的路线图，明确了课题组成员的任务分工。方案预设出了实验过程中开展的各种活动和每个阶段的预期成果，体现了研究工作的系统化、渐进性和研究活动的系列化。方案作为行动研究的指南，强化了课题研究的针对性和操作性。

2.开展幼儿园体育活动现状调研。第一轮研究启动前，课题组设计并完成了《幼儿园体育活动家长问卷》《幼儿园体育教学活动教师问卷》，对幼儿园园长进行了访谈。在认真汇总问卷和访谈结果的基础上,课题组分析了幼儿园体育教学活动的现状,查找了存在的问题,撰写出了《幼儿园体育教学活动现状、问题分析报告》。现状调研使课题组找准了研究的切入点,课题组以目前幼儿体育教学中存在的问题为导向,以具体的体育教学活动案例为抓手进行实践验证,使研究工作做到了对症下药、有的放矢。

3. 开展体育教学理论与实践学习活动。首先是教学理论学习。课题组查阅了大量文献资料,搜集整理了诸多关于幼儿园体育教学和体育游戏活动的论述。大家把收集到的新观点、新论述整理在一起,反复学习领会,提升了理论修养,为纵深研究奠定了坚实的理论基础。其次是教学实践学习。教师们多渠道搜集国内外名园开展体育活动的成功案例,认真观看教学视频,仔细阅读教学设计,反复分析反思,撰写点评笔记,借鉴并积累了许多成功经验。

4. 开展园本课程设计与开发活动。在了解幼儿园体育活动类型及特点的基础上,课题组对凉州区爱华中心幼儿园、武威市实验幼儿园现有的体育教学活动进行了盘点,创造性地将幼儿园体育教学活动分为室内教学活动、早操活动、课间体育游戏活动和亲子体育游戏活动四大模块,设计了各模块的活动内容,完善了组织教学的方法策略,构建了园本体育活动体系。课题组鼓励教师自主开发设计各类幼儿体育活动案例,以这些成果为基础,通过分类编排,开发出了幼儿园优秀体育活动园本课程。

5. 组织幼儿园体育教学优秀案例打磨活动。打磨幼儿园体育教学活动优秀案例,是该课题行动研究的重点。活动内容以幼儿园课程资源包体育课的教学内容为主,也可自主开发新内容,设计新案例。活动按初备试讲、二备初磨、三备再磨、公开研讨四步进行。我们要求教师要突出案例研究的主题,即通过体育活动,使幼儿在获得体育技能与体育经验、增强体质的同时,培养自信心、勇气和毅力,进而培养儿童终身参加体育锻炼的习惯意识。

6. 组织幼儿教师优秀体育教学展示活动。优秀体育教学展示活动是验证、展示研究成果的重要手段。每轮研究中,课题组组织观摩研讨会5次,对每一位教师的课例进行不少于3次的观摩诊断和评价指导,还邀请市内幼儿体育教学名师深入课堂，对即将打磨成功的案例进行了高水平的指导。研究过程中，每位课题组成员至少完成了2个案例的打磨工作，共提交教学设计、教学反思、教学论文、教学录像160余份，并分组分批次在承担研究的幼儿园各年龄班进行教学展示，对其他教师起到了良好的模仿和启发作用。这些案例覆盖了幼儿园大、中、小班的各类体育活动，其中不乏优秀案例，部分案例体育活动内容新颖适切，活动方式独特有趣，针对性和可操作性强，具有很好的示范作用。

7. 组织幼儿体育游戏自制器材展评活动。鼓励家长和孩子共同动手，利用废旧物品制作体育器械，看看谁的制作最精巧，谁的制作最有创意。制作过程中，幼儿和家长积极收集各类废旧材料，在追求创新的同时，兼顾耐用性、安全性和美观性。制作完成后，开展自制器材展评活动，幼儿自主演示自制器械的用法，向别的孩子介绍、展示自己的成果。孩子们和家长参与的积极性都很高，制作的器械丰富多彩，有小哑铃、纸球、高跷、袜球、提线沙包、竹圈、保龄球杆、弹球网、桌球等近百个品种，丰富了各班体育活动区域的器械。这项活动，培养了儿童的动手动脑能力，强化了亲子关系，孩子们变废为宝，环保意识加强了，在动手制作和展示交流器械用法的过程中训练了动作技能，获得了成功的快乐。

8. 开展研究成果交流与推广活动。第一轮研究中期，先后3次邀请凉州区第三幼儿园、凉州区火车站幼儿园等5所幼儿园的教学管理人员和骨干教师来本园查阅课题研究的资料，课题组介绍了课题研究的过程和成果，骨干教师上了汇报课，请观摩人员进行了评议。第二轮研究启动时，把已有成果的推广作为重点内容写进了研究方案。一是组织武威市实验幼儿园的骨干教师到爱华中心幼儿园观摩了骨干教师的汇报课，查阅了课题研究的资料，了解了子课题的研究过程和成果。大家在研讨中提高了认识，学习了方法，为第二轮研究的推进奠定了基础。二是和凉州区教育局合作，通过"请进来观摩""走出去示范""沉下去指导"等方式进行。课题组骨干教师到凉州区第五幼儿园、武南镇中心幼儿园、金山镇中心幼儿园等园上了示范课，做了专题报告，组织听课教师进行研讨，验证和丰富了实验成果。三是指导市内多所幼儿园开展了优秀体育教学案例打磨、课堂教学展示、园本课程开发等活动，对促进区域幼儿园的体育教学质量发挥了一定作用。

三、成果的主要内容

（一）探索总结出了优化幼儿园体育教学的方法体系

1.促进幼儿动作发展的方法。论文《体育游戏促进幼儿动作发展的有效途径》阐述了促进幼儿动作发展的具体做法：一是体育游戏活动场地划分若干个功能区，材料投放兼顾品种多样、数量充足，重点考虑器械投放的层次性；二是根据不同年龄段幼儿动作发展要求，制订体育活动计划，选择适宜的游戏内容，教师扮演孩子的游戏伙伴，对能力弱的孩子给予帮助和鼓励；三是设计由身体动作、情节、角色和规则组成的体育游戏活动，以情景创设和角色扮演激发兴趣，完成教学；四是户外活动中向孩子交代活动的规则和有关安全事项，注意调节幼儿的运动负荷，活动前后减加衣服，发现问题及时指导。

2.提高幼儿体育教学活动效果系列方法。论文《提高幼儿体育教学活动效果的策略》探讨了提高幼儿体育教学活动效果的系列方法：一是设计和组织幼儿体育活动时，以故事的形式把各部分教学内容串联起来，让活动生动活泼、环节紧凑、有条不紊；二是组织体育活动时，随时为幼儿提供适当的指导和帮助，引导幼儿克服经验和能力的不足，让每个幼儿通过反复尝试，完成活动；三是关注幼儿的个体需求，让不同发展水平幼儿的潜能得到充分挖掘，真正做到因材施教；四是经常与幼儿交流沟通，倾听幼儿的疑问，解答幼儿的问题，让孩子充分体验教师的和蔼可亲和师生彼此的平等；五是将体育游戏的主动权交给幼儿，放手让幼儿去玩，让幼儿轻松主动地参与锻炼，充分发展幼儿的创造性。

3.发挥幼儿户外体育游戏活动价值的策略和方法。论文《幼儿户外体育游戏活动的组织策略》就如何发挥幼儿户外体育游戏活动的价值提出了操作方法：一是创设自由宽松的活动环境。场地布置突出训练功能，富有童真童趣；提升教师素养，营造良好氛围；故事情节贯穿活动始终，愉悦儿童情绪。二是投放丰富多样的活动器材。材料投放从年龄特点出发，兼顾新颖性与层次性的统一；鼓励家长和孩子共同动手利用废旧物品制作体育器械。三是选择生动活泼的活动形式。在资源包提供游戏的基础上，自创体育游戏，改编民间体育游戏；探索小组合作游戏、集体竞赛游戏、亲子游戏等形式。四是开展积极有效的师幼互动。教师主动转换角色，时刻关注幼儿的兴趣点，主动和幼儿交流，及时了解幼儿的需求。

4. 设计幼儿体育教学活动的科学方法。针对部分教师对幼儿体育活动的认识不足，幼儿体育教学活动随意性强，设计不尽合理等问题，论文《科学合理地设计幼儿体育教学活动》详细论述了设计好幼儿体育教学活动的方法：一是依据幼儿身心特点确定活动内容，创设教学情境；二是以故事情节为主线，激发幼儿参与活动的兴趣；三是树立梯度意识，突出体育活动能锻炼身体的价值；四是关注幼儿个体需求，体现因材施教；五是让幼儿自主活动，培养孩子的自理能力和创造能力。

5. 编排幼儿早操活动的合理建议。论文《对幼儿园早操编排的几点建议》分析了幼儿园早操活动中存在的问题，给幼儿园早操编排提出了建议：一是合理把握早操活动基本结构，小班宜采用三段式结构，中大班宜采用四段式结构；二是科学编排早操动作，做到幼儿大动作和精细动作的合理搭配；三是完美整合早操音乐，让幼儿在音乐伴奏下进行早操活动，有效增强节奏感、韵律感、表现力和想象力；四是关注早操活动量，贯彻由小到中，再由中到小的运动规律。

以上5篇论文分别在《甘肃教育》《教育革新》上登载。

（二）开发了幼儿园体育教学园本课程

课题组将幼儿园体育教学活动分为集体教学活动、早操活动、课间体育游戏活动和亲子体育游戏活动四大模块，设计了各模块的教学活动内容，完善了组织教学的方法策略，开发出了园本课程。《爱华中心幼儿园体育教学活动园本课程》《武威市实验幼儿园体育教学活动园本课程》中收集的优秀活动方案，都由教师们在课题研究过程中打磨而成，源于教学实践，又指导教学实践，形成了幼儿园教师组织幼儿体育活动的资源包，可作为幼儿园的特色课程长期使用。

(三)编印了幼儿园体育教学优秀文集

在理论学习阶段，查阅了有关幼儿园体育教学和体育游戏活动的大量资料，搜集整理了诸多关于幼儿园体育教学和体育游戏活动的论述，大家把收集到的新观点、新论述整理在一起，反复学习领会；多渠道搜集了国内外名园开展体育活动的成功案例，认真观看教学视频，仔细阅读教学设计，反复分析反思，撰写点评笔记。在总结收尾阶段，课题组每位成员整理出了自己的研究成果，包括知名案例述评、体育教学活动设计、体育教学论文、教学反思等。两个课题组以这些成果为基础，通过分类编排，分别编印出了体育教学活动优秀文集。文集深化了对体育教学的认识，奠定了研究的理论和实践基础。

(四)完善了体育教学制度和设施设备管理更新体系

1.完善幼儿园体育教学制度。课题组修订完善的武威市实验幼儿园体育教学制度内容有：科学合理制订体育教学学期计划、月计划、周计划和日计划，针对不同年龄特点有层次地投放体育活动材料，组织开展体育集体教学活动、早操活动、课间体育游戏活动和亲子体育游戏活动；专职体育教师面向全园开展足球特色活动，活动内容主要集中于一些与足球相关的走、跑、跳练习，保证每班每周有1—2次足球特色教学活动；每两周开展1次体育教研活动，针对发现的问题及时调整，确保体育活动有序、有效开展。

2.完善幼儿园体育教学设施器材管理制度。设立专用的体育器材室，每年投入专项资金用于更新体育器械、游戏器材等，建立体育器材管理制度，指定专人管理，经常对体育运动场地、各类体育器械进行检查，为幼儿开展各类体育活动提供保障。

3.开发废旧物品体育器械，丰富幼儿园体育活动区域的活动内容。体育游戏自制器材展评活动中，孩子和家长共同动手制作的废旧物品体育器械丰富多彩，极大地丰富了幼儿体育活动区域的活动内容，孩子们在动手制作和展示交流中锻炼了身体，体验了成长的快乐。

四、效果与反思

（一）提高了幼儿教师的认识水平和教学水平

研究初期对幼儿教师的访谈结果显示，大多数教师认为，幼儿体育活动应以游戏活动为主，让幼儿玩好就行了。在组织幼儿体育活动时，教师为了保证幼儿安全，往往会降低活动的难度和运动量，提高身体素质的练习明显减少，运动量普遍降低。通过两年的实验，教师对幼儿体育活动的认识发生了根本转变，大家明确认识到：在幼儿园科学地开展各类体育活动，可有效培养幼儿终身参加体育活动的习惯，愉悦幼儿身心，促进幼儿身体素质全面提高，使幼儿快乐生活、健康成长。教师们在组织体育活动时，不仅要关注活动的游戏性和运动量，还要重视对幼儿的体能锻炼和探索精神的培养。

（二）幼儿多方面的素质得到提高

教师教学行为的转变，带来的是实践验证幼儿园幼儿素质全方位的进步和提高。一是幼儿参加体育活动的积极性和主动性不断提高。幼儿不仅喜欢体育活动，而且愿意主动参与体育活动，体育锻炼的热情逐步提高。二是幼儿的身体素质逐步好转。家长和教师反映，前些年，每逢秋冬、冬春交季，许多幼儿都会患病请假，有时班里一半以上的孩子不能入园就读，这两年这种现象明显好转，严重时生病不能入园的孩子最多没有超过五分之一。三是幼儿的规则意识得到培养，意志水平不断提高。研究前，教师们普遍存在活动规则讲解不明、引领示范不到位等问题。研究过程中，大家重新认识了培养儿童规则意识的重要性，从幼儿的特点出发，认真探讨培养幼儿规则意识的方法，耐心讲解示范。随着研究工作的推进，孩子们的规则意识从无到有，并不断增强，体育活动逐步井然有序。孩子们在玩中体验了快乐，锻炼了身体，集体意识和自我控制能力也得到了初步培养。

（三）"家园联动""亲子共乐"等体育游戏形式越来越多

研究初始家长问卷统计数据表明，大部分家长都知道幼儿参加体育锻炼的重要性，但因担心孩子在锻炼中受伤，不愿意让孩子参加有一定难度的体育活动，且普遍缺乏亲自带着孩子参加体育活动的实际行动。实验过程中，教师们主动引导家长了解了新时代儿童体育锻炼活动少、身体素质差的原因，积极向家长宣传孩子多参加室内外体育活动的意义和重要性。实验结束后的家长问卷统计数据显示，家长的认识不断提高，支持幼儿园开展有一定难度的体育游戏活动的家长越来越多，"家园联动""亲子共乐"等体育游戏形式相继出现。

（四）幼儿园体育设备得到补充和改善

爱华中心幼儿园是一所民办普惠性幼儿园，体育游戏活动器材严重不足。课题启动后，园里添置了两个大型组合玩具，新开辟了10个体育活动区域角，并配置了大量的小型玩具。武威市实验幼儿园是一所处于老城区中心的公立幼儿园，幼儿活动场地有限，器材只能基本保障幼儿体育活动。课题研究启动后，园里积极补充体育器材，新开辟了14个体育活动区域角。幼儿园还扩建了足球场、塑胶跑道，创设了户外沙坑、秋千、梅花桩等游戏场地，拓展了幼儿体育活动场所。

（五）提升了幼儿园的办园水平

2016年，爱华中心幼儿园准备申请省级示范性幼儿园评估认定。在自评时发现园内存在供幼儿开展体育游戏活动的场地小、设施不足，教育科研水平低，办园特色不突出等问题，离省级示范性幼儿园的要求还有一定差距。课题研究以来，园内教师撰写的多篇教研论文在省级刊物上刊登，打破了没有省市级论文的历史。园里开展的体育教学活动内容丰富、形式活泼多样。2018年，爱华中心幼儿园顺利晋升为甘肃省示范性幼儿园。武威市实验幼儿园虽是省级示范性幼儿园，但仍存在幼儿开展体育活动的场地小、设施不足、特色不突出等问题。课题研究启动以来，全园教师研究教学的热情和积极性得到激发，大家学习教育理论，借鉴、探索有效的教学方法，幼儿园的办园水平迈上新台阶。如今，武威市实验幼儿园体育教学活动场地宽敞，各类体育教学活动制度健全，内容丰富，形式活泼多样，组织方法和实施策略体系完善，办园特色鲜明，孩子喜欢，家长点赞，多次受到了上级教育部门的表彰奖励。

五、存在的问题和努力的方向

影响幼儿园体育教学活动有效开展的主客观因素很多，加之幼儿园体育活动形式多样、方法多变，本成果提出的部分策略方法难免有局限性，仍存在创新度和理论提升还不够等问题。

下一步，课题组将在深入分析问题原因的基础上，认真修订完善研究成果，争取在全市幼儿园推广验证，努力使研究成果更加系统化、系列化，更具可操作性。

第四节 填写成果申报表

《甘肃省基础教育教学成果奖申报表》（以下简称《申报表》）是教学成果奖申请、推荐、评审、批准的主要依据，必须严格按规定的格式、栏目及所列标题如实、全面填写。

一、《申报表》填写要求

（一）封面

1. 成果名称：应准确、简明地反映出成果的属性和内涵，字数（含符号）一般不超过30个。

2. 成果完成者：个人名义申报的，填写成果主持人姓名，并写上所在单位名称；以单位名义申报的，填写成果主持单位名称。

3. 推荐单位：指省辖市（州）、县（市、区）人社、教育部门高等学校或直属单位。

4. 推荐时间：指推荐单位决定推荐本次基础教育教学成果奖的时间。

5. 编号：由甘肃省基础教育教学成果奖评选表彰工作领导小组办公室填写。

（二）成果简介

1. 研究起止时间：起始时间指提出问题、开始研究日期；完成时间指解决问题、形成最终成果的日期。

2. 成果概要：对成果的主要内容做说明，均应直接叙述，请勿采取"见××附件"的表达形式。

3. 解决的主要问题、解决问题的过程与方法：具体指出成果要解决的主要问题及解决问题的思路、阶段、所采用的方法等，问题要明确，思路、阶段要清晰，方法要有针对性。

4. 成果创新点：对成果在实践中的突破、理论上的创新进行归纳与提炼。应简明、准确、完整地阐述，每个创新点相对独立。

（三）成果应用及效果

1. 实践检验起始时间指正式实施（包括正式试行）教育教学方案的时间，不含研讨、论证及制定方案的时间。正在进行实践检验的截止时间为推荐甘肃省基础教育教学成果的时间。

2. 成果应用及效果：对成果的应用情况、产生的实际效果进行阐述。

3. 实践检验单位指除成果主持人所在单位之外的参与实践的地区或学校。如有，选择不超过3个主要的实践单位填写。没有可不填。

4. 实践效果：指成果解决问题的情况及其所取得的实际效果，由实践检验单位填写并盖章。

（四）成果及应用实践过程中曾获奖励情况

成果及应用实践过程中曾获奖励情况：指各市（州）及以上政府有关部门、教育行政部门、教研部门、中国教育学会或甘肃教育学会及下设专业委员会所设立的教育教学类奖励。曾获有关奖励，需在附件中提供获奖证书复印件。

（五）成果持有者情况

1. 以个人名义申报的成果，在个人名义申报栏中填写。每项成果持有人不超过6人（含主持人）。主要贡献一栏应如实写明该完成人对本成果作出的贡献并签名。

2. 以单位名义申报的成果，在单位名义申报栏中填写。每项成果持有单位不超过3个（含主持单位）。单位是指学校或其他法人单位。主要贡献一栏应如实写明该完成单位对本成果作出的贡献，并在单位名称栏内加盖公章。

（六）推荐意见

各级人力资源社会保障部门、教育部门推荐审核意见：分别由县（市、区）、市（州）和省级人社、教育部门填写并加盖公章。

（七）附录

附录中成果报告、关于实践过程及效果的佐证材料是评审教学成果的主要依据，每一项推荐成果都必须提供，成果内容的视频介绍为辅助材料。

1. 成果报告，不超过8000字。

2. 关于成果主要内容的视频介绍：直观、形象地介绍成果的主要内容、特色等，着眼于弥补文字材料的不足。如果文字材料可以说明有关问题，也可不提供视频介绍。

3. 关于实践过程及效果的佐证材料、获奖证书复印件等，需加盖成果持有者所在单位公章。

4. 如果成果报告、视频介绍、佐证材料等还不足以反映成果的主要内容、特色，可有限度地提供相关的其他材料，总字数不超过1万字。注意不要与成果报告、视频介绍、佐证材料重复。

二、申报表填写范例

甘肃省基础教育教学成果奖申报表

成果名称　　利用"学案导学"促进初中语文教学有效性的策略研究

成果主持人　　张永红　陈有武　吴正斌　尚平　于雪梅　王丽芳

所在单位　　武威第二十一中学

推荐单位名称及盖章　　　　　　　　凉州区教育局

凉州区人力资源和社会保障局

推荐时间：　　　　　　　　　　2018年3月18日

甘肃省教育厅制

一、成果类别

（一）在下列所属基础教育阶段、领域中打"√"（限选一项）

☐ 1—学前教育

☐ 2—小学教育

☐ 3—初中教育

☐ 4—高中阶段教育

☐ 5—特殊教育及其他

☐ 6—如成果内容涉及上述两个及以上阶段或领域，或涉及基础教育与其他教育的衔接等

（二）在下列成果申报者类别中打"√"（限选一项）

☐ 1—以个人名义申报

☐ 2—以单位名义申报

二、成果简介

成果名称	利用"学案导学"促进初中语文教学有效性的策略研究	研究起止时间	起始：2011年03月 完成：2018年02月
关键词（3—5个）：初中语文　学案导学　有效教学　策略研究			
1.成果概要（500字以内） 该成果于2014年9月通过甘肃省教育科学规划领导小组办公室鉴定。 在广大的薄弱初中学校，学生课业负担过重、厌学，课堂教学效率低下、教学质量不高的现状普遍存在，针对我校的上述现状，本课题以"导学案"为载体，以"学案导学"为抓手，以实现有效教学、建设高效课堂、促进学生有效发展为目标，遵循"主导与主体并重，自主与合作结合"的理念，形成了集"集体备课、学法指导、学案导学、分层教学、当堂达标"的有效教学策略体系。而这一教学策略体系的核心就是"学案导学"五步教学模式，其基本流程是：自主学习—合作探究—交流展示—精讲释疑—当堂达标。为科学规范实施"学案导学"五步教学模式，逐步形成了《导学案编写与使用规范》《"学案导学"课堂教学评价标准》《多维度课堂观察量表》等系列成果。 该项研究于2011年3月申报立项，经过近七年的理论研究和教学应用实践，使参与实验的300多位教师和10000多名学生受益，在教育教学中取得了显著的成效：改变了教师的教学方式与学生的学习方式，突出了学生的主体地位，提高了语文课堂效率，教师的研究水平和专业素养全面提升，学校教育教学质量大幅度提高，学校的影响力也不断扩大。			

续表

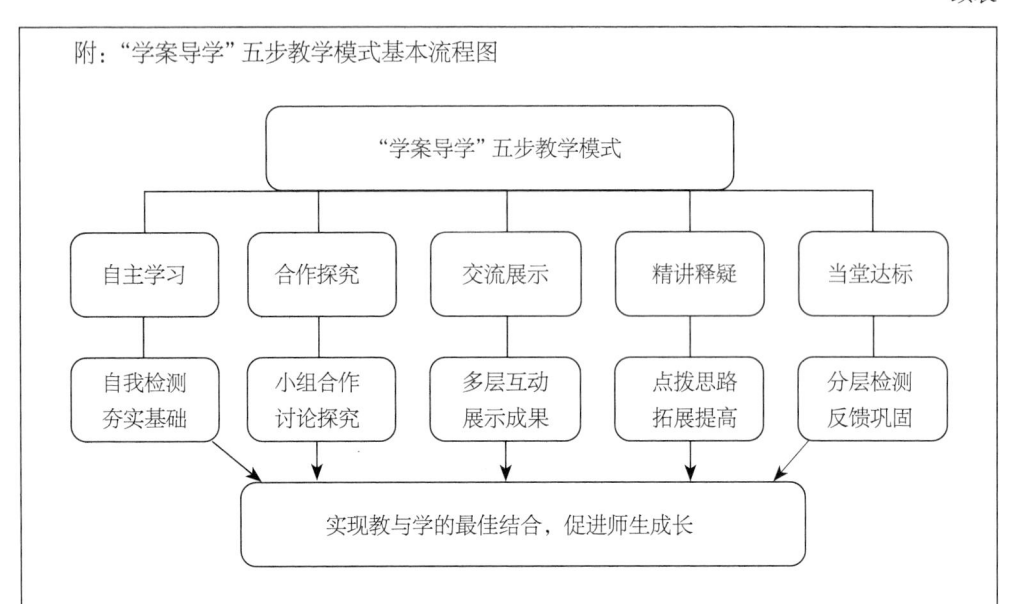

附:"学案导学"五步教学模式基本流程图

```
                    "学案导学"五步教学模式
    ┌───────────┬───────────┬───────────┬───────────┐
  自主学习      合作探究      交流展示      精讲释疑      当堂达标
    │            │            │            │            │
  自我检测    小组合作      多层互动      点拨思路      分层检测
  夯实基础    讨论探究      展示成果      拓展提高      反馈巩固
    └───────────┴─────┬─────┴───────────┘
                实现教与学的最佳结合,促进师生成长
```

2. 解决的主要问题、解决问题的过程与方法(800字以内)

(1)解决的主要问题

教学效率低下、学生课业负担过重、两极分化严重、发展极不均衡,是目前我们教学改革中迫切需要解决的问题,也是全面提高教育教学质量和学生素质的瓶颈。研究与实践证明:从课堂教学的改革入手,以"学案导学"为抓手,激活课堂实现有效教学,构建高效课堂,将有效地解决这一问题。

本成果解决的教学问题:一是解决了课堂教学中学生主体地位不明确的问题;二是解决了课堂教学目标不清晰,教与学相脱节的问题;三是构建了新的课堂教学模式,解决了教学效率低下的问题;四是解决了如何有效提升教师专业素质的问题;五是借助联片教研,解决了校际间教学资源(研究成果)共创共享的问题。

(2)解决问题的过程与方法

本成果的形成过程中,主要采用行动研究的路线,运用了文献研究、观察研究、测试研究、调查研究、经验总结等方法。

行动研究的路线:新问题—计划—实施—评价—调整—实践验证—总结提升。

具体按以下的步骤实施:

第一阶段(2011年3月—2011年8月)理念先行:

立项申报。制定课题实施方案,学习有关"洋思经验"、自主学习的理论、"学案导学"的理论和实践的相关资料,为课题研究做好理论准备和心理准备。主要采用文献研究法,为后续的研究做好理论储备。

续表

第二阶段(2011年9月—2013年9月)行动研究：

研究实施。按照初步实施和深入发展两个阶段，实践完善研究方案，开展集体备课活动，研讨语文学科课堂结构框架，探索并形成课堂教学模式；通过研讨课、示范课、研讨会等形式实践教学模式，概括提炼出有效课堂的做法；改进课堂教学观察技术，合理分析课堂教学的有效性，改进课堂行为。

第三阶段(2013年10月—2014年5月)理论创新：

总结评价。收集整理阶段性实践案例和课例，总结课题研究成果，完成课题研究报告；申请鉴定，使之能推广应用。

第四阶段(2014年6月—2018年2月)示范推动：

推广应用。总结提炼研究成果，通过跨校协作、城乡联合的方式推广。按照试点推广—培训推广—大面积推广三个阶段，逐步实施成果的推广应用工作；依托联片教研平台，加强联片组各校教研部门、课题组之间的日常交流与研讨，适时调控推广进程；对推广研究取得的成果进行分析评估，深化推广，完成推广研究报告。

3. 成果创新点(500字以内)

该成果在理论上对建构主义、人本主义、教学最优化等理论进行了系统的研究和有机的融合，将"学案导学"与"有效教学"进行了嫁接与整合，在教学理念上真正实现了从"以教为主"向"以学为主"的转变，形成了具有校本特色的可操作性强的课堂教学改革方案，发表了相关论文，并形成了一些物化成果。

在实践上以"学案导学"为依托，为追求最佳的教学效果，促进学生的有效发展进行了大量的探索，把传统讲授式的"要我学"变为学生积极主动参与式的"我要学"，使学习过程在先学后教的基础上实现了教与学的最佳结合，为有效课堂教与学的深入推进提供了新的视角；打破传统课堂的结构，丰富和发展了"学案导学"教学操作模式，探索"学案导学"与现代教育技术的深度融合，从多个方面解放学生，为增效减负、提高教学的实效性提供了典型范例。

教学模式基本流程及操作要领：

自主学习：检查学案、了解学情。督促学生养成良好的自主学习习惯，为精讲点拨做好准备。

合作探究：小组合作，讨论探究，共同解决自主学习中遇到的疑点、难点、重点问题。

交流展示：组内交流，全班展示。汇报探究成果，纠正展示或回答中的知识性错误或不准确的表述，汇总交流展示中出现的疑点、难点、重点问题，为精讲点拨做好准备。

精讲释疑：对重点、难点、易错点进行精讲点拨，解难答疑，总结规律，点拨方法与思路，做到"三讲三不讲"。

当堂检测：针对教学目标，精选试题，进行当堂达标测试。当堂点评，及时总结整理。

三、成果应用及效果（800字以内）

在本单位实践检验时间	2014年10月开始至2018年02月结束

应用情况："学案导学"五步教学模式形成于2014年5月，并于2014年10月开始在我校推广应用。整个推广应用工作经历了三个周期，遵循由点到面，逐步深入的推广思路，坚持以课题研究深化推广，以实践应用扩大效益，以联片教研拓宽渠道的推广方法，研究成果推广应用的范围不断扩大，实践对象从一个年级逐步扩大到全校所有班级，实验学科范围由单一的语文扩大至所有统考学科，全校所有师生参与其中。在多年的探索与实践中，我校作为一所薄弱学校受益匪浅，实现了课堂教学改革的突破和教学质量的跃升，在联片各校区域内发挥了辐射效应，产生了积极的影响。"学案导学"五步教学模式已成为我校的一大特色品牌。

实际效果：

1.课堂教学彰显活力。学生的主体地位得以体现，自主学习的能力和高效率学习的意识得到提高，合作能力增强，课堂氛围和谐、融洽。

2."学案导学"教学模式日臻成熟。"小班化"、"分层教学"、小组合作学习、与现代教育技术有机融合等教学方法从2015年起在全校各班语文学科中进行了实践验证，受到师生的广泛欢迎和认可。在其他学科中推广应用"学案导学"，成效明显，各具特色。如赵剑虹老师的数学教学创造性地使用微课，吕桂梅老师的化学教学突出分层作业设计，贾丽霞老师的英语教学注重学法指导，吴庆庆老师的物理教学强化知识清单设计，从不同侧面彰显了"学案导学"的优势。

3.师生关系和谐融洽，在教学中共同成长，成就了名师，发展了学生。参与应用实践的教师在省级以上刊物发表相关的研究论文10余篇；立项并完成省、市级"学案导学"专项课题3项；4名教师在区级课堂教学大赛中获奖，3名教师在市级高效课堂大赛中获一等奖，2名教师的"学案导学"课例获得省级优质课一、二等奖。学生对学习有信心，有良好的学习习惯、思维习惯，解决问题的能力得到了提高，有多名学生在学科竞赛中获奖。

4.教学质量稳步提升。近三年中考，我校语文学科成绩逐年上升，统考各科综合成绩在凉州考区的位次也逐年提高。

附：近三年学校中考成绩统计

年度	语文学科成绩			统考总成绩		
	校均分	区均分	全区位次	校总均分	区总均分	全区位次
2015	91.57	97.10	43/69	300.25	359.04	50/69
2016	90.55	94.80	34/70	327.08	379.54	38/70
2017	98.06	97.78	19/72	356.55	379.40	23/72

（数据来源：凉州区中考质量分析报告）

第 1 个实践检验单位情况

地区或学校名称	武威第十中学
实践检验时间	2015 年 02 月开始至 2018 年 01 月结束
承担任务	集体备课机制的构建及高效课堂建设

实 践 效 果（400 字以内）

针对学校大班额、教师教学任务繁重、课堂教学效益不高的情况，我校自 2015 年起开展张永红老师《利用"学案导学"促进初中语文教学有效性的策略研究》课题成果推广应用工作，通过组织教师学习"学案导学"教学模式、解读案例，开展示范课、观摩研讨、课堂竞赛、校本培训等方式，由点到面，逐步在全校语文教学中推开"学案导学"，切实提高课堂教学效率，努力打造高效课堂。

2016 年秋季学期起，我校将课题成果应用与高效课堂建设结合起来，立足学情校情，借鉴不同的教学模式，大力推行集体备课和知识清单的应用，目前已形成了具有校本特色的"三环六段式"语文高效课堂教学模式和完备的集体备课运行机制。

课题成果的应用，使我校广大教师牢固树立了"课堂属于学生"的教育理念，教学行为发生了根本的转变，解放了教师和学生，课堂焕发了生命活力，减轻了师生负担，实现了"不同层次的学生能异步、高效、分层地学习"的目标，促进了教师的专业发展和学生的健康成长。

近三年来我校的中考语文成绩，一直在全区名列前茅，2015 年平均分高于全区 13.88 分，2016 年高于全区 12.54 分，2017 年高于全区 7.95 分；单科合格率的增长幅度逐年提高，成绩的离散程度逐步缩小，学生两极分化现象得到有效缓解。同时有近百名同学在省级以上学科竞赛中获奖；语文教师先后有 12 人次在省市级课堂评优活动中获奖；学校结合此课题的推广申请立项省级课题 5 项，有 3 项通过鉴定。学校内涵式发展的局面正式形成，近三年累计获得市级以上荣誉 10 余项，2017 年被评为"甘肃省教育工作先进集体"，已成为凉州区乃至武威市的品牌学校，学校教育教学研究的影响力、辐射力不断扩大。

实践检验单位（公章）：
2018 年 3 月 2 日

第 2 个实践检验单位情况

地区或学校名称	凉州区下双镇九年制学校
实践检验时间	2015 年 02 月开始至 2018 年 01 月结束
承担任务	"学案导学"在初中语文教学中的应用

续表

实 践 效 果（400字以内）
我校初中部于2012年秋季恢复招生，由于初中教育的断层，师资力量薄弱，生源质量差，教学质量在低水平徘徊，属于典型的农村薄弱学校。面对发展中的困境，我们认识到了课堂教学在提高教学质量中的关键作用，把提高课堂教学效率作为提高教学质量的突破口，寻求革新之路。我校自2015年起开展张永红老师《利用"学案导学"促进初中语文教学有效性的策略研究》课题成果应用与实践工作，按照"先试点，后推广"的原则，由点到面地进行实施。2015年春季学期，我校组织全体教师学习"学案导学"教学模式和案例，并在部分班级开展"学案导学"课堂教学尝试。2016年春季学期起我校通过课堂竞赛、校本培训等方式，在全校语文课上全面推开"学案导学"教学模式。 　　经过三年的实践应用，我们看到了"学案导学"教学模式的价值，亲自验证了"学案导学"教学模式在提高教学质量方面的良好效果。这种教学模式真正体现了教师的主导作用和学生的主体作用，它的价值与意义不仅在教学，更重要的是教育意义；不仅促进了教学质量的提高，更重要的是促进了学生的全面发展。 　　本成果的应用实践，促进了教师的专业成长，提升了队伍的整体素质。近三年来，参与实践研究的教师在专业刊物发表研究论文11篇，完成省市级课题3项，2名教师在市级课堂教学大赛中获奖，6人次获得区级"优课"一等奖。 　　成果的应用，提高了课堂教学效率，促进了学生的进步，学校的语文教学质量有了较大幅度的提升。2017年初中毕业会考，我校语文均分为90.63分，较上一年度提高了10.26分；统考综合成绩在凉州考区的位次由54/70上升至30/72。 　　　　　　　　　　　　　　　　　　　　　　实践检验单位（公章）： 　　　　　　　　　　　　　　　　　　　　　　2018年3月2日

第3个实践检验单位情况

地区或学校名称	凉州区金羊镇九年制学校
实践检验时间	2015年08月开始至2018年01月结束
承担任务	"学案导学"与现代教育技术有机融合的应用与实践

续表

实 践 效 果（400字以内）
我校地处城郊，现代教育技术装备完善，但教学质量处于全区的中下水平。优质生源大量流失，学困生偏多成为制约我校教育教学质量提升的重要因素。为寻求改革和突破，我校把着眼点和落脚点放在课堂上，努力学习先进的教学模式，先后进行过参与式课堂教学、小组合作学习与洋思模式，但效果不明显。 2015年下半年，我校引进张永红老师《利用"学案导学"促进初中语文教学有效性的策略研究》的课题成果，进行"学案导学"的应用实践。2015年秋季学期开始，我校在组织教师学习"学案导教"教学模式、外出观摩学习的基础上，在个别班级开展语文"学案导学"教学实验。2016年春季学期起，我校通过示范课、教学观摩研讨、校本培训等方式，在初中各班全面推行"学案导学"分层教学实践。2016年秋季学期起，我校将课题成果应用与现代教育技术进行有机融合，充分发挥现代多媒体教学手段的交互性优势，形成了具有我校特色的"学案导学"教学模式。 课题成果的应用实践，使我校教师的教育观念从根本上发生了变化，教学行为更加规范。课堂真正成为师生互动交往的舞台，学生从盲目接受知识变为自主学习。教研组认真落实集体备课，贯彻分层教学理念，语文教学质量稳步提高。2017年中考，我校语文学科平均成绩97.50分，较上一年度提高了10.36分，较2015年提高了7.1分；语文平均成绩在凉州考区的位次由2015年的44/69上升至2017年的21/72。近三年来，语文教师中有4人次在省、市、区级课堂评优活动中获奖，在省级以上刊物发表相关论文10篇；学校结合此课题的推广应用立项省级规划课题1项。 实践检验单位（公章）： 2018年3月2日

四、成果及应用实践过程中曾获奖励情况（限填3项）

时间	成果名称	奖项名称	获奖等级	颁奖部门
2014年9月	利用"学案导学"促进初中语文教学有效性的策略研究	课题研究成果	通过鉴定	甘肃省规划办
2016年11月	利用"学案导学"构建语文魅力课堂	课题阶段性优秀成果	三等奖	甘肃省教科所
2017年10月	"学案导学"五步教学模式	优秀教学方法（模式）	二等奖	甘肃省教科所

五、成果持有者情况

（一）以个人名义申报的填写下表（以单位名义申报的不填写）

1. 主持人情况

姓　名	张永红	性　别	女
出生年月	***	最后学历	***
参加工作时间	***	教龄	***
职务职称	***	联系电话	***
工作单位	***	电子信箱	***
现从事工作及专长	***	邮政编码	***
通讯地址	***		
主要贡献	该成果立项项目主持人，该成果策划及主持者。主持成立了"利用'学案导学'促进初中语文教学有效性的策略研究"课题实验小组和研究成果推广应用工作小组，并担任组长；负责成果的方案设计、论证、研究和实施的全过程；组织实验教师进行课堂教学改革，转变教师教育意识，改变课堂教学结构，形成初中语文"学案导学"教学模式，促进学生语文学科核心素养发展，促进教师专业成长，使得实验学校的语文教学质量有了较大幅度的提高。 2013年度获得凉州区"质量标兵"称号；执教的课例获得省级二等奖；及时总结研究成果，在《教育革新》《课程教育研究》等期刊上发表多篇有关该成果的研究论文。 本人签名： 2018年3月4日		

2. 其他成果持有人情况（不超过5人）

序号	姓　名	工作单位	承担任务及实际贡献	本人签字
1	陈有武	***	该成果立项项目及推广应用的主要设计者、指导者	
2	吴正斌	***	协助主持人开展成果方案设计和实施	
3	尚平	***	课堂教学实验者，实施方案的主要执行者	
4	于雪梅	***	课堂教学实验者，实施方案的主要执行者	
5	王丽芳	***	收集整理各类资料	

（二）以单位名义申报的填写下表（一般不超过3个单位）

1. 主持单位情况

单位名称		主管部门	
团队核心成员			（限6人）
联系人		联系电话	
传　真		电子信箱	
通讯地址		邮政编码	
主要贡献	（200字以内） 单位盖章 年　　月　　日			

2. 其他持有单位情况

单位名称		主管部门	
联系人		联系电话	
传　真		电子信箱	
通讯地址		邮政编码	
主要贡献	（200字以内） 单位盖章 年　　月　　日			

六、各级人力资源社会保障部门、教育部门推荐审核意见

县　级	签字人： （盖章） 年　月　日	签字人： （盖章） 年　月　日
市　级	签字人： （盖章） 年　月　日	签字人： （盖章） 年　月　日
省人社厅 省教育厅 审批意见	签字人： （盖章） 年　月　日	签字人： （盖章） 年　月　日

七、附录

成果材料目录
一、成果报告
二、成果支撑材料
1. 发表的论文、案例
2. 课题鉴定证书
3. 阶段性成果获奖证书
三、实践应用的佐证材料
4. 成果推广与应用实施方案
5. 成果推广与应用总结报告
6. 典型的学案设计与教学案例
7. 师生调查问卷与分析报告
8. 教师访谈记录
9. 观摩研讨会议记录
10. 推广期间发表的论文
11. 应用成果获奖证书
12. 推广应用课题鉴定证书
四、其他材料
13. 导学案编写与使用规范
14. 学案导学有效课堂评价标准
15. 多维度课堂观察量表

第二篇 成果报告篇

第一章
学前教育

本章为学前教育课题研究结题报告篇。

针对幼儿园安全自护教育中存在的问题,《家园合作培养幼儿自我保护能力实践研究》课题组总结出了以下几种方法:完善幼儿园安全教育制度,创设良好的安全自护教育环境;科学规划并丰富幼儿自护能力培养的内容和形式,家园合作,把幼儿安全自护教育贯穿到日常教育的全过程;日常生活中,通过多种途径培养幼儿良好的生活习惯和卫生习惯;室内外活动中,随时随地引导幼儿参加安全自护教育实践体验活动等。这些方法的推广运用,深化了幼儿教师和家长对培养幼儿安全自护能力的认识,提高了教师的专业能力,提升了幼儿园的办园水平,促进了家园合作,有效地培养了幼儿的自我保护能力,促进了幼儿的健康成长。

针对农村幼儿园教育设施简陋、游戏设备少、幼儿区角活动形式单一等问题,《利用乡土资源丰富农村幼儿园区角活动的实践研究》课题组提出了更新教学观念,利用本土资源丰富幼儿园区角活动内容的办园理念。在扎实开展收集乡土资源、创建特色区角、组织特色教学等研究活动的基础上,成功创建了大型区域活动角"武南小镇"和"凉州八景",总结出了组织农村特色幼儿园区域教育活动的系列方法。这一研究,对解决农村幼儿园教育资源短缺、促进农村幼儿教师专业发展、提高农村幼儿园教育质量具有一定的参考意义和借鉴价值。

家园合作培养幼儿自我保护能力实践研究结题报告

李延海　张俊山

【摘　要】安全自护教育是幼儿教育永恒的主题。长期以来，幼儿自护能力培养中存在教师认识不到位、家长意识淡薄、教育内容单一、活动设计操作性不强等问题。该课题通过扎实有效的实践研究，总结出了完善幼儿园安全教育制度，创设良好的安全自护教育环境；科学规划并丰富幼儿自护能力培养的内容和形式，家园合作，把幼儿安全自护教育贯穿到日常教育的全过程；日常生活中，通过多种途径培养幼儿良好的生活习惯和卫生习惯；室内外活动中，随时随地引导幼儿参加安全自护教育实践体验活动等方法。这些方法的推广运用，深化了幼儿教师和家长对培养幼儿安全自护能力的认识，提高了教师的专业能力，提升了幼儿园的办园水平，促进了家园合作，有效地培养了幼儿的自我保护能力，促进了幼儿的健康成长。

【关键词】自我保护能力；幼儿；家园合作；培养

《家园合作培养幼儿自我保护能力实践研究》是甘肃省教育科学"十三五"规划课题，课题立项号 GS［2020］GHB3545。两年来，依照课题研究的实施方案，课题组扎实有序地开展了实践研究工作，完善了凉州区武南幼儿园安全教育制度，创新了家园合作培养幼儿自护能力的内容和途径，总结出了家园合作培养幼儿自护能力的方法策略，取得了丰富的研究成果。实践研究提升了幼儿园的办园质量，促进了幼儿的健康成长，得到了家长、社会的好评。

一、核心概念界定

"自我保护能力"：广义是指一个人在社会中保存个体生命的最基本能力之一；狭义是指自己尽力照顾自己，使自己不受损害。

"幼儿自我保护能力"：指幼儿对保护自己的知识的掌握及保证自身安全的基本行为的认识，会用一些适当的方法处理生活中的安全事故，使自己能避开或免受伤害。

"家园合作"：是一种双向互动活动，其要义为家庭教育与幼儿园教育的相互配合。一方面，幼儿园把家长当作促进其孩子学习成长过程中的积极合作者，保证使家长了解孩子在幼儿园生活的方方面面，认真考虑家长提出的意见和建议，邀请家长参与幼儿园的教育活动，发动家长为幼儿园教育提供教育资源，并对家长的教养方式和与幼儿园合作的方法进行指导。另一方面，家长要向幼儿园提出对教育孩子的看法，对幼儿园为孩子提供的一切学习生活设施和教育方法作出反映。

本课题主要研究目前幼儿的安全教育现状和存在的问题，充分挖掘和整合幼儿园、家庭、社区三位一体的教育资源，从幼儿园管理者的角度，探索并实施培养幼儿自我保护能力，增强幼儿安全意识，促进幼儿身心健康和谐发展的制度和方法。

二、选题缘由

（一）国内外研究现状

美国等发达国家的幼儿园比较重视儿童自我保护能力的培养，经常组织幼儿玩"假设游戏"，让幼儿掌握一些安全守则。幼儿园还经常把"假设游戏"教给家长们，让"安全守则"成为亲子游戏的一部分。孩子在玩中学习，更能训练反应能力和自我保护能力。

我国《幼儿园教育指导纲要》明确指出，"幼儿园必须把保护幼儿的生命和促进幼儿的健康放在工作的首位"。近几年，为了确保幼儿的在园安全，国内各幼园都采取了一系列的措施和要求，安全教育内容也十分广泛。但是，在日常的教育实践中，由于家长意识淡薄、幼儿园安全教育手段缺乏可操作性等原因，许多幼儿园对幼儿的安全教育和自我保护能力的培养往往停留在表面，表现为说教多、实操少，要求多、落实少。

3—6岁的在园幼儿，身体机能发育还不完善，心智正在提高，独立生活能力及基本活动能力较差，各方面知识缺乏，但又具有好奇、好动等特点，对一些危险的事不能作出正确的判断，不能预见行为的后果，易发生事故。因此，探索科学培养幼儿基本的自我保护意识和能力的策略和方法，是每个幼儿工作者和家长面临的重大课题。

（二）选题意义及研究价值

1.加强幼儿园安全教育和开展幼儿自我保护能力的培养关系到每个幼儿的安全和健康，关系到每个家庭的幸福和平安。

2.通过家园合作，将幼儿的安全教育与幼儿的自我保护能力的培养贯穿到家园教育的全过程中，使幼儿安全教育和自我保护能力的培养常态化，是落实幼儿安全教育目标的有效途径。

3.在家园合作中，促进教师和家长的交流，丰富教育内容，创新教育方法，使教师在活动中形成新的感悟，提升教师能力，助推教师专业化成长。

三、研究设计

（一）研究目标

1.设计并实施家园合作系列主题活动，有效培养幼儿自我保护能力，切实落实幼儿安全教育目标。

2.通过家园合作组织安全教育活动，让幼儿掌握自我保护方面的基本知识和技能，增强自我保护意识，从而形成一定的自我保护能力。

3.梳理幼儿安全教育的内容，探讨提高幼儿自我保护能力的方式方法，创建以家园合作为主要形式的、园本化的幼儿自我保护能力教育的内容、方法体系。

（二）研究内容

1. 幼儿自我保护能力的现状、家长对此的认识和教育现状的研究。通过与孩子交流、访谈等形式，对目前幼儿自护水平、家长的培养意识等方面开展调查，全面了解研究现状。

2. 提高"特殊"家庭中幼儿自我保护能力的研究。研究者所在幼儿园处于乡镇，幼儿来自农村家庭，大多数由爷爷奶奶及亲属抚养，在孩子的自我保护培养和安全教育方面存在很多问题。引导家长重视儿童安全教育，提高"留守"幼儿的自我保护能力，是该研究的重要内容。

3. 提高幼儿在游戏活动中的自我保护能力的研究。游戏活动中，孩子的自主活动空间大了，自主行为也多了，一些安全隐患就常常会被忽视。关注幼儿在游戏活动中的表现，引导幼儿学会自我管理、自我控制、自我调节，让不安全系数降到最低。

（三）研究假设

1. 将幼儿的安全教育与幼儿自我保护能力的培养贯穿到教育的全过程中，强化家园合作，将幼儿安全教育和自我保护能力的培养常态化。

2. 科学规划家园合作的形式和内容，在家园合作中，促进教师和家长的交流，创新儿童安全教育和自我保护能力培养的方法，助推教师专业化成长，促进幼儿全面发展。

（四）拟创新点

1. 创编并实施幼儿安全教育和自我保护能力培养的情景游戏，家园共育，让幼儿安全教育和自我保护能力的培养成为亲子游戏的一部分，孩子在玩中训练反应能力和自我保护能力。

2. 把安全教育融入幼儿园的一日生活中，模拟多样化、多元化的游戏情景，开展各种演练活动，增强幼儿的安全认知和判断能力，从而有效提高幼儿自我保护能力。

（五）研究思路

针对农村幼儿安全教育、幼儿自我保护能力培养中存在的问题，收集创编培养儿童自我保护能力的情景游戏，家园合作，让幼儿安全教育和自我保护能力的培养成为亲子游戏的一部分，孩子在玩中训练反应能力和自我保护能力。充分挖掘和整合幼儿园、家庭、社区三位一体的教育资源，在扎实实践的基础上，总结家园合作培养幼儿自我保护能力的方法和有效策略，提升农村幼儿园办园质量。

（六）研究方法

1. 文献研究法。查阅阐述培养幼儿自我保护能力的文献资料，借鉴国内外名园的成功经验，预设培养幼儿自我保护能力的思路、途径和方法体系。

2. 问卷调查法。设计教师、家长问卷和园长访谈提纲，走访凉州区武南镇各公办、民办幼儿园园长、教师和家长，了解这些幼儿园的安全教育和培养幼儿自我保护能力教育中存在的问题，以此为导向制订本课题的研究计划。

3. 行动研究法。扎实实施研究方案，把已有的和预设出的培养幼儿自我保护能力的方式方法付诸幼儿园日常教育教学实践之中，家园合作，反复实践论证，形成农村幼儿园安全教育和幼儿自我保护能力教育内容、方法体系。

4. 经验总结法。对课题研究过程性资料进行筛选，全面总结提炼培养幼儿自我保护能力的内容、方法和有效策略。

四、研究过程和研究工作进展情况

两年来，课题组把课题研究和幼儿园日常的教学活动紧密结合在一起，边研究边调整完善研究思路，逐个完成研究任务，逐步深入推进研究。至 2022 年 6 月，研究工作已全部完成。

2020 年 5 月—2020 年 10 月是课题研究的准备阶段。这一阶段，课题组查阅学习了培养幼儿自我保护能力的文献资料，收集了典型案例，整理了成功经验；调研了乡镇幼儿园安全教育和幼儿自我保护能力教育现状，撰写了《幼儿园安全教育和儿童自我保护能力教育现状调研报告》；预设了家园合作培养幼儿自我保护能力的教育内容、形式和方法，制定了研究方案，召开了开题研讨会。

2020 年 11 月—2021 年 12 月是课题研究的实施阶段。课题组收集创编了幼儿自护能力培养的游戏活动，根据不同的教育内容，设计了活动方案，开展了各类幼儿自我保护能力教育活动，总结了成功经验和有效方法，整理编辑了幼儿自我保护能力教育活动游戏案例集，撰写了论文《家园合作共育培养幼儿自护能力》《在室内活动中培养幼儿的自我保护能力》等成果论文。同时，课题组还召开了由幼儿教师、儿童家长参加的幼儿安全教育培训研讨会，引导家长树立从小培养幼儿自我保护能力的安全意识，向家长推荐安全自护教育游戏，让安全自护教育成为亲子游戏的一部分。

2022年1月—2022年5月是课题研究的总结结题阶段。这一阶段，课题组整理了实践研究过程中形成的调研访谈记录、游戏活动案例、活动记录与反思等过程性资料，编印了《家园合作培养幼儿自我保护能力实践研究活动设计》《家园合作培养幼儿自我保护能力实践研究文集》，开发出了凉州区武南幼儿园培养幼儿自我保护能力园本课程；系统总结并分析了实践研究的成效，撰写出了《家园合作培养幼儿自我保护能力实践研究结题报告》。

五、研究过程中开展的主要研究活动

（一）开展了幼儿自我保护能力培养的理论与实践学习活动

针对研究者所在幼儿园，教师对幼儿自我保护能力养成教育认识不深入的问题，首先开展了幼儿自护能力培养的理论学习活动。课题组成员通过借阅图书和上网搜索等方式，查阅了有关幼儿园培养幼儿自我保护能力的大量资料，搜集整理了关于培养幼儿自护能力教育教学和游戏活动的各种论述，如家园合作培养幼儿自我保护能力的教育内容、活动形式、活动方法、注意事项等。大家把收集到的新观点、新论述整理在一起，反复学习领会，理论修养大幅度地提升，为纵深研究奠定了坚实的理论基础。

针对幼儿教师选择、设计幼儿自护能力培养游戏活动的能力不强，组织实施游戏活动的方法单一等问题，在理论学习的基础上，课题组成员扎实开展了幼儿安全教育、自护能力教育教学实践学习活动。他山之石，可以攻玉。课题组成员多渠道搜集国内外名园开展安全教育活动和幼儿自护能力教育活动的成功案例（录像课和教学设计），认真观看教学视频，仔细阅读教学设计，反复分析反思，撰写点评笔记，借鉴并积累了许多成功经验。

（二）完成了幼儿园培养幼儿自我保护能力现状调研工作

设计了《幼儿自我保护能力培养现状调查教师问卷》和《幼儿自我保护能力培养现状调查家长问卷》，内容包括对幼儿安全教育、自护能力培养的认识及其内容、现状、形式、问题，以及对策、建议等，全面了解了幼儿园安全教育、自护能力培养教育活动的开展情况、问题及对该活动的建议。在此基础上，撰写了《幼儿园安全教育和儿童自我保护能力教育现状分析报告》。现状调研使课题组找准了研究的切入点，课题组以目前幼儿的安全教育、自护能力培养中存在的问题为导向，以具体的教育教学活动为抓手进行研究，使研究工作做到了对症下药、有的放矢。

（三）开展了提高幼儿自护能力良好的生活环境创设活动

精心创设相应的物质环境，对幼儿进行生动、直观、形象而又具有综合性的教育是尤为重要的。研究工作启动后，对幼儿园的设施设备、游戏场所、区域活动角等进行了认真的排查，在排除一切安全隐患的基础上，进行了升级改造，强化了幼儿自护能力培养的元素。如：在大型玩具下铺上绿草坪，为幼儿提供安全的活动场所；在幼儿园的楼梯口、转弯角，都贴上安全标志，时刻提醒幼儿注意安全；在图书室、书桌上贴有提示幼儿正确看图书的标志图片，时刻提醒幼儿养成正确的看书姿势，注意保护视力；在每天的晨间谈话和"每周表扬"中教师还将自我保护的内容编成小故事讲给小朋友听。其次，还加大了教师的培训力度，用民主、平等、耐心的态度对待幼儿，引领教师在教学和活动中以和蔼可亲的态度、良好的心理对待儿童、组织教学，给幼儿以安全感和信任感。

（四）开展了提高幼儿自护能力的良好生活习惯培养活动

良好的生活习惯与自我保护教育是紧密结合、相辅相成的。例如：热汤热水吹一吹再喝能避免烫伤，吃鱼把鱼刺挑干净能免受咽刺之痛，吃饭不嬉笑打闹可避免气管进异物，正确有序地穿衣服能保护身体，鞋带系得牢固可避免跌倒摔伤等。但幼儿年龄小，自觉性和自制力都比较差，而习惯的养成又不是一两次教育就能奏效的。因此，课题组除了提出要求和教给幼儿方法外，还把这些生活习惯的养成渗透在日常的生活和学习当中，坚持日日抓、时时抓，抓反复、反复抓，经常提醒，经常督促检查。培养过程中，只要孩子掌握了基本要领，就大胆放手，尽量让孩子做自己能做的事，让同伴监督，及时纠正做错的地方。这样，孩子在自己不断的劳动实践中建立起了良好的生活习惯，从而掌握了自我保护的技能，提高了自我保护的能力。

（五）组织了幼儿自我保护教育游戏实践活动

游戏是幼儿最喜欢的活动，将自我保护的学习内容融入游戏之中，能使幼儿在轻松、愉快的气氛中巩固生活技能。课题组根据家园合作培养幼儿自我保护能力的教育内容，设计主题活动，创编互动游戏，根据不同的幼儿教育内容，开展各类幼儿自我保护能力教育活动。如，利用表演游戏"乘公共汽车"，使幼儿懂得"上下车不拥挤，不把头、手伸出窗外，不在车内乱跑"等乘车常识。通过游戏"找娃娃""我家住在哪儿"等游戏，教育幼儿不要随便离开集体，要和大家在一起。如果万一走失，要胆大，记住父母的姓名、工作单位、电话号码、家庭住址及周围明显的建筑物特征。这样，激发幼儿脱险自救的情绪，促使幼儿想出脱险自救的具体方法，提高自我保护的能力。

（六）组织了幼儿安全教育家园联动研讨活动

召开由幼儿教师、儿童家长参加的幼儿安全教育培训研讨会，引导家长树立从小培养幼儿自我保护能力的安全意识，向家长推荐幼儿自护能力培养亲子游戏，让"安全守则"成为亲子游戏的一部分。请家长出谋策划，收集不同形式、不同内容的培养幼儿自我保护能力的方式方法，甄别筛选，向幼儿教师和其他家长分享，运用实践，修改完善，总结固化。

（七）开发了家园合作培养幼儿自我保护能力园本课程

一是对课题组成员设计提交的幼儿安全自护教育游戏活动设计进行了修订，编印了《家园合作培养幼儿自我保护能力实践活动设计》；二是对研究过程中收集的调研访谈记录、游戏活动说明、活动记录、活动反思、活动录像等资料进行了筛选，编辑形成了"家园合作培养幼儿自我保护能力实践研究过程性资料包"（电子版）；三是对研究过程中完成的阶段性报告、论文、活动反思等研究成果进行了整理，编印了《家园合作培养幼儿自我保护能力实践研究文集》。

（八）开展了研究成果推广与验证活动

研究后期，通过"请进来"观摩汇报和"走出去"示范研讨等途径，初步推广扩散了研究成果。先后3次邀请兄弟幼儿园教学管理人员和骨干教师来本园查阅课题研究资料，课题组介绍了课题研究的过程和成果，骨干教师上了汇报课，请观摩人员进行了评议。选派课题组骨干教师到凉州区第五幼儿园、凉州区武南镇天翔幼儿园等多所幼儿园上了示范课，做了专题报告，组织听课教师进行研讨，验证和丰富了研究成果。2021年10月，课题负责人张俊山调任凉州区第五幼儿园园长，本课题研究在该园启动，在全面实践验证已有成果的同时，扩大了实践研究的范围，使该课题研究工作不断走向深入。

六、主要研究成果

（一）研究报告《幼儿园安全教育和儿童自我保护能力培养现状分析报告》

报告分析了当前幼儿园安全教育和幼儿自护能力培养中存在的教师认识不到位，家长意识淡薄；幼儿园安全教育内容单一，活动生搬硬套，活动设计操作性不强；许多幼儿园对幼儿的安全教育和自我保护能力培养停留在表面，表现为说教多、实操少，要求多、落实少等问题，找到了课题研究的问题导向。课题组以幼儿安全自护教育中存在的问题为切入点，以幼儿园具体的日常教学管理和教学活动为抓手进行研究，探索总结对策，使研究工作做到了对症下药、有的放矢。

（二）研究报告《家园合作培养幼儿自我保护能力实践研究开题报告》

围绕研究主题，该报告深入论述了《家园合作培养幼儿自我保护能力实践研究》的选题缘由、研究内容、研究目标、研究方法和研究思路，重点规划了研究过程。本课题研究的过程分为准备、实施、总结三个阶段。准备阶段主要工作为：查阅文献资料，学习理论，收集典型案例，开展现状调研，制定研究方案。实施阶段主要工作为：创编互动游戏，开展各类幼儿自我保护能力教育活动；整理活动案例，研讨活动成效；引导家长树立从小培养幼儿自我保护能力的安全意识，向家长推荐安全自护教育活动游戏；分析总结幼儿室内活动中培养自护能力的各种方法。总结阶段主要工作为：整理过程性资料，开发凉州区武南幼儿园培养幼儿自我保护能力校本课程，撰写结题报告，申报结题等。

该报告预设了家园合作培养幼儿自我保护能力的教育内容、形式和方法，规划了每个研究阶段开展的系列活动，明确了工作思路和工作分工，是课题组行动研究的指南。课题组按照方案规划的流程和分工工作，认真设计、开展、记录各项活动，研究工作循序渐进，有条不紊。大家把研究和幼儿园日常的教学活动紧密结合在一起，边教学边研究，边研究边调整完善研究思路，逐个完成研究任务，逐步把研究推向成功。

（三）园本课程"武南幼儿园安全自护教育活动游戏汇编"

本汇编搜集收录了国内外名园、名师组织幼儿安全教育和自护能力培养的30多个活动游戏，游戏内容包括道路交通、水电安全、食品安全、人际交往、居家生活等五大类，适于幼儿教师在大、中、小班进行安全自护教育时选择运用。课题组以该游戏汇编为基础，组织课题实践检验，教师开展幼儿安全自护教育优秀案例打磨活动，形成了课题组成员完成研究工作的第一个资源包。大家以此汇编为抓手，设计幼儿安全自护教育活动方案，组织各类教育活动，探索总结有效方法，使研究工作变得充实顺畅。

（四）论文《家园合作共育培养幼儿自护能力》

该文分析了幼儿自护能力教育的现状，结合幼儿安全教育实际，重点论证了家园合作共育培养幼儿自护能力的策略。文章提出的主要策略有四条。一是把握家园自护教育的时机。幼儿容易忘记和忽略来自家长、教师的自我保护教育，对幼儿的自护教育要把握好时机，长期抓、反复抓。二是通过生动的故事提醒幼儿自护。家长和教师可以用真实的、生动的案例来向幼儿介绍安全知识，随时提醒幼儿自护。三是通过亲子实践活动提高幼儿自护能力。幼儿园定期举办以"提高幼儿自护能力"为主题的亲子活动，引导家长把幼儿自护能力的培养落实在长期的生活实践和具体的亲子活动中。四是通过常态化教育巩固幼儿自护习惯。要抓住日常生活中涉及幼儿人身安全的事件，教会幼儿规避危险的方法，使幼儿安全自护教育常态化。

论文《家园合作共育培养幼儿自护能力》在《教育革新》2021年第9期上发表。

（五）论文《在室内活动中培养幼儿的自我保护能力》

在室内活动中重视幼儿自我保护能力的培养，可为活动的顺利开展奠定安全基础。针对幼儿自我控制能力差，在室内活动时容易发生争抢、打闹等不安全事件，该文提出了具体的操作策略。一是创设安全自护的幼儿室内活动环境。幼儿室内活动环境创设在突出布局科学合理、设施材料丰富安全、凸显幼儿园特色文化三个要点的同时，还要兼顾物质环境安全和心理环境安全。二是培养幼儿遵守活动规则的自觉意识。教师可以采用情景表演、讲故事、设置问题等方式来引导幼儿明白遵守规则的重要性，帮助幼儿明辨是非，学会礼让，养成自觉遵守秩序和规则的良好习惯。三是运用培养幼儿自护能力的有效方法。室内活动中，教师要科学运用童谣引导法、情境模拟法、游戏渗透法、危险呈现法等有效的教学方法来引导幼儿提升自我保护的意识和能力。四是形成促进幼儿自护能力提高的合力。幼儿园要利用家长园地、家长会、家园联系卡等形式，向家长宣传家庭中的安全工作，丰富家长教育子女的经验和知识，促进幼儿自我保护能力的提高。

论文《在室内活动中培养幼儿的自我保护能力》在《教育革新》2022年第5期上发表。

（六）论文《在体育游戏活动中培养幼儿自我保护能力》

体育游戏活动是实施全面发展教育的重要途径，也是幼儿园一日活动的主要组成部分。该文从幼儿户外体育游戏活动中存在的不安全因素入手，阐述了体育游戏活动中培养幼儿自我保护意识和能力的做法：一是活动前精心备课，预设好预防事故发生的方法；二是安排带有轻微危险的活动，有意识地指导幼儿躲避危险；三是对个体能力较差的幼儿进行个别指导，反复训练；四是教育幼儿不能随便离开集体，杜绝单独行动；五是利用好户外体育活动中的随机事件，随时教育幼儿在面对危险时要有效防范。

（七）论文《通过多种途径培养幼儿良好的生活与卫生习惯》

日常教学中，课题组通过各种途径和方法，引导幼儿养成良好的生活与卫生习惯，是不断提高儿童自理能力和自护能力的重要内容。本论文提出了四个有效途径。一是创设游戏，养成习惯。坚决杜绝习惯培养中的"关注少、包办多、高控制"现象，在耐心、富有情趣的游戏活动中促进幼儿良好生活与卫生习惯的养成。二是结合儿歌，培养技能。把幼儿园日常生活中习惯培养的基本要求编成儿歌，引导孩子边做边说，潜移默化地提升技能。三是积极赏识，稳定习惯。运用赏识教育，在游戏、区域活动及各个生活环节中寻找教育契机，积极评价，正面回应，促进良好习惯的养成。四是家园配合，巩固习惯。家长和教师一起努力，家园互动，形成合力，引导幼儿主动实践，促进良好习惯的巩固。

七、研究成效分析

该课题的研究过程和研究方法扎实有效，研究成果丰富，推动了在研幼儿园和推广幼儿园的幼儿安全自护教育工作，研究成效显著。

（一）提高了教师和家长对幼儿安全自护教育的认识，培养目标明确清晰

研究初始现状问卷显示，对"您认为有必要对幼儿进行自我保护能力的培养吗？"这一问题，幼儿教师选择"很有必要""可有可无""没有必要"的分别为67.50%、19.17%、13.33%，家长选择"很有必要""可有可无""没有必要"的分别为68.33%、21.67%、10%。同一问题，研究结束时，教师的选择分别为100%、0、0，家长的选择分别为88.33%、9.17%、2.50%。这一结果表明，通过两年的实践研究，教师和家长对幼儿安全自护教育的认识发生了根本转变，教师的认识更加到位，家长的认识逐步深入。

同时，幼儿教师对"您是否清楚幼儿安全自护能力培养的具体目标"的三个答案"非常清楚""有些知道""不知道"进行选择，研究开始时教师选择分别为40.25%、44.17%、15.58%，研究结束时教师选择分别为80%、20%、0。这一结果表明，幼儿教师对幼儿安全自护教育的目标由模糊变得清晰，教师们实施幼儿安全自护教育工作的自觉性不断增强。教师们主动地挖掘和整合幼儿园、家庭、社会三位一体的幼儿安全自护教育内容，不断创新教育方法，在提升自己专业水平的同时，有效培养了幼儿的自我保护能力。

（二）幼儿园的安全自护教育制度逐步健全，设施设备全面改善

针对农村幼儿园安全教育制度不够完善的问题，在课题组的倡导和帮助下，

武南幼儿园修订完善了园内各项安全制度，明确规定了各个岗位安全工作的内容，及各环节要注意的事项。教师们认真落实安全教育制度和工作流程，创新安全教育内容，改进安全教育方法。班级保教管理中，教师结合年龄特点，强化幼儿自我保护意识和能力的培养。户外活动时，时刻提醒儿童正确使用器械，遵守活动规则，避免任何意外的发生。

针对中心幼儿园设施设备老旧、安全隐患突出等问题，幼儿园多方争取资金，对教室、操场各类活动设施设备进行了全面升级改造。改造后的幼儿园布局科学合理，在活动室、走廊、门厅等场地创设了形式多样的活动区域和安全有趣的活动设施，在大型玩具下铺设草坪，在幼儿园的楼梯口、转弯拐角处贴上安全标志，在图书室贴上正确看图书的图片标志。精心布置的室内外活动环境，在兼顾物质环境安全和心理环境安全的同时，凸显了幼儿园的特色，为幼儿的健康快乐成长提供了保障。

（三）幼儿安全自护教育的内容和形式趋于丰富多样

研究结束时的教师、家长问卷调查数据显示，关于幼儿安全自护教育的内容，问卷主要列出的游戏活动安全、日常生活自护、意外伤害自护、交通安全自护、性保护自护、心理健康自护等六个方面，教师和家长的选择都达到了95%以上，对幼儿适时进行"性保护自护""心理健康自护"教育已成为教师、家长的共识。

在培养幼儿的自我保护能力时常用的方法，初始调研时选择"说教"的教师和家长都高于70%，选择"尝试体验"和"游戏"的均在30%以下。研究结束时，选择"尝试体验"和"游戏"的教师分别是67.5%、56.67%，家长分别是70.83%、39.17%。实际教学中，教师更加注重"示范引领""尝试体验"和"游戏"等教学方法的运用，大家用童谣引导、情境模拟、游戏渗透、危险呈现等具体方式引导儿童体验危险，教给孩子安全自护的方法，使幼儿提高自我保护能力，把安全自护教育的目标落到了实处。

研究结束时，对"是否和家长（教师）合作培养幼儿自护能力"的选项，教师和家长选择"经常"的分别达到了95.00%、94.17%。日常教学中，幼儿园引导家长培养幼儿自护能力的内容和活动越来越多，家园合作培养幼儿自护能力的共识已经达成，家园合作培养幼儿自我保护能力的模式已基本形成。

（四）幼儿的生活与卫生习惯养成良好，幼儿得到了全面发展

日常教学中，通过各种途径和方法，积极培养幼儿养成良好的生活与卫生习惯，不断提高儿童的自理能力和自护能力，让幼儿形成了"会自理、会游戏、会礼仪，赏识闪光点"的优秀品质。在入园、进餐点、午睡、饮水、盥洗及如厕等环节的习惯培养中，课题组成员和全体教师达成共识，持之以恒，以身作则，通过榜样示范作用及生活化、人性化的教育环境创设，帮助幼儿积累了自理生活的经验，了解到一定的生活常识和生活规则，使幼儿动手能力、整理能力、自我服务能力得到提升，独立性得到锻炼，"习惯成就未来"的办园特色进一步彰显。

八、存在的问题及今后的打算

本研究注重幼儿园安全教育，重视自护能力培养游戏活动内容的选择、设计和组织，力求从典型课例中找到解决问题的方法，但对社会层面和家庭层面的相关研究不够，对特殊儿童在活动中的表现关注不多。

下一步，课题组将深入分析问题存在的原因，根据本园、本区域幼儿园安全教育的实际，修订完善研究方案，优化研究方法，在相关的政策层面、社会层面和家庭层面寻找研究的切入点和突破口，进一步增强研究的针对性，认真修订完善研究成果，使其更具操作性和推广价值。

利用乡土资源丰富农村幼儿园区角活动的实践研究结题报告

李延海　万冬梅

【摘　要】农村幼儿园教育设施简陋，游戏设备少，幼儿区角活动形式化、单一化现象严重。更新教学观念，引导幼儿教师利用低成本的本土资源丰富幼儿园区角活动的内容，不仅可以解决农村幼儿园教育资源短缺的问题，还可以促进教师的专业发展，提高幼儿园区角活动的有效性。同时，利用本地农村具有教育属性的人文、社会和自然资源丰富幼儿园区角活动的内容和形式，让幼儿按照自己的意愿参与游戏，大胆创新，在特色化的区角活动中了解家乡的地理风俗、传统文化、名人足迹和生产生活经验，还可以激发幼儿的兴趣及探索精神，培养幼儿从小热爱家乡的朴素情感，为农村创办特色幼儿园奠定基础。

【关键词】农村幼儿园；乡土资源；区角活动；利用

《利用乡土资源丰富农村幼儿园区角活动的实践研究》是甘肃省教育科学"十三五"规划2020年度规划课题，立项号GS［2020］GHB3544。两年来，按照课题研究的实施方案，课题组扎实有序地开展了实验研究工作，圆满完成了研究任务，取得了丰富的研究成果，完善了凉州区武南镇天翔幼儿园区角活动的设施、内容和途径，创新了农村幼儿园开展区角活动的方法、形式，促进了天翔幼儿园的内涵发展。

一、选题解读

（一）核心概念界定

"乡土资源"：指幼儿所在地的自然生态和文化生态，包括乡土地理、风俗习惯、传统文化、名人足迹、生产生活经验等。

"区角活动"：一种区域性的活动，就是给孩子提供材料，让孩子以小组或个人的形式自主进行观察、探索、操作的活动形式。核心内容是立足于幼儿能力的培养，突出幼儿学习的自主性和主体性，让幼儿通过直接感知、亲身体验，在实际操作中获得经验和知识。幼儿园开展区角活动，要坚持适切性、趣味性、操作性、价值性等原则。

农村幼儿园：指坐落在乡镇的幼儿园，主要指凉州区武南镇中心幼儿园、武南镇天翔幼儿园，其特点是教育设施简陋，游戏设备少，缺乏合格的游戏场地，家长的教育观念落后。

本课题立足凉州区农村幼儿园实际，通过利用农村乡土资源丰富农村幼儿园区角活动的具体实践活动，探索并构建可操作、能推广的农村幼儿园特色化办园经验和方法体系。

(二)选题缘由

1. 国内外研究现状及存在的问题

美国学者约翰·托马斯主张，幼儿活动区并不专指专门开设出来的"区角"，应包括教室内的任何一个区域。他认为，要注意各项区域活动之间的平衡问题，动区和静区要分开，以免互相干扰，而且每次活动中以5—6个活动区为宜。哈佛大学的加德纳教授和塔夫茨大学的费尔曼教授共同主持的光谱方案中的一个核心内容就是区域活动，它针对幼儿的独特性和个性发展设计了八个领域，幼儿可以根据自己的兴趣和发展需要自由选择活动区，教师主要给幼儿提供丰富的、富有刺激性的材料，着重培养幼儿学术能力以外的其他能力和特长。

我国《3—6岁儿童学习与发展指南》指出，幼儿园教育应创设良好的教育环境，让幼儿通过直接感知、亲身体验，在实际操作中获得经验。《浙江省学前教育保教管理指南》中指出："关注主题环境的创设和活动空间的利用，积极利用乡土资源、家长资源、生活资源，创设适合本班幼儿自主活动的区域环境。"

利用本土资源开展幼儿园区域活动的研究，国外已经形成了较为完整的思想体系和操作方法体系，但国内还处在摸索阶段。近几年，利用本土资源开展区域活动的研究在全国各地陆续开展，至目前还没有成熟的经验和系统的方法。我国农村幼儿园教育设施简陋，游戏设备少，缺乏合格的游戏场地，家长的教育观念落后。因此，开发本土资源，因地制宜地创设并开展多样化的区角游戏活动，在丰富农村幼儿园儿童的学习生活，促进农村幼儿健康成长方面，具有重要的实践和研究价值。

2.选题意义

（1）为解决农村幼儿园办园经费少、游戏设施不足和开展区角活动材料短缺等问题探索有效的解决途径。

（2）教师能在活动中形成新的感悟，提升教师能力，助推教师专业化成长。

（3）通过研究，培养幼儿变废为宝、创造发明的科学意识。

3.研究价值

（1）用低成本的本土资源来丰富幼儿园区角活动的内容，不仅有利于解决农村幼儿园教育资源短缺的问题，还有利于幼儿园勤俭办园，形成特色。

（2）在创设区角活动的过程中，教师们将目光转移到身边，关注并选择适合儿童成长的本土资源，工作的主动性、创造性得以充分调动，自身素养有望全面提升。

（3）儿童在日常事物创设的熟悉的、感兴趣的区角中进行游戏操作、体验交流，动手操作能力、创造力、交往能力有望得到充分发展；同时，幼儿从小接受本土优秀文化熏陶，可培养幼儿热爱生活、热爱家乡、热爱国家的情感。

二、研究设计

(一)研究目标

1.为农村幼儿园的孩子提供健康丰富的生活和活动环境，满足他们多方面发展的需求，使他们在快乐的童年生活中获得有益于身心发展的经验。

2.开发有利于儿童成长的乡土资源校本课程，丰富农村幼儿园园内文化，实现农村幼儿园勤俭办园、特色发展的目标。

3.总结在农村幼儿园区角活动中有效利用乡土资源的成功经验和有效方法，

辐射周边，提高农村幼儿园办园质量。

（二）研究内容

1. 农村幼儿园开展区角活动的现状、成功经验及存在的问题。

2. 农村本土化资源中适于开展幼儿区角活动的材料的收集，提出创建特色活动角的方法和要求。

3. 创设和实施农村幼儿园本土化区角活动的原则方法和有效策略。

（三）研究假设

1. 用低成本的本土资源丰富幼儿园区角活动的内容，解决农村幼儿园教育资源短缺的问题，改变以往活动区形式化、单一化的现象。

2. 更新幼儿教师组织区角活动的观念，学会利用身边丰富的教育资源提升幼儿区角活动的有效性，促进自己的专业发展。

3. 利用本地农村具有教育属性的人文、社会和自然资源丰富幼儿园区角活动，让幼儿在区角活动中按照自己的意愿参与活动，大胆创新，促进儿童健康成长，为农村创办特色幼儿园探路奠基。

（四）拟创新点

1. 利用乡村资源，创设幼儿园特色区域活动，发挥环境育人的功能，促使儿童快乐成长。

2. 让幼儿在特色化的区角活动中了解家乡的地理风俗、传统文化、名人足迹和生产生活经验，激发幼儿的兴趣及探索精神，培养幼儿从小热爱家乡的朴素情感。

3. 利用特色乡土资源丰富农村幼儿园园内文化，助力农村幼儿园勤俭办园，提升农村幼儿园保教质量。

（五）研究思路

针对凉州区武南镇公办、民办农村幼儿园开展区角活动中存在的设备简陋、材料短缺、活动单一等问题，组织幼儿教师收集适合幼儿教育的乡土材料，分类创设特色化的幼儿区域活动角。在此基础上，引导教师大胆创新，科学组织幼儿区角活动，开发农村幼儿园区角活动乡土资源校本课程，构建实施乡土区角活动的原则方法和有效策略，提升农村幼儿园办园质量。

（六）研究方法

1. 文献研究法。查阅幼儿园区角活动的相关资料，借鉴国内外名园开展区角活动的成功经验，设计和完善农村幼儿园区角游戏活动的方法体系。

2. 行动研究法。扎实实施研究方案，把已有的和预设出的区角游戏活动的组织形式、方式方法付诸农村幼儿园特色区角活动的教学实践之中，反复实验论证，去粗取精，总结概括，最终形成特色化的农村幼儿园区角活动的实施机制和方法体系。

3. 调查研究法。走访凉州区武南镇各公办、民办幼儿园园长、教师和家长，了解这些幼儿园开展区角活动的现状和存在的问题，科学制订本课题的研究计划。

4. 经验总结法。研究中期，收集整理本土资源及创设特色区角活动的原则方法和成功经验；总结阶段，对课题研究过程性资料进行筛选，全面总结提炼农村幼儿园实施乡土区角活动的原则方法和有效策略。

三、研究过程及研究工作进展情况

该课题的研究过程分为准备、实施、结题三个阶段。两年来，课题组按照开题报告规划的流程和分工工作，认真设计、开展、记录各项活动，研究工作循序渐进，有条不紊。课题组把研究和幼儿园日常的教学活动紧密结合在一起，边研究边调整完善研究思路，逐个完成研究任务，逐步把研究推向成功。至2021年6月，研究工作已全部完成。

2020年5月至2020年8月为课题研究准备阶段。

这一阶段，课题组查阅学习了幼儿园区角活动特别是利用乡土资源开展幼儿园区角活动的相关资料，收集了典型案例和成功经验；组建了课题组，确定了研究项目和内容，进行了选题论证和可行性论证；调研了凉州区武南镇农村幼儿园区角活动的开展状况，查找了存在的问题，撰写了《凉州区武南镇农村幼儿园区角活动现状调研报告》。

2020年9月至2021年12月为课题研究实施阶段。这一阶段组织开展了以下实践研究活动：

一是召开开题研讨会。开题报告重点预设规划了利用乡土资源丰富农村幼儿园区角活动的路径和方法，明确了课题组成员的任务分工。

二是收集资源。调动教师、家长和社会力量，收集大量可用于农村幼儿园区角活动的本土资源。

三是创建活动角。对收集的乡土资源进行甄别分类，创建了特色区域活动角，分类撰写出了区域活动角活动说明。

四是教学实践。根据活动角材料的特点、游戏方法，联系幼儿的年龄特征，设计区角活动教学方案；实施教学方案，反思总结，修改完善，形成农村幼儿园开展乡土资源特色区角活动系列方案。

五是推广验证。把研究中取得的成功经验和有效做法介绍给兄弟农村幼儿园，帮助兄弟幼儿园开展乡土资源特色区角活动，听取意见建议，验证完善研究成果。

2022年1月至2022年5月为课题研究结题阶段。这一阶段完成了过程性资料和成果性资料的整理，完成了园本课程的开发和结题报告的撰写工作。

四、主要研究活动和有效做法

截至2022年5月，课题组如期组织了开题研讨会，循序渐进地完成了课题研究现状调研、课题研究方案制定等工作，依次开展了资料查阅、典型案例收集、成功经验整理、乡土资源收集、乡土资源区角活动创建等研究活动，课题研究的研究任务全部完成。完成的研究活动和工作中的有效做法主要表现在以下五个方面：

（一）完成了农村幼儿园区角活动开展状况调研活动

设计并完成了《农村幼儿园区域活动开展状况家长问卷》《农村幼儿园区域活动开展状况教师问卷》，内容包括农村幼儿教师和家长对幼儿园区域活动的认识及其现状、形式、问题，以及对策、建议等。访谈了农村幼儿园园长，主要了解了农村幼儿园区域活动的开展情况、问题及对该活动的建议。认真汇总了问卷和访谈结果，分析了农村幼儿园区域活动开展的现状，找出了存在的问题，撰写了题为《农村幼儿园区角活动现状调研报告》。现状调研使课题组找准了研究的切入点，课题组以目前农村幼儿园区域活动中存在的问题为导向，以具体的区域教学活动案例为抓手进行研究，使研究工作做到了对症下药、有的放矢。

（二）开展了名师案例和成功经验收集活动

课题组成员通过借阅图书和上网搜索等方式，查阅并搜集整理了有关幼儿园区域角创建和区域角游戏活动开展的大量资料，如幼儿园区域角创建和区域角游戏活动开展的内容、形式、方法、注意事项等。课题组把收集到的新观点、新论述整理在一起，反复学习领会，理论修养得以大幅度地提升，为纵深研究奠定了坚实的理论基础。在此基础上，课题组编印了《他山之石——幼儿园区域活动名师案例选编》。

（三）组织了课题开题研讨活动

2020年9月22日，武南镇天翔幼儿园举行了甘肃省教育科学"十三五"规划2020年度规划课题《利用乡土资源丰富农村幼儿园区角活动的实践研究》开题研讨会，市内课题研究专家到会并进行了专题指导。与会专家认为，武南镇天翔幼儿园始终把教研兴园作为重点工作，从农村幼儿教育的特点出发，利用乡土资源，创建形式多样的幼儿区域活动角，引导幼儿开展丰富多彩的区域游戏活动，借此开发幼儿智力，培养幼儿健康心理和良好行为习惯，选题针对性强，研究价值高。作为一个民办幼儿园，能够从地域特点和幼儿教育工作中存在的问题入手，积极选择并承担教科研课题的实践研究工作，这种勇气和精神值得肯定。开题研讨会深化了课题组成员对课题研究的内容、目标、方法和研究路线图的认识，指明了研究的方向，奠定了研究的基础。

（四）开展了本土资源收集活动

本着安全卫生、环保实用等原则，课题组通过幼儿、家长、教师、社会等途径，收集了大量的适合创建幼儿区域活动角的乡土材料。天然植物类有落叶、树枝、野花、稻草及各类果实、种子等；工艺制作类有草垫、草绳、草榔头等；乡土文化类有民间故事、童谣、民间游戏、民间音乐等；传统节日活动类有过年的习俗、端午节的来历、中秋节的故事等；民间游戏活动有跳绳、跳皮筋、跳方格、踢沙包、踢毽子、打沙包、滚铁环、摔跤、丢手绢、捉迷藏、运鸡蛋、骑大马、拉爬牛、蹬棍等。从民间收集的各类材料，丰富了区域活动角的素材，为创建开放的、形式多样的幼儿教育区域活动角奠定了基础。

（五）创建了乡土资源区域活动角

从天翔幼儿园具备的场地和幼儿教育的需求出发，课题组创建的活动角分为两类。一是"家乡风貌区"。在幼儿园教学楼大厅和楼道宽阔的空间，集中创建了浓缩的"武南小镇"，这里有"武南火车站""武南镇政府""武南医院""武南利民超市""武南农贸市场""武威白塔寺"等公共服务设施和文化设施。二是"班级个性区"。将收集的石头、蛋壳和各种植物的叶子投放到美工区，孩子们可在石头、蛋壳上面画画，用小树叶拼图、拓印；把树叶投放到科学区，可引导孩子制作树叶标本，组织幼儿进行科学探索；把植物种子放到科学区，可引导儿童进行种子方面的科学探索；将种子投放到种植区，组织幼儿进行种子的种植实验；把收集的各种土特产，如青稞、洋芋、大豆、人参果、向日葵投放到语言区，让幼儿介绍家乡的土特产；把收集的泥土、牛羊毛等放到创作区，可以让幼儿大胆进行泥塑创作，制作孩子们熟悉的以白牦牛、绵羊为题材的粘贴画。至2021年5月，课题组在幼儿园教学楼大厅、操场、楼顶平台等处创建"家乡风貌区"大型区域活动角21个，在楼道、教室等处创建"班级个性区"中、小型区域活动角85个。

五、主要阶段性成果

课题组认真规划课题研究过程，努力把课题研究与幼儿园日常教育教学工作结合起来，按实验方案要求扎实实施各项研究活动，反复评估反思活动成效，认真概括提炼有效做法，积极撰写研究论文。研究成果集中体现在以下几个方面：

（一）调研报告《凉州区武南镇农村幼儿园区角活动现状调研报告》

报告基于课题组在对凉州区武南镇5所幼儿园园长、教师、家长的问卷和访谈中获得的数据及评价建议，阐述了农村幼儿园区域游戏活动开展的现状，逐条分析了农村幼儿园开展区域游戏活动中存在的场地不足、经费紧张、设施简陋、教师专业化程度不高、活动设计随意、家长观念滞后等原因，找到了课题研究的问题导向。在此基础上，课题组明确了课题研究的方向：开发本土资源，因地制宜地创设并开展多样化的区角游戏活动，丰富农村幼儿园儿童的学习生活，促进农村幼儿健康成长。

（二）文集《他山之石——幼儿园区域活动名师案例选编》

文集收录了课题组成员在准备学习阶段搜集整理的有关幼儿园区域角创建和区域角游戏活动的名师案例和论文，课题组成员及天翔幼儿园、花明存幼儿园所有教师人手一份，大家随时查阅学习，深化了课题组成员的认识，奠定了研究的理论基础，在案例撰写、活动设计等方面发挥了很好的示范引领作用。

（三）成功创建大型区域活动角"凉州八景"和"武南小镇"

课题组不断挖掘"凉州八景"的教育价值，综合分析"凉州八景"的特点和农村幼儿的兴趣点，创建了"凉州八景"区域活动角。根据各区域的教育功能，课题组在语言区投放了凉州水墨画、绘本图书等资料，活动中引导儿童欣赏描述，训练语言。在美工区投放了毛线、蛋壳、花朵、树叶、杂粮等材料，课堂上，幼儿分组做"凉州八景"粘贴画，画印象中的"凉州八景"图画，自己动脑动手，互相合作，兴趣盎然，完成的作品充满童真童趣。在建构区投放了积木、纸杯、玉米芯、不锈钢碗、杯子、盘子等废旧材料，活动中，孩子们搭建"白塔晚晴""罗什佛光""南门雄姿"等，初步认识了家乡的名胜古迹，了解了历史人物，增进了热爱家乡的情感，培养了动手动脑能力。

在"家乡风貌区"，课题组集中创建了浓缩的"武南小镇"。这里有"武南火车站""武南镇政府""武南医院""武南利民超市""武南农贸市场""武威白塔寺"等公共服务设施和文化设施。活动期间，教师们根据各区域的教育功能，指导幼儿扮演不同的角色，开展"购买火车票""镇政府接访""去医院看病""超市购物""农产品交易""导游白塔寺"等活动。通过这些丰富多彩的区角活动，孩子们认识了公共设施的基本功能，了解了家乡的文化，知道了家乡的特产、建筑、名胜和小吃，无形中感知了家乡的魅力，激发了幼儿热爱家乡的情感。

（四）论文《利用本土资源开展农村特色幼儿园区域教育活动》

文章就农村幼儿园如何合理利用乡土教育资源来开展区域活动，促进幼儿健康成长提出了自己的策略和操作方法：一是围绕乡镇特色，创设"活"的区域教育环境；二是凸显材料特性，挖掘"活"的区域教育内容；三是开展民俗活动，拓展"活"的区域教育功能；四是整合教育资源，赋予"活"的区域教育内涵。

（五）论文《以"凉州八景"为素材丰富幼儿园区域活动内容》

该文对"凉州八景"活动角的内容、投放材料、组织活动的方法进行了阐述，重点论述了挖掘"凉州八景"教育价值的方法。一是同一主题多种表现。"凉州八景"的每一景是一个主题，根据这种特性，教师启发幼儿运用已有经验，拓展思路。在区域活动中各年龄班的孩子表现方式不同。二是同一材料的多层次拓展。不同年龄段有着不同的教育目标，教师要积极尝试，将"凉州八景"为主题的内容在不同年龄段开展不同层次的区域活动。

（六）论文《利用乡土资源创建农村幼儿园特色活动区角》

该文分析了农村幼儿园利用乡土资源的重要性，阐述了幼儿区角活动的具体做法，并结合教学实际提出针对性建议：一是充分利用农村自然材料，活动区域的材料选择应彰显浓郁的乡土气息；二是依据季节变化及时收集具有明显的季节性特点的乡土资源材料，让幼儿了解到季节变化和植物生长的相关知识；三是创新发展民间传统游戏活动，将幼儿的游戏活动变得丰富多彩。

（七）论文《例谈农村幼儿园乡土资源特色区角活动的组织方法》

该文探讨了提高幼儿区域活动效果的系列方法，并提出三个理念：一是幼儿区域游戏要以孩子独立活动为主，应根据孩子的年龄特点来制定基本游戏规则；二是引导孩子主动参与区域活动，努力培养孩子的独立思考能力；三是营造乡土特色环境氛围，选择与传统节日、饮食搭配、艺术欣赏紧密结合的对策。

六、研究成效

课题组努力把课题研究根植于幼儿园日常工作当中，因地制宜，边教学边研究，扎实实施各项研究活动，反复评估反思活动成效，认真概括提炼有效做法，形成了收集乡土资源创建特色区域活动角和设计开展特色区域活动的教学方法体系，得到了同行、家长、上级教育部门的广泛好评。

（一）全园教师对幼儿区域活动的认识发生了根本转变

通过两年的实验，教师们对幼儿区域活动的认识发生了根本转变，大家明确认识到，利用丰富多彩的乡土资源，创建形式多样的区域活动，让幼儿自己动手操作，直接感知体验，可促进幼儿手、眼、脑全面发展，使幼儿快乐生活、健康成长。教师们在学习中提高了理论认识，在收集资源、创建区域活动、打磨教学案例、实施课堂教学中概括出了科学组织幼儿园区域活动的系列方法，逐步提高了教学技能。教师们根据学段目标选择教学内容，运用研究中总结出的方法组织幼儿区域教学活动，越来越生动活泼、科学有效。

（二）幼儿参与活动的积极性不断提高

教师教学行为的转变，带来的是全园幼儿各方面素质的全方位进步和提高。一是幼儿参加区域活动的积极性和主动性不断提高。随着研究的推进，幼儿不仅喜欢上了区域活动，而且愿意主动参与区域活动的热情逐步提高。二是幼儿的规则意识得到培养，意志水平不断提高。实验过程中，教师们发现幼儿规则意识培养中普遍存在讲解不明、引领示范不到位等问题，这是导致区域活动中幼儿规则意识淡薄、任由自己的心性和兴致行事的主要原因。大家重新认识了培养儿童规则意识的重要性，从幼儿的特点出发，认真探讨培养幼儿规则意识的方法，耐心讲解示范。随着研究工作的推进，孩子们的规则意识从无到有，并不断增强，区域活动逐步井然有序。孩子们在玩中体验了快乐，集体意识和自我控制能力也得到了初步培养。

（三）提高了家长的认识，促进了家园沟通

研究初始，农村幼儿家长普遍认为幼儿园应该多给孩子教知识，开展区域活动没有必要。研究过程中，教师们不仅引导家长了解了幼儿参加各种区域活动的重要性，还邀请家长参与了乡土资源收集、特色区域角创建等活动。家长的认识不断提高，支持幼儿园开展形式多样的区域游戏活动的家长越来越多，"家园联动""亲子共乐"等区域游戏形式相继出现。

（四）幼儿园创建了形式多样的特色区域活动角

凉州区武南镇天翔幼儿园是一所民办普惠性幼儿园，校园占地面积小，幼儿

活动场地有限，区域游戏活动材料严重不足。实验前，园里只能基本保障室内区域游戏活动的材料，但种类少，数量严重不足。课题立项后，在课题组的倡导下，幼儿园以实施课题研究为契机，收集了丰富多彩的本土资源材料，创建了形式多样的特色区域活动角。如今，天翔幼儿园的区域材料已得到了充分的补充和完善，形式多样的区域活动角，生动活泼的区域活动，彰显了天翔幼儿园鲜明的办园特色，已成为周边幼儿园观摩学习的"网红"幼儿园。

（五）幼儿园的办园水平迈上新台阶

凉州区武南镇天翔幼儿园办园时间长，园内设施齐全，教师业务素质过硬，教学经验丰富，办园水平早就得到了武南镇居民的普遍认可，2016年就被认定为省级一类幼儿园。课题研究启动以来，全园教师研究教学的热情和积极性得到激发，大家学习教育理论，借鉴、探索有效的教学方法，幼儿园的办园水平迈上新台阶。两年里，课题组成员撰写的3篇论文在《教育革新》《新课程》和《科技资讯》上发表，3篇论文在《武威教育》《凉州教育》上刊登，打破了该园没有省市级论文的历史。如今，天翔幼儿园区域游戏活动内容丰富、形式活泼多样，办园特色鲜明，孩子喜欢，家长点赞，多次得到了上级教育部门的表彰奖励。

七、存在的问题和努力的方向

本研究注重幼儿园区域活动材料的选择、活动角的创建，对区域活动的设计，特别是实施环节的操作细节研究还不够精细。同时，影响农村幼儿园区域活动有效开展的主客观因素很多，加之幼儿区域活动形式多样、方法多变，本研究提出的部分策略方法难免有局限性，仍存在创新度不够和理论提升不高等问题。

下一步，课题组将认真修订完善研究规划，切实优化研究思路和研究方法，扎实推进实践研究，力求从典型案例中找到利用乡土资源丰富农村幼儿园区域游戏活动的更具针对性和操作性的方法和策略，为研究成果在全区农村幼儿园全面推广研制最优方案。

第二章
小学教育

本章收录了关于小学语文教学和小学法制课教学的两个课题研究案例。

针对传统小学语文教学中教师讲得多、学生被动接受、教师没有系统的指导方法、学生无法习得科学的学习方法等问题，《"引导学生做语文学习的主人"方法与导学模式研究》通过大量的教学实践，探索出了引导学生做语文学习主人"六法"，构建出了"以读为本，以学为主"课堂导学"五模式"。创造性地运用这些方法和模式，可有效改变学生被动学习、不会学习的现状，引导学生逐步成为语文学习的主人，大面积地提高小学语文教学的效果。报告中阐述的语文课堂导学"五模式"，教学理念新，教学思路简约清晰，可操作性强，有很强的推广应用价值。

针对西部农村教师法律知识不足、小学法制课教学效果差等问题，《提高农村小学法制课教育效果的实践研究》提出的策略是：建立家庭、学校、社会"三位一体"的小学生法制教育网络，以法制课课堂教学和学校日常教育为主阵地，通过开展"六个一"班队系列活动和"五项"法制教育主题社会实践活动，逐步增强学生学法、知法、懂法、守法的主动性和自觉性，从而逐步培养学生明辨是非和守法用法的能力，引导学生做知法守法的合格公民。

"引导学生做语文学习的主人"方法与导学模式研究结题报告

李延海

【摘　要】贯彻课改理念,突出学生主体,重视学法指导,关注学生学习语文的过程,激发学习兴趣,训练学生掌握预习、质疑、思考、阅读、说话、作文的技巧,开展"自主、合作、探究"式教学,构建"以读为本,以学为主"的语文课堂导学模式,改变学生被动学习、不会学习的现状,引导学生做语文学习的主人,运用个性化的导学方法,切实提高小学语文的教学效率。

【关键词】语文;自主学习;方法;模式;成效

"引导学生做语文学习的主人"方法与导学模式研究,是课题组成员在总结近二十年小学语文课堂教学经验的基础上,以系统科学、心理科学、行为科学为理论依据,以新课程改革理念为指导,开始于2002年3月的一项研究。这项课题研究,涵盖了小学语文三至六年级的语文教学,至2005年7月共完成系列论文20余篇。

一、概念界定

"做语文学习的主人",就是充分发挥学生的主观能动性,引导学生主动地、个性化地学习语文知识,习得语文能力。

"引导学生做语文学习的主人"方法与导学模式,是语文教师指导学生学习语文知识的方法系统,它立足于小学语文教学过程,包括寻找探究引导学生自主地学习语文的方法和构建有效的语文课堂导学模式两个方面的内容。

二、课题的确立

（一）语文教学的突出问题。传统语文教学费时多、效率低，主要原因：一是教师讲得多，学生被动接受；二是教师没有系统的指导方法，学生无法习得科学的学习方法；三是教师的教学缺乏个性，大多数教师没有建构起有特色的导学模式，教学方法单一，缺乏吸引力。

（二）多年教学实践的感悟。20多年的教学实践，使课题组教师深刻认识到：阅读教学要"以读为本，以学为主"；培养学生独立阅读能力和良好阅读习惯必须要加强学生的阅读实践；在学生自觉的阅读实践过程中，要加强学习方法的指导，引导学生养成独立自学的习惯，努力使学生成为语文学习的主人。

（三）新一轮课程改革的需要。新课程改革倡导开展自主、探究式的学习，要求采取多种方法激发学生的学习兴趣，重视语言感悟能力和创造思维能力的训练。强化语文教师指导学法、培养能力的自觉性，使语文教学的三维目标真正落到实处，引导学生做语文学习的主人，是新课改的需要。

三、课题研究的目标

"引导学生做语文学习的主人"方法与导学模式研究，旨在引导学生掌握学习语文的科学方法和规律，训练学生学习语文的基本技能和技巧，培养学生良好的学习品质和习惯，提高学生学习语文的效率，引导学生做语文学习的主人。研究的最终目标是寻找探索引导学生做语文学习的主人的方法，构建"以读为本，以学为主"语文课堂导学模式。

四、课题研究的理论依据

（一）运用系统论观点，把学习方法作为一个系统工程进行研究。"引导学生做语文学习的主人"方法与导学模式是语文教师指导学生学习语文知识的一个方法系统，从学习程序看，包括预习、听课、阅读、复习、作业等方法子系统。在研究过程中，要把语文课堂导学模式的构建与学生学习语文方法的研究有机地结合起来，作为一个完整的系统工程进行研究和指导。

（二）以心理科学为基础，把心理方法作为学法研究和学法指导的重点进行研究。在进行语文课堂导学模式的研究和学生学习语文方法的研究的过程中，要以心理科学为基础，特别注重培养学生积极学习的情感和坚强学习的意志方法。

（三）以《语文课程标准》为标杆，注重语文学习行为的指导和训练。《语文课程标准》提出了许多新的教学理念，研究中，要时时以这些新理念为标杆，努力把心理学与行为学结合起来，既要研究学生学习心理与学习行为的关系，又要研究学生学习行为与学科特点的关系，还要注重学生学习行为的规律性、预测性和可控性，以促使学生将认识到的先进的学习方法转化为正确的学习行为，把潜在的学习能力转化为现实的学习能力，最终养成自觉运用科学学习方法进行有效学习的行为习惯。

五、课题研究的过程

（一）对象的确定

确定三年级一班为实验班，三年级二班为对比班，跟踪研究到2005年秋季这两个班的学生毕业。

（二）教材的确定

确定人教版九年义务教育六年制小学语文7—12册课本为实验教材。

（三）阶段的确定

1. 酝酿准备阶段（2002年3月—2002年9月）。本阶段的任务是学习新课程改革和学法指导的理论，进行初始问卷调查，预设课题研究的相关专题，制定课题研究方案。

2. 实验研究阶段（2002年9月—2004年2月）。本阶段的主要任务是反思多年的教学经验，预设体现"以读为本，以学为主"理念的语文课堂导学系列模式；按教学进度研读小学7—9册语文教材，从每篇课文的特点出发，逐课设计出教学方案，按方案进行课堂教学实践，随时指导并训练学生掌握实施模式所必需的学习方法、学习习惯等，对"引导学生做语文学习的主人"的方法与导学模式进行全面系统的实验研究。

3.实证研究阶段（2004年2月—2005年7月）：本阶段的主要任务是将第一轮研究验证后的有效方法和导学模式再次投入教学，通过10—12册语文教学再次实证，去粗取精，从而促进"引导学生做语文学习的主人"方法与导学模式研究成果的形成。

4.总结评价阶段（2005年8月—2005年12月）：本阶段的任务是对"引导学生做语文学习的主人"方法与导学模式研究过程进行全面分析、评价和总结，整理典型案例和系列论文，撰写课题研究结题报告。

六、课题研究的相关专题

激发学习兴趣，培养学生乐学上进的激情；搞好课前预习，培养学生自觉预习的习惯；抓住关键环节，培养学生质疑问难的能力；倡导探究性学习，培养学生的创新能力；紧扣年段特点，扎实训练学生的语言表达能力；立足语文课堂，培养学生健康的心理素质；构建出"以读为本，以学为主"导学模式。

七、课题研究的主要方法

（一）文献研究法。认真搜集、阅读、整理与课题有关的教育教学理论，为课题研究提供了充实的理论依据。

（二）预设研究法。不仅预设出了"引导学生做语文学习的主人"方法与导学模式的雏形，还以此为出发点，围绕研究的相关专题，对顺利实施模式所必需的基本学习方法进行了预设，如激发学生学习兴趣的方法，引导学生课前预习、质疑问难、创新思维的方法等，然后在教学实践中验证、取舍、补充、完善。

（三）调查研究法。研究准备阶段，制作了《学生语文学习情况自测问卷》《学生语文学习情况自测问卷汇总表》《学生语文学习能力评价表》。研究过程中，邀请课题研究检测、评估组成员对实验班和对比班进行了阶段性问卷调查和阶段性学习能力评价。在平时的教学中，积极关注每个学生学习语文的态度、积极性等因素，将问卷调查的情况和平时的学习情况结合起来，及时调整研究的策略。

（四）行动研究法。研究过程中，针对课题研究不断提出修改意见或方案，并付诸教育教学实践，在教学实践的基础上验证、修正教学行为，充实研究内容，提高学法指导策略和导学模式的可操作性。在扎实推进实践研究的同时，还运用已经取得的成果带领年轻教师，通过竞赛课、示范课、观摩研讨课等形式展示阶段性成果，在征求意见的同时，验证研究效果。

（五）成绩分析法。研究中，及时统计实验班和对比班的语文学期成绩，比较分析，检测评估研究成效。

（六）经验总结法。实验研究阶段和实证研究阶段，课题组及时总结成功的做法，认真撰写相关专题论文。总结评价阶段，课题组对研究中收集的材料进行了全面完整的归纳、提炼，在定量和定性分析的基础上，得出了能够揭示小学语文教学本质规律的、具有普遍意义和推广价值的方法。

八、课题研究的主要成果

研究获得的主要成果表现在两个领域：一是探索出了引导学生做语文学习主人的六个方法；二是建构出了"以读为本，以学为主"语文课堂导学的五种模式。

（一）引导学生做语文学习主人"六法"

1. 激发学习兴趣，培养学生乐学上进的激情

语文教学中要想提高学生的语文能力，最大限度地提高教学质量，首要的问题就是培养兴趣的问题。课题组设计并运用的"激趣五法"，即导入激趣、设疑诱趣、活动调趣、竞赛促趣、激励引趣，抓住了学生的心理特点，较好地激发了学生学习的动机，培养了学生求知的欲望。

2. 搞好课前预习，培养学生自觉预习的习惯

课题组把"指导学生搞好课前预习"作为一个子课题进行了认真研究，摸索出了"语文课前预习四法"，即口诀预习法、"四读"预习法、提纲预习法和随机预习法。在语文教学中交替使用这些方法，较好地培养了学生自主学习的能力，确保了"以读为本，以学为主"语文课堂系列导学模式的运用。

3. 抓住关键环节，培养学生质疑问难的能力

保护学生好问的天性，引导学生掌握提问的技巧，增进爱问、善问的情感，培养学生常问的习惯，是课题研究的目标之一。研究中，课题组抓住"导其悟法会问"和"促其得法善问"两个关键环节，循序渐进地培养了学生的质疑能力。

4. 倡导探究性学习，培养学生的创新能力

学生是学习的主人，"引导学生做语文学习的主人"方法与导学模式的研究渗透了探究性学习的教学理念，提倡学生自主探究。研究中，课题组以语文课本为凭借，以语文课堂教学为主阵地，巧妙点拨，相互诱导，教给学生自主探究的方法，重视学生探究精神和创新能力的培养。课题组总结出的围绕矛盾处质疑、扣住情境点换位、捕捉"空白"点延伸、抓住模糊点探究、挖掘定势点创新、深究重难点表演六个方法，操作性强，在培养学生的探究精神，发展学生的创造思维方面发挥了很好的作用。

5. 紧扣年段特点，扎实训练学生的语言表达能力

提高学生的口语交际能力和作文能力是小学语文教学的重要任务。研究中，课题组紧紧围绕年段语文教学的目标，从语文教材编排的特点和学生的心理、生理特点出发，充分利用语文教学的各个环节训练学生的口语交际能力，采取多种形式创造性地训练学生作文的能力，效果显著。成功的做法：一是灵活渗透，巧练口语；二是采用模仿套作、实物素描、实践写真、想象创新等方法，指导中年级学生写好片段作文；三是运用"五步作文改评法"，指导学生改评作文，提高作文改评的效果。

6. 立足语文课堂，培养学生健康的心理素质

语文教学不仅担负着引导学生掌握汉语语言文字这门基础学科的任务，而且担负着教育学生健康成长的任务。研究中，课题组从语文学科的特点出发，立足课堂，精心探究正确可行的途径，运用形象感化、师生平等、因材施教、自我管理、自我反思、体验成功、参与实践等手段培养学生健康的心理素质，效果良好。

（二）"以读为本，以学为主"课堂导学"五模式"

构建"以读为本，以学为主"的阅读课课堂导学模式，让学生成为课堂的主

人，是该课题研究的重点和突破口。结题定型的"以读为本，以学为主"导学模式体现了三个理念：一是把学习的主体地位还给学生，加强学生自学能力的培养，加强学生语言思维中的个性发展；二是突出学生的主体地位和教师的主导地位，强调师生结合，师生互动，教学相长，共同发展；三是在发展学生个性的同时照顾全体，提高学习集体的整体素质，使学生全面发展。

1．"自主、合作、探究"导学模式

"自主、合作、探究"式的学习是《语文课程标准》所倡导的基本理念，其核心是在教师的指导和帮助下，以学生为主体，充分发挥小组学习、全班学习的群体作用，开通课堂信息反馈与交流的各种渠道，让学生在合作中学习，丰富学生语言的积累，培养学生主动探究、团结协作、勇于创新的精神。

"自主、合作、探究"式的教学，基础是自主，关键也是自主。没有自主学习，合作、探究就无从谈起；合作是促进自主、探究的形式和途径；探究是自主、合作学习的目的。自主、合作、探究三者互为一体，互相促进。

在具体操作中，从学生的层面，要注意突出"八个自主"：（1）自主搜集、整理、交流信息；（2）自主选择学习伙伴；（3）自主选择学习内容；（4）自主提出问题、探究问题；（5）自主赏读；（6）自主感悟；（7）自主评价；（8）自主操作实践。突出这"八个自主"一定要把握好一个度，就是自主得适度，绝不能放任自流。如果只图自主，只图热闹，就会出现表面上热热闹闹，实则失去控制，语言训练严重缺失的现象，这就需要充分发挥教师的主导作用。

从教师的角度，要注意做到"八个一"：（1）把握好一个角色，即做好学生学习的引导者、组织者、合作者；（2）创设一种氛围，即创设一种民主、和谐、宽松、愉悦的教学氛围；（3）搭建一个平台，即给学生搭建一个"交互式"的学习平台；（4）依托一种形式，即依托小组合作的形式；（5）提供一个支架，即教师精心设计的能引导学生自主探究的自学提纲；（6）抓住一条主线，即以指导学生的学习方法为主线；（7）把握一个重点，即把语文课上成充分体现汉语语言特点和规律的真正的语文课；（8）遵循一条途径，即在听、说、读、写的实践中遵循"感受语言—领悟语言（形成语感）—积累语言—运用语言"的途径。

2. "朗读品赏"导学模式

这一模式的主导思想是：运用各种方法反复读课文，在读中探究领悟，在读中发现知识、寻找疑问，在读中理解知识、掌握知识、运用知识。把读贯穿于阅读教学的始终，力求把学、议、导、练等诸手段渗透于读的全过程中，通过这些手段的合理搭配和有效实施，从而达到指导学生自主学习，培养学生语文能力，陶冶学生情操，发展学生思维的目的。

"朗读品赏"导学模式的流程是：导入激趣→试读寻疑→议读释疑→朗读品味→熟读成诵。导入激趣，意在明确学习目标，讲究激趣性；试读寻疑，目的是引导学生自主学习，在读中揣摩、发现、探究知识，标出疑点，读画批注，合作学习，突出自主性；议读释疑，让学生汇报交流自学结果，师生讨论解析，透彻理解，训练语言和思维，主张创造性；朗读品味，反复朗读，入情入理，表现意境，讲究情境性；熟读成诵，鼓励学生吟诵记忆优美章节，积累语言，培养语感，促进内化。

3. "目标驱动"导学模式

学习目标是学习的动力，有了明确的学习目标，学生才会有浓厚的学习兴趣和强烈的学习欲望。学生自己确定的学习目标比教师给出的学习目标更具吸引力，更能调动学生自觉学习的内驱力。为了满足自己的求知欲望，达到目标，学生自然会自觉地学习，完成求知、创新的学习过程。

这一模式的主导思想是：变传统的目标学习模式中的教师要学生学为学生自己要学；变传统的阅读教学模式中让学生带着问题读课文为运用已有的知识自主地读课文，探究知识点，看看自己学懂了什么，还有什么没有学懂。带着问题读课文，把学生的思维禁锢在了教师提出的问题上，学生读课文是为了寻找教师所提问题的答案，限制了学生的创造思维。让学生自主地读课文，就是让学生发现知识，不仅扩大了学生获取知识的信息量，更重要的是重视了学生在感受语言文字时的思想个性，有利于学生创新思维和创造意识的培养。当然，这一模式并不是说教师不提问题，问题要提，要在非提不可的情况下提，提得精而巧，提的问题确实有助于培养学生的能力，发展学生的思维。

这一模式的教学流程是：预习定标→检查议标→细读达标→总结反馈→作业巩固。预习定标，强调自主性；检查议标，突出导向性和激趣性；细读达标，倡导自主性和探究性；总结反馈，意在积累知识和学法；作业巩固，强调知识的积累和运用，突出创造性。

阐释这一模式的论文《自定目标　自主探究——"目标驱动"导学模式浅解》，2004 年 7 月发表在《语文报·教师版》第 61 期上。

4. "球心"展示导学模式

语文教材的大部分课文中都有统领全文内容的几个关键词语或点明课文中心的一两个重点句子，如《凡卡》一文中的"指望"，《草船借箭》中的"妒忌"和"神机妙算"，《一夜的工作》中的"周总理的工作多么劳苦，生活多么简朴"，《詹天佑》中的"詹天佑是我国杰出的爱国工程师"等。很多课文还有贯穿全文始终的线索，如《记金华的双龙洞》中的"泉水"，《夜莺之歌》中的"夜莺的歌声"。如果把一篇课文比作一颗球，那么上面提到的关键词、重点句和贯穿全文的线索就可以称为"球心"。"球心"展示导学模式就是从文章的"球心"入手设计导学过程，对学生进行语文学法指导和语文能力培养的一种教学模式。

这一模式的教学流程是：谈话导入，激发兴趣→通读全文，巧抓"球心"→辐射全文，细读探究→理解思路，朗读入情→作业训练，积累创新。这一模式继承了传统阅读教学中的"整体—部分—整体"和"初读—精读—巧练"的教学思路，把激发兴趣、指导学法、自主学习、思维训练等新的教学思想渗透到了导学的全过程中。阅读教学中创造性地使用这一模式，可有效地提高阅读课课堂教学的效果。

阐释这一模式的论文《"球心"展示导学模式概说》，2005 年 7 月发表在《语文报·教师版》第 77 期上。

5. "三步六要"古诗词导学模式

小学语文教材中，每一册都有四至六首古诗词。这些古诗词都是历代名作，内涵丰富，表现的意境深邃，读来朗朗上口。通过这些古诗词的教学教给学生学习古诗词的方法，对于学生学习和欣赏古诗词这一中华民族的宝贵文化遗产具有重大的意义。学生对诗词本来是很感兴趣的，但是由于古诗词的文学表达形式特殊，跨越的时代久远，给知识尚浅的小学生的深入理解增加了一定难度。在教学中如果教师对古诗词教学的尺度把握不准，讲得太多，拔得过高，学生就会对古诗词产生一种望而生畏的心理，不敢去主动探究，这在一定程度上又影响了学生学习古诗词的兴趣。

"三步六要"古诗词导学模式，以指导学生学习古诗词和培养学生自学古诗词的能力为宗旨，力求体现循序渐进、由浅入深的求知规律。在教学实践中，始终鼓励学生主动学习，大胆探索，争取运用教师教给的方法通过自己的努力学懂学会。其导学流程为：读古诗，知作者→抠字眼，明诗意→想意境，悟诗情。在操作过程中，巧妙地把学古诗的"六字要诀"，即"释、串、调、添、诵、改"渗透其中，通过长期训练，让学生掌握学古诗的技巧，最终形成能力。

阐释这一模式的论文《"三步六要"古诗词导学模式例谈》2005年1月发表在《语文报·教师版》第49期上。

九、课题研究的成效分析

（一）学生会学、善学语文的局面逐步形成

研究过程中，每个阶段都对学生的语文学习情况进行了自测问卷调查，自测内容包括学习兴趣、学习习惯、预习习惯、学习方法、创新能力五个方面，每方面分A、B、C三个等级，分别表示好、一般、差三个层次。

表一：学生语文学习情况自测问卷汇总表

阶段	年级	班别	学习兴趣（%）			学习习惯（%）			预习习惯（%）			学习方法（%）			创新能力（%）		
			A	B	C	A	B	C	A	B	C	A	B	C	A	B	C
初始阶段	三年级	实验班	43	27	30	25	30	45	32	31	37	12	30	58	24	38	38
		对比班	38	35	27	28	32	40	33	30	37	10	33	57	25	35	40
研究阶段	四年级	实验班	56	27	17	39	38	23	45	30	25	28	36	36	38	35	27
		对比班	41	35	24	33	32	35	39	33	28	15	38	47	25	37	38
	五年级	实验班	65	23	12	60	27	13	57	28	15	33	40	27	45	33	22
		对比班	44	33	23	43	26	31	41	35	24	20	42	38	25	38	37

续表

阶段	年级	班别	学习兴趣（%）			学习习惯（%）			预习习惯（%）			学习方法（%）			创新能力（%）		
			A	B	C	A	B	C	A	B	C	A	B	C	A	B	C
实证阶段	六年级	实验班	76	17	7	70	23	7	72	20	8	45	35	20	48	32	20
		对比班	48	29	23	48	27	25	43	35	22	23	44	33	28	39	33

汇总数据表明，研究初始阶段，实验班和对比班在学习兴趣、学习习惯、学习方法等方面的情况大致相同，自主学习的能力较差。随着研究的深入，实验班学生的求知欲在不断增强，学生的学习习惯越来越好，学习方法逐步变得科学、系统，学生会学、善学的局面逐步形成。

（二）学生的语文能力全面提高

研究的每一阶段，课题组邀请课题研究检测、评估组成员深入实验班和对比班语文教学课堂听课5至8节，翻阅两班学生的各种语文作业，并与两班学生谈话。在基本了解学生语文学习情况的前提下，对每个学生的语文学习能力作出评价，填写《学生语文学习能力评价表》。语文学习能力评价表设计了听说能力、朗读能力、感悟能力、写作能力四项内容，每项内容分A、B、C三个等级，分别表示强、一般、差三个层次。

表二：学生语文学习能力评价汇总表

阶段	年级	班别	听说能力(%)			朗读能力(%)			感悟能力(%)			写作能力(%)		
			A	B	C	A	B	C	A	B	C	A	B	C
初始阶段	三年级	实验班	27	37	36	31	42	27	20	25	55	25	42	33
		对比班	35	28	37	26	41	33	21	41	38	28	34	38
研究阶段	四年级	实验班	38	30	32	50	32	18	33	29	38	40	42	18
		对比班	30	35	35	23	42	35	23	32	45	25	42	33
	五年级	实验班	47	36	17	62	28	10	42	38	20	57	30	13
		对比班	32	34	34	23	47	30	21	36	43	23	49	28
实证阶段	六年级	实验班	56	40	4	70	27	3	50	43	7	70	25	5
		对比班	38	34	28	32	43	25	28	39	33	36	46	18

汇总数据表明，随着研究的不断深入，实验班学生听、说、读、写的能力

和对语言的感悟想象能力比对比班提高得快。同时，课题组还发现，实验班学生基础知识扎实，理解能力、创新能力和自主学习语文的基本技能明显强于对比班学生。

同时，课题组对实验班、对比班学生各年级语文测试成绩进行了跟踪监测和分析（表三、表四）。数据表明，研究过程中，随着年级的升高，实验班和对比班学生语文测试的平均成绩、优良率、及格率在不断拉开差距。到小学毕业时，实验班学生的语文平均成绩比对比班高9.85分，实验班学生的语文测试及格率比对比班高15%，说明研究提高了学生的语文综合素养，促进了学生的整体发展和全面发展。

表三：实验班、对比班学生学年语文平均成绩统计表

班别	初始阶段	研究阶段		实证阶段
	三年级	四年级	五年级	六年级
实验班	75.0	81.2	83.4	84.6
对比班	75.3	78.6	77.4	74.7

表四：实验班、对比班学生学年语文测试及格率统计表

班别	项目	初始阶段（%）	研究阶段（%）		实证阶段（%）
		三年级	四年级	五年级	六年级
实验班	优良率	38.0	60.0	75.0	85.0
	及格率	88.3	96.7	100.0	100.0
对比班	优良率	46.7	55.0	58.0	45.0
	及格率	90.0	88.3	91.7	85.0

（三）教师的专业能力显著提升

课题研究，使研究人员牢固地树立了以学生为主体的教育思想，教学中，以促进学生的发展为己任，所教学生身心健康，热爱生活，积极向上。研究还夯实了教师的教育理论功底，丰富了教师的教学实践经验。研究过程中，课题组撰写反映研究成果的教学论文20余篇，10篇在国家级、省级和市级刊物上发表。2002

年，课题组成员执教的《草船借箭》获武威市课堂教学评优一等奖；2004年以来，课题组成员指导的多节优质课获省课堂教学评优一、二等奖。更重要的是，研究成果具有较强的实用性和可操作性，有效地促进了研究学校教师专业能力的提升。

（四）成果的扩散，促进了全市的新课改工作

2006年以来，课题组成员多次承担了武威市新课改教师培训任务，通过专题讲座、互动培训、上示范课、送教下乡等形式，在全市（三县一区）范围内宣传扩散了课题成果，推动了全市的新课改工作。2007年以来，课题组成员多次承担了省教育厅安排的送教下乡任务，先后担任了省级新课改教师培训专家、义务教育甘肃中英项目咨询专家，使课题成果在全省范围内得到了一定程度的扩散，对全省新课改工作的深入推进产生了积极的影响。

提高农村小学法制课教育效果的实践研究结题报告

李延海

【摘 要】随着社会主义法治国家建设步伐的加快和教育改革的不断深入，小学法制教育课作为全社会普法教育的重要途径和重要组成部分，已越来越受到社会各界的重视。针对农村小学法制教学中存在的问题，建立家庭、学校、社会"三位一体"的小学生法制教育网络，以法制课课堂教学和学校日常教育为主阵地，通过开展"六个一"班队系列活动和五项法制教育主题社会实践活动，可逐步增强学生学法、知法、懂法、守法的主动性和自觉性，从而逐步培养学生分辨是非和守法用法的能力，引导学生做知法守法的合格公民。

【关键词】农村教育；小学教育；法制课；普法

一、选题的核心概念界定

"小学法制课教育"是指让学生从小树立法治观念，养成自觉守法、遇事找法、解决问题靠法的思维习惯和行为方式，是全面依法治国、加快建设社会主义法治国家的基础工程。

本课题立足西部农村小学法制课教育的实际，通过实践研究，重点探索引导农村小学生不断提高学法、知法、懂法、守法的主动性和自觉性，努力培养农村小学生的爱国意识、公民意识、守法意识、权利义务意识、自我保护意识，帮助他们树立正确的人生观、价值观和荣辱观，树立依法治国和公平正义的理念，提高分辨是非和守法用法的能力，做知法守法的合格公民的方法和策略。

二、课题研究的背景和意义

（一）选题背景

1. 基于党和国家的育人政策要求。党的十八届四中全会审议通过的《中共中央关于全面推进依法治国若干重大问题的决定》提出了在全社会弘扬社会主义法治精神，全面建设社会主义法治国家的宏伟蓝图，《决定》指出要"增强全民法治观念，推进法治社会建设""强化规则意识，倡导契约精神，弘扬公序良俗"。要使每个社会成员都具有较强的法治意识，成为一个懂法、守法的合格公民，就必须持之以恒地抓好普法教育。少年儿童是祖国的未来，民族的希望，开展法制教育必须从中小学抓起。《决定》提出，要"把法治教育纳入国民教育体系，从青少年抓起，在中小学设立法治知识课程"。因此，中小学法制教育是全面依法治国、加快建设社会主义法治国家基础工程之需求。

2. 基于西部农村学生发展的需求。因西部农村贫困地区教育资源相对匮乏，学生家长文化程度相对不高，农村公民法治意识淡薄，教师法律知识相对不足等客观原因，造成西部农村小学的法制教育比较薄弱，严重影响了农村小学生综合素质的全面培养和法制教育目标的实现。通过普及和宣传法律常识，让学生不断提高学法、知法、懂法、守法的主动性和自觉性，努力培养中小学生的爱国意识、公民意识、守法意识、权利义务意识、自我保护意识，养成尊重宪法、维护法律的习惯，帮助他们树立正确的人生观、价值观和荣辱观，树立依法治国和公平正义的理念，提高分辨是非和守法用法的能力，引导他们做知法守法的合格公民，已成为促进学生全面发展的迫切要求。

（二）课题研究的意义

1. 对小学生进行初步的法律意识、权利意识和自我保护意识的启蒙教育，使学生具备初步的法律观念和权利观念，有效预防小学生违法行为的发生。

2. 拓展农村小学法制教育的途径，不断提高法制教育的趣味性和实效性，结合农村小学特点，认真探索新形势下学校德育工作的方法和途径。

3. 正确认识和把握学校法制教育内涵与规律，探索农村小学法制教育的整体功能和最佳途径，培养出适应未来社会发展，具有法治观念的合格公民，为农村孩子走出校门后的可持续发展乃至终身发展奠定坚实的基础。

三、课题研究的目标、内容和创新点

（一）课题研究的目标

1. 分析农村小学法制课教学中存在的问题，探索农村小学法制教育的有效途径和策略。

2. 有针对性地对学生进行法律知识教育，树立学生的法治观念，增强学生的自律自护意识。

（二）课题研究的内容

1. 系统地梳理学校近年来开展法制教育的有效做法，客观分析学校法制教育的现状和存在问题。

2. 讨论、确定学校开展法制教育的时间、途径、方法、措施并具体实施，探索并构建农村小学法制教育的有效实施体系。

（三）课题研究的创新点

1. 把小学法制教育合理安排在班队活动当中，运用生动、形象的教学方式，向学生普及有关法律的基本常识，培养学生的爱国意识、交通安全意识、环境保护意识、自护意识，以及分辨是非的能力，从小养成遵纪守法的好品德。

2. 每学期要开展好"六个一"系列活动，即进行一次法治讲座、抓好一次国旗下讲话、编辑一期法制黑板报、举行一次法律知识竞赛、开展一次法治主题班会、写好一篇学法心得。

3. 结合"参观法律教育基地"、"模拟法庭"表演、"小交警上岗执勤"、"交通法规咨询"、"法律知识竞赛"、"学法夏令营"等活动形式，把枯燥乏味的法律知识融合到趣味盎然的班队活动中，让学校法治教育课真正落地见效。

四、课题研究的思路和方法

（一）研究思路

本课题研究按照"调查筛选—课题论证—制定方案—实践研究—交流总结—申请结题"的程序进行，坚持针对性、系统性、持久性、情感性、实践性原则，以法制课和学校法制教育系列活动为载体，以分析解决农村小学法制课教学中存在的问题为手段，通过扎实有效的行动研究，从而探索并构建农村小学法制教育的有效实施体系。

（二）研究方法

1. 调查研究法。采取问卷调查的方式对农村中小学学生法制教育进行全面系统的调查，分析存在的问题，从而科学合理地制订法制教育活动的计划。

2. 经验总结法。系统梳理近年来学校法制教育的有效做法，总结吸收成功经验；对课题研究过程性资料进行分析甄别，挑选出优秀案例进行总结，提炼概括出学校法制教育的有效方法。

3. 行动研究法。按照课题研究方案，扎实开展各种法制课教育活动，认真记录、收集活动资料，分析比较，反复验证，逐步修订完善，最终形成比较有效的农村小学法制课教学制度。

五、课题研究的步骤

（一）准备学习阶段（2017年4月—2017年9月）

1. 成立以单位负责人、教导主任、大队辅导员为课题主要承担人的课题研究组，以全校学生为法制教育研究对象，同时聘请公安局、司法所、法院等单位人员担任学校法治辅导员。

2. 学习、研究相关理论，总结学校法制教育的经验，深入分析存在的问题和薄弱环节；查阅文献资料，结合学校实际，制定学校法制教育的方案并开始实施。

（二）诊断实验阶段（2017年10月—2017年11月）

1. 问卷、访谈。完成3份问卷，调查对象分别为司法有关部门的工作人员、法制课教师、学生家长，内容包括对小学生法制教育的认识及其现状、形式、问题，以及对开展法制教育的建议等。访谈司法有关部门工作人员、法制课教师、学生家长，主要了解小学生法制教育工作存在的问题和对该教育工作的建议。汇总问卷和访谈结果，撰写题为《农村学校法制课教育中存在的问题》的报告，分析小学生法制教育工作的现状，查找存在的问题。

2. 开展法制教育系列活动。(1)开展好"六个一"班队系列活动，即进行一次法治讲座、抓好一次国旗下讲话、编辑一期法制黑板报、举行一次法律知识竞赛、开展一次法治主题班会、写好一篇学法心得。(2)开展好五项以法制教育为主题的社会实践活动，即"参观法律教育基地"班队实践活动、"模拟法庭"表演实践活动、"小交警上岗执勤"班队实践活动、"交通法规咨询"班队实践活动、"法律知识竞赛"班队实践活动，把枯燥乏味的法律知识，融合到趣味盎然的班队活动中，使小学生易于学习、乐于接受。

3. 不定期地邀请有关部门的领导和专家、学者、学生家长就小学生法制教育工作存在的问题进行研讨，及时总结经验，商量对策，征求各方面的意见和建议。

(三)实践验证阶段(2017年12月—2018年1月)

1. 法制课教育教学设计展评。课题组成员模仿成功案例，每人设计一两个切合所在学校、学生实际的教学方案，在课题组成员间分享展示、分析点评、修改评奖。

2. 法制课教育课堂教学。课题组成员按自己设计的法制课教育活动教案组织课堂教学，并进行课堂教学评比活动。

3. 法制课教育论文撰写。根据自己的学习经历和实践感悟，撰写法制课教育活动论文，在校内开展法制课教育论文评奖活动，推荐优秀论文在省、市级教学刊物上发表。

(四)总结提升阶段(2018年2月—2018年4月)

1. 整理研究成果。课题组成员整理自己的农村小学法制课教育活动案例研究成果。

2. 编撰论文集。收集整理课题研究过程性资料，包括问卷、访谈记录、阶段性报告、论文、优秀案例等，编辑《提高农村小学法制课教育效果的实践研究文集》。

3. 撰写课题研究结题报告，申报结题。

六、研究中的有效措施和主要做法

（一）认真开展了问卷、访谈调研活动

2017年7月上旬，课题组进行了2次农村小学法制课教育效果的调研。此次调研一面对的对象为司法有关部门的工作人员、法制课教师、学生家长，调研二面对的对象是在校小学生。调研采用问卷调查的形式，针对农村小学法制课教育的认识及其现状、形式、问题，以及对开展法制教育的建议等问题设计了调查问卷。根据问卷调查结果显示，农村小学法制教育薄弱，特别是小学生法治观念淡薄，遇事找法、解决问题靠法的思维习惯和行为方式不够。所以，要从小培养广大小学生的法律意识和法律素质，培养出适应未来社会发展，具有法治观念的合格公民，为他们走出校门后的可持续发展乃至终身发展奠定坚实的基础。

（二）认真开展法制教育系列实践活动

1. 五项法制教育主题活动。2017年8月，利用假期开展了五项以法制教育为主题的社会实践活动，即开展了"参观法律教育基地"班队实践活动、"模拟法庭"表演实践活动、"小交警上岗执勤"班队实践活动、"交通法规咨询"班队实践活动、"法律知识竞赛"班队实践活动。

2. "六个一"班队系列活动。2017年9月开学，开展了"六个一"班队系列活动，即做一次法制教育讲座、做一次以法制教育为内容的国旗下讲话、编辑一期法制黑板报、举行一次法律知识竞赛、开展一次法治主题班会、撰写一篇学法心得。

3. 建立"三位一体"的法制教育网络。2017年9月中旬，通过召开家长会，建立了家长委员会，加强了学校和家庭的密切联系，充分发挥了学生家长在法制教育工作中的重要作用。建立了以"学校教育为中心，家庭教育为基点，社会教育为依托"三结合的中小学法制教育网络，营造了有利于小学生健康成长的社会环境。

4. 规范法制副校长、法制辅导员工作机制。2017年9月下旬，聘请凉州区公安局办公室主任兼任学校法制副校长，充分发挥法治副校长在学校及其周边综合治安治理中的作用，不断改进教育方式，加强管理，强化考核，增强普法实效，进一步完善了学校法制副校长制度。同时，把法制师资培训纳入到学校教师培训中，不断提高法制课教学水平。把工作能力强、思想素质好、工作热情高、关心爱护学生的优秀教师吸收到学校法制教育队伍中来，充分发挥法制辅导员在学校法制教育中的重要作用。

5. 加强学校法治文化建设。2017年10月国庆节，以校园为阵地，以师生为对象，利用网络、校园广播、教育橱窗、宣传标语、学习园地、校内刊物、黑板报、标语等多种方式，广泛宣传了与小学生学习生活密切相关的法律法规、法治人物、格言、网络文明行动等，着力构建使小学生健康成长的法治文化环境。

6. 召开小学生法制教育研讨会。2017年10月中旬，邀请实践经验丰富的乡镇警察、学生家长就小学生法制教育工作存在的问题进行研讨，及时总结经验，商量对策，征求各方面的意见和建议。

（三）扎实开展农村学校法制课教育教学

1.2017年11月重点开展了法制课教育教学设计展评。课题组教师模仿成功案例，每人设计了2个切合所在学校、学生实际的教学方案，在课题组成员间分享展示、分析点评、修改评奖。

2.2017年12月重点开展了法制课教育课堂教学。课题组教师按自己设计的法制课教育活动教案组织课堂教学，并进行了课堂教学评比活动。

（四）认真撰写法制课教育成果论文

课题研究过程中，课题组教师根据自己的学习经历和实践感悟，积极撰写法制教育活动论文，在校内开展法制课教育论文评奖活动。课题组成员撰写的《提高农村小学法制课教育效果有效方法例谈》和《浅议农村小学法制课教育的几条途径》等论文，先后在《甘肃教育》等省、市级教学刊物上发表。

七、课题研究的成效

(一)对学校法制教育工作的认识不断深化

学校领导、教师的法制教育观念不断提高,从根本上认识到了农村小学法制课教育的重要性、长期性、艰巨性。大家不断更新小学生法制课教学观念,将对学生的法律意识和法律知识的教育与日常的教育教学结合起来,采取多种方式,将法制教育生活化,将法制教育融合在学科教学中,最大限度地拓展了农村学校法制教育的内容和渠道。研究开始时,农村小学生法治意识淡薄,法治知识含糊不清,模棱两可,通过农村小学法制课教育效果的实践研究,小学生的法治意识普遍提高了 20 到 50 个百分点。

(二)建立了学校法制教育长效机制

研究过程中,课题组制定了《武威第二十中学"法律进学校"活动实施方案》,实实在在地把学校法制教育作为一项重要的、长期的工作来抓,保证了学校法制教育工作的落实和有效。

通过课题研究,武威第二十中学已将以下法制教育活动常态化:

1. 每年利用假期开展五项以法制教育为主题的社会实践活动。

2. 每年利用开学、班队会及国旗下讲话,开展了"六个一"班队系列活动。

3. 每年通过召开家长会,建立家长委员会,构建了以"学校教育为中心,家庭教育为基点,社会教育为依托"三结合的中小学法制教育网络。

4. 每年聘请学校法制副校长做一次讲座。

5. 每年国庆节,以校园为阵地,以师生为对象,利用网络、校园广播、教育橱窗、宣传标语、学习园地、校内刊物、黑板报、标语等多种方式,广泛宣传与小学生学习生活密切相关的法律法规、法治人物、格言、网络文明行动等,着力构建使小学生健康成长的法治文化环境。

6. 每年放假前邀请有实践经验的乡镇警察、学生家长就小学生法制教育工作存在的问题进行一次座谈,及时总结经验,商讨第二年法制教育的方式方法。

（三）课题组成员的教育教学实践能力登上新台阶

2017年，刘玉翠老师的二年级法制课课堂教学"公共场所的规则"参加"一师一优课，一课一名师"评奖活动，获得区级一等奖。2018年，张元龙老师的论文《提高农村小学法制课教育效果有效方法例谈》和刘玉翠老师的论文《浅议农村小学法制课教育的几条途径》发表在《甘肃教育》上。2019年，张元龙老师撰写的题为《农村学校法制课教育中存在的问题》调查报告在上级教育部门组织的年度中小学法制教育工作评估中获得好评。

八、存在的问题和今后的打算

从研究的过程和结果看，本研究存在的主要问题是：研究仅在研究者所在学校进行，因农村学校一些教师的法治意识比较淡薄，学法不够深入，学校之间缺乏联动，普法形式单一，本研究所总结出的做法还难以在区域内大面积推广。

下一步，课题组要把学校法制课教学的内容和重点进行调整，积极探索小学法制教育渗透到《道德与法治》以外的其他学科中的方法和策略，把突破点放在学校法制教育的评价体系上，努力将农村学校法制课教育教学研究工作深入推进。

第三章 中学教育

本章收录了关于初中语文有效教学和中学语文学习自主管理与自主评价研究两个案例。

《初中语文有效教学系列研究》课题组遵循"主导与主体并重,自主与合作结合"的理念,全面分析初中语文课堂教学中学生的学习状况和影响学生高效率学习的因素,有针对性地从教学目标、教学内容、教学方法、教学节奏、教学程序、教学情感、教学评价等方面着手寻求对策,形成了"集体备课、少教多学、学案导学、分层教学、深度学习"五位一体的有效教学策略体系和学案导学五步法教学模式。

《中学语文学习自主管理与评价研究》围绕高中语文新课程实验中管理与评价两大难点,通过大量的课堂教学实践验证,总结出了中学语文学习管理自治"六个策略"和语文学习评价自持"五条方法",形成了一套语文修习实践管理自治、评价自持的规范、诊察、测评与激励机制,有效保障了学生语文实践运作有序、语文学习扎实有效,学生的语文素养和语文能力全面提高,为薄弱高中语文教学的管理与评价提供了很好的行动借鉴。

初中语文有效教学系列研究成果报告

陈有武　赵文强

本研究项目从 2011 年 3 月制定初始研究方案申报课题开始，历经 10 年的研究实践和应用，完成了研究任务，并在预期目标上不断推出新的研究成果，取得了明显的成效。现将项目研究的成果概况总结如下：

一、问题的提出

课堂教学改革一直是教育改革中备受关注的主题。一方面，课堂教学是学校教育活动最基本的构成部分，是学生学校生活的主体和素质发展的主渠道，其重要性不言而喻；另一方面，课堂教学改革涉及教育问题的方方面面，它不仅要改变教师根深蒂固的传统教育观念，同时还要改变教师习以为常的教学行为、教学方式乃至生活方式，其艰难性毋庸赘述。

近年来，随着新课程改革的不断深入，新的教育教学理念赋予语文课堂教学新的活力，以往沉闷、程式化的语文课堂教学"活"了，学生作为语文学习的主人，其学习的积极性、主动性成为教师关注的重点。然而在教学实践中，课题组发现新的教学理念与课堂教学实际并没有得到最优化的结合，"有效教学"这一理念没有得到真正落实，课堂效率提高并不显著。调查中课题组发现，有一些教师为了应对当前考试评价体系，重蹈覆辙进行应试教育，挤占、挪用课余时间为学生补习，加重了学生的课业负担。还有一些教师没有理解教学内容的编排意图，将整体化的教学内容分割成支离破碎的枝叶，课堂教与学出现了许多无效行为，致使很多应该在课堂完成的教学任务完不成，阻碍了素质教育的推行，影响了学生的身心健康，制约了学校的发展。

武威第二十一中学地处城郊，学生绝大多数来自农村，生源基础差，属于典型的薄弱学校。该校学生普遍存在基础差、课外阅读少、知识面狭窄、读写能力欠缺、自信心不足等问题，再加上初中生正值青春期身心易变期，自我意识加强，变得更为敏感，因此多数学生存在厌学现象，教学效果受到严重影响。从理论上讲，在课堂教学方式上很难用一种声音整齐划一地统一所有学生的学习进度和知识内容。因此，在课堂教学中使用导学案以增强教学的有效性，顺应了课程改革的趋势，从课堂教学模式的研究入手，激活课堂、构建高效课堂，将有效地解决这一问题。利用"学案导学"促进语文有效教学系列实践研究，正是解决这些问题的良方。

综上所述，本项目确定以有效培养学生语文学科核心素养、提升学生创新思维能力和学习能力作为研究方向，结合课堂教学进行实践探索，旨在总结一套适合农村教师的有效教学的行动策略和系统方案。

二、解决问题的过程与方法

（一）解决问题的思路与方法

本成果的形成过程中，主要采用了行动研究的思路，按照"问题—计划—实施—评价—调整—实践验证—总结提升"的行动路线，循环反复。研究中具体运用了文献研究、观察、测试研究、调查研究、案例研究、经验总结等方法，突出"学案导学"促进有效教学的研究与实践应用。具体操作中注意了四个结合：宏观研究与个案研究相结合；课堂革新与案例研究相结合；理论学习与行动研究相结合；课题研究与教学实践相结合。

（二）解决问题的过程

第一阶段：2011年3月至2014年8月为初步研究阶段，先行先试，以课题研究为主，重点采用文献研究、调查研究、课堂实践等研究方法，成果形式有教学论文、教学课例、研究报告等。

组建课题组，召开课题论证会，制定了《"学案导学"实施方案》《关于开展教师"学案导学"赛课活动的实施方案》等一系列校内文件。明确责任，强化管理，为后续的课题研究做好组织保障。

强化学习，理念先行。组织全校教师认真学习"洋思"模式、"学案导学"的理论和相关的实践资料，并进行"学案导学"理论考试和基本功达标活动，切实解决教师教育教学理念上的问题。

调查分析，制定方案。选派课题组成员外出观摩学习"导学案"课堂及运行机制，分析我校校情、学情及课堂教学现状，查找课堂教学效率低下、教学质量低水平徘徊的原因，制定课题研究实施方案。

构建模式，实践探索。坚持把课题研究与教学实践紧密结合；完善研究方案，打磨研究课例；通过示范课、观摩研讨课实践教学模式，概括提炼有效课堂的做法；改进课堂教学观察技术，合理分析课堂教学有效性，转变教师课堂教学行为和学生的学习方式。

第二阶段：2014年9月至2017年8月为研究成果的初步应用与推广阶段，以实践验证为主，重点采用行动研究、课堂实践和经验总结等方法，聚焦课堂教学的研究和学习方式的变革。在此期间，教改实验在我校全面展开，以子课题研究深化应用，在应用中总结改进并上升为理论成果，提炼出了"学案导学"五步教学模式，编写了校本教材《"学案导学"典型案例集》。

扎实开展各类实践活动，促进"学案导学"有效教学的研究顺利进行。推行集体备课，定期开展学法指导与学习经验交流活动。组织优秀导学案和分层作业设计评选活动。开展"四课"活动：公开课、观摩课、示范课、研究课，不断完善"学案导学"课堂教学模式。

规范施行，评价跟进。利用问卷调查及形成性测试等手段，了解课题实验的成效，通过教学质量分析，进一步查漏补缺，改进课堂教学。制定了《"学案导学"有效教学课堂评价标准》《导学案编写与使用规范》。

利用联片教研、送教下乡、赛课、家长开放日等活动，对外进行"学案导学"课堂教学展示，在一定范围内扩散研究成果。

以子课题研究为载体，对实践中遇到的问题进行细化研究，不断完善研究的成果。申报立项并完成了2项市级规划课题。

第三阶段：2017年9月至2019年8月为研究的应用提升和大面积推广阶段，

以课题研究和课堂实践为主，侧重于研究成果的扩散和学生学习质量的提升。教改实验在联片组成员学校铺开，申报立项了3项省级课题，梳理了阶段性研究成果。成果的应用，有效提升了学生学科素养和学习成绩。

以理论创新为导向，及时矫正研究的方式方法，增强研究的实效。征集梳理阶段性实践案例和课例，总结课题研究成果，完善有效教学的措施，扩大推广应用的范围，使其在教学中发挥更大的效益。

及时总结，推广经验，不断完善语文有效教学策略体系，逐步细化出不同课型的具体课堂教学模式。

细化"学案导学"课堂教学的评价模式，修订多维度观课议课评价量表，以深入推进"学案导学"课堂教学模式为目标，以示范课展示、"同课异构"及经验交流为载体，每年定期召开联片教研、校本教研集中交流展示活动。

完善学校集体备课制度、分层教学校本化制度、学法指导及学困生帮扶转化制度、"四课"活动制度，建立立体化的课题研究保障体系。

第四阶段:2019年9月至2021年9月，为深入研究和示范引领阶段，侧重于教师教育教学理念在实践中的落实和教学方法的改进，实行跨校协作、城乡联合的方式，依托联片教研和名师工作室平台将研究成果以课题研究示范、课堂观摩研讨、教研论坛交流、成果推介发表等多种方式向外输出。

以示范推动为统领，总结提炼研究成果，通过跨校协作、城乡联合的方式推广。依托联片教研平台，加强联片组各校教研部门、课题组之间的日常交流与研讨，适时调控推广进程，对推广研究取得的成果进行分析评估，深化推广，完成推广研究报告。

利用各种途径，有序推进课题成果的推广应用与实践验证，以改进教师备课方式、规范教师课堂教学行为、改进学生学习方式为突破口，创新课后辅导方式，着眼学生优质、均衡、全面发展。

借助联片教研平台，在区域内推广课题研究成果，多层面、多角度验证研究成果，力求课题成果效益的最大化。形成"学案导学"促进有效教学的理论成果和实践成果，确定初中语文有效教学策略体系。

本成果解决问题的思路框架

```
                    初中语文有效教学系列研究
        ┌───────────────────┼───────────────────┐
      有效教学          课堂组织结构           高效学习
    ┌─────┴─────┐          │            ┌─────┴─────┐
  教学准备   教学关系     教学模式      学习方式    学习品质
    │         │           │             │          │
  集体备课   少教多学    学案导学       小组互助   深度学习
                                                 个性化学习
    │         │           │             │          │
  因材制案   合理搭配    分层作业      自主学习   互动体验
  以学定教   以教引学    当堂达标      合作探究   思辨创新

    ┌──────────────────────────────────────────────┐
    │ 统整教材、教师、学生、课堂诸要素，探索教与学的最佳结合，│
    │ 实现精准教学，促进师生成长                      │
    └──────────────────────────────────────────────┘
```

三、成果的主要内容

（一）理论成果

1. 拓宽了有效教学的研究思路，形成了"五位一体"的语文有效教学策略体系

本研究遵循"主导与主体并重，自主与合作结合"的理念，全面分析初中语文课堂教学中学生的学习状况和影响学生高效率学习的因素，有针对性地从教学目标、教学内容、教学方法、教学节奏、教学程序、教学情感、教学评价等方面着手寻求对策，形成了"集体备课、少教多学、学案导学、分层教学、深度学习"的有效教学策略体系，"学案导学"是其核心和灵魂。"集体备课"汇集众人教育智慧，意在突出多维互动的包容性，"少教多学"凸显了教学的开放性，二者是实施"学案导学"的必要前提和基础；"分层教学"着重关注学生个性的差异性和课堂教学的实效性，"深度学习"着眼学习的品质，将"学案导学"推向纵深，二者是"学案导学"的价值体现和效果保证。

集体备课制度化——学案的设计制作是有效教学的前提和基础，由主备人先进行研究，形成初步方案及框架，备课会集体审议，最终形成符合课程标准及教材要求的导学方案文本。在有效学习理念下，要通过规范操作，把学生的学习初感及需求也考虑进备课中，备课针对性更强，学生学习的热情更为高涨，教学效

果明显提升。

合作学习常态化——"少教多学"的精髓在学生的小组合作学习上，要引导学生在参与中掌握知识、生成能力，从而真正实现从知识到能力的转化；让学生在合作探究学习中展示自我、体验成功，提升学习兴趣，这样的课堂教学就会变得高效，学生的学习也会变得高效，从而培养了学生的能力，提高了学生素质，为学生的终身发展奠定了坚实的基础。

学案导学深入化——在实施导学层面，以主问题为构建课堂导学的轴心，层层展开，采用自主、合作探究等多种方式，引领学生围绕学案中的问题展开逐步深入的学习。在二次备课以及课堂使用中，根据即时生成及课堂实情，将导学预设进行拓展，给学生以同质类比、异质对照等的建构支架，从而将学习内容学透学饱满，追求学生思维的广度、深度、饱和度，极力调动学生的批判性思维和高阶思维，让每个学生的学习能力在不同层次的问题解决中得到提升。

作业练习层次化——作业是有效促进学生学习能力发展延伸的手段，作业的设置最大程度地体现出分层教学的理念，让不同学习水平的学生都有选择的余地。每一份作业要有促进学生知识的巩固、思考力的改变、认识程度的提高等的特点。课内部分作业为当堂达标，以回顾总结、适当延伸为主；课外作业以拓展延伸、迁移运用为主。精练化的作业才会使学生真正用心，作业效果也会更好。

思维训练精细化——在深度学习理念下，注重学生的思维训练，无论是课前预习问题单的制作还是课堂围绕主问题设置问题链的自主合作探究，都强调用"心"动"脑"，有思考的价值和意义。课前有表层的思考，课上有质疑的思考和答疑的思考，更有思维碰撞的思考，合作讨论时通过"对学"与"群学"的交流与分享，使学习过程"曲径通幽"，达到"柳暗花明"的境地。

2. 改进了课堂组织结构，完善了"学案导学"语文有效教学课堂模式

课堂教学以导学案为统领，以合作学习小组建设为抓手，以自主、合作、探究为主要方式，以五环节（五步法）为主要操作模式。以新授课教学为例，整堂课主要有如下五个环节：

检查学案、了解学情。教师课前将编写好的学案发给学生，让学生带着问题

预习课文。教师通过对学案完成情况的检查，督促学生养成良好的自主学习习惯，同时了解学生自学掌握知识的情况，为精讲点拨做好准备。

自主学习、交流展示。学生提出自主学习中遇到的疑点、难点、重点问题，通过小组讨论探究，共同找出解决问题的方法与思路，进行班内交流展示。教师汇总学生交流展示中出现的问题，准确把握疑点、难点、重点问题，为精讲点拨做好准备。

合作探究、精讲点拨。教师根据学生交流探究中存在的问题，对重点、难点、易错点进行精讲点拨。帮助学生解难答疑，总结答题规律，点拨答题方法与思路。做到"三讲三不讲"，"三讲"是指：讲重点；讲难点；讲易错点、易混点、易漏点。"三不讲"是指：学生已经学会了的不讲；学生通过自己学习能够学会的不讲；讲了也不会的不讲。

当堂检测、回扣目标。针对本节课教学目标，精编精选训练题进行当堂达标测试。测试题当堂呈现给学生，要求学生限时完成测试题。教师通过巡视了解学生答题情况，并当堂点评，确保训练的及时性和有效性。

归纳总结、布置作业。教师或者学生对本节课所学的知识、方法、规律、思路进行总结整理。分层设计并布置作业，也可进行纠错整理。

3. 丰富了语文有效教学的研究内容

课题组成员在研究工作中结合自身教学实际，学习现代教学理论，大胆进行课堂教学实践，力求做到理论与实践结合，借鉴与创新结合，积极撰写研究论文并有 16 篇在学术刊物上发表。如：陈有武撰写的《利用"学案导学"打造初中语文魅力课堂》分析了魅力课堂的特质，指出"学案导学"是构建魅力课堂的有效抓手，并且针对性地提出了合理使用学案、开放教学过程、拓展课堂学习空间等打造魅力语文课堂的一些方法手段。吴正斌撰写的《应用现代信息技术助力语文高效课堂构建》阐述了初中语文教学中正确有效地运用现代信息技术对教育思想、教学内容和教学方式等带来的深刻变革，分析了信息技术在改变学生学习方式、提高学习效率、发展语文素养和实践能力以及构建高效课堂等方面的优势，并提出了灵活运用现代信息技术，打造语文高效课堂的五条举措。张永红撰写的《利用"学案导学"培养学生良好的学习习惯》针对教学现状,着眼于"学案导学"培养学生良好的学习习惯来推进深度学习,提出了培养学生自主学习、合作探究、及时复习等良好习惯的一些对策。这些论文从不同层面、不同角度对"学案导学"下如何实现有效教学进行了有益的思考与探索,提出了一些有针对性的举措,丰富了语文有效教学研究的内容,扩大了研究的影响。

(二)实践成果

促进了课堂教学方式、学生学习方式、师生互动模式的变化。"少教多学"的教学模式中,突出了教师的引导作用,变"满堂灌"为"引导式",促使学生自主学习。教师树立了全新的教学理念,引导学生进行探究性学习,充分开发学生的学习潜能,把学习的权利真正还给了学生。课堂学习主体变"教师为主体"为以"学生为主体"。"学案导学"的课堂上,教师充分尊重学生的主体地位,引导学生进行课前预习,课堂上预留出一半的时间由学生进行提问,相互之间讨论交流,争取学生自己解决疑难问题。对于学生们质疑较多的知识点,教师再给予综合性的指导,增强了教学的目的性,提高了教学效果。

促进了教师的专业成长。一批中青年骨干教师在"学案导学"有效教学模式改革实践中脱颖而出,成长为教学能手;在课题研究中得到锻炼,理论素养和研究水平有了很大提高,成为校本教研的行家。课题组有6名成员被评为区级"教学能手",1名教师被评为省级骨干教师、学科带头人;执教的"学案导学"课例有14节次被评为区级优质课一等奖,10节被评为市级优质课一等奖,6节被评为省级优课,1节获评部级优课。

促进了学生的学业进步,激发了学生学习语文的兴趣。有效教学实践改变了学生被动的学习状态,变"要我学"为"我要学",学生的学习积极性被充分调动起来。难易适中的导学案激发了学生学习语文的兴趣,诱发了学生的求知欲望,促使学生积极主动地参与到课堂教学活动中,使学生"愿学""乐学",为学习的有效性打下了坚实的基础。

学生的学科核心素养得以有效培养。基于导学案的有效教学使学生变"学会"为"会学"。学生养成了利用学案自觉预习、查阅、讨论、合作等良好习惯。在小组合作、探究性学习中，学生自己发现问题，探索解决问题的方法，通过各种学习途径获得知识和能力、情感和态度的发展，特别是独立思考、探究精神和创新能力的发展。

四、成果应用的效果与反思

（一）应用情况

"学案导学"五步教学模式形成于2014年5月，成熟于2017年10月，并于2018年2月开始在我校及武威第十中学、金羊镇九年制学校、武威第二十三中学等联片组成员校推广应用。整个推广应用与实践验证工作遵循由点到面、逐步深入的推广思路，坚持以课题研究深化推广，以实践应用扩大效益，以联片教研拓宽渠道的推广方法，使研究成果推广应用的范围不断扩大。如，实践对象从一个年级逐步扩大到全校所有班级，研究学科范围由单一的语文扩大至所有统考学科，乃至全校所有师生参与其中。具体过程如下：

第一阶段（2018年3月至2018年7月），准备阶段。制定推广应用前期实施方案，提炼推广成果，进行思想动员，为研究成果的推广应用实践做好理论和思想准备。

第二阶段（2018年8月至2019年7月），学习、借鉴、模仿阶段。有效教学模式在个别班级、部分学科中尝试使用，为在全校大面积推行"学案导学"法积累经验。借助联片教研平台，在联片校范围内进行研究成果的推广应用工作。

第三阶段（2019年8月至2020年7月），探索、建模阶段。立足基本校情、学情，有机整合"先学后教"模式，渗透分层教学理念，强化高阶思维培养，落实因材施教、因校制宜，"学案导学"五步教学模式在推广验证学校全面推开。

第四阶段（2020年8月至2021年9月），完善、细化阶段。立足班级授课现状及现代化电教媒体资源配备的情况，推进"学案导学"与现代教育技术的深度融合，吸纳课堂教学最新改革成果，彰显教学个性，实现精准教学。

（二）实际效果

1.在本校的应用效果

总结了"学案导学"教学模式的成功经验，构建了以促进学生、教师、学科全面和谐发展为目标的魅力语文课堂，并使教学改革向深层推进；出台了相关实施细则和行动方案，引导教师诊断、反思教学行为，遵循以人为本、立德树人的宗旨，改进了教学策略和方法，为其他学科教师实施"学案导学"提供了依据；深化了新课程改革，优化了教学策略，促进了学生的全面发展，提高了教学综合效益。经过课题研究的推动，学校文化建设不断加强，育人环境不断改善，学校的影响力不断扩大，办学品位明显提升。近两年来，学校先后获得凉州区"书香校园中华经典诗文诵读"比赛初中组二等奖、凉州区"文明校园"、甘肃省"语言文字规范化示范学校"等殊荣。学校开展的特色教科研活动和办学业绩被"凉州教育"微信公众号、武威教育网站等媒体多次宣传推介。

教育教学质量稳步提升。近三年中考，我校语文学科成绩逐年上升，统考各科综合成绩在凉州考区的位次也逐年提高。

附：近三年学校中考成绩统计表

年度	语文学科成绩			统考总成绩		
	校均分	区均分	全区位次	校总均分	区总均分	全区位次
2018	82.55	95.47	63/68	319.22	412.78	62/68
2019	95.41	94.80	12/69	370.82	433.36	43/69
2020	94.55	94.77	14/70	438.20	448.77	16/70

2. 在其他学校的实践效果

武威第十中学针对学校大班额教师教学任务繁重，高耗低效，课堂教学效率不高的情况，大力推广"学案导学"，推行集体备课和知识清单的应用，形成了具有校本特色的"三环六段式"语文高效课堂教学模式和完备的集体备课运行机制，解放了教师和学生，课堂焕发了生命活力，实现了"不同层次的学生能异步、高效、分层地学习"的目标，促进了教师的专业发展和学生的健康成长，夯实了校本教研示范校的根基。

武威第二十三中学在应用的过程中，语文教师的教育观念从根本上发生了变化，专业素养得到了有效提升。提高了课堂教学效率，促进了学生的进步，学校的语文教学质量逐年稳步提升。2020年初中学业水平考试，学校语文均分为100.57分，居全区前5位；合格率为83.02%，优良率为2.52%，分别高于全区平均水平12.48、1.5个百分点，居全区第4位。

金羊镇九年制学校面对优质生源大量流失，"学困生"偏多的校情，将课题成果应用与现代教育技术有机融合研究紧密结合起来，形成了具有校本特色的"学案导学"教学模式，取得了良好的教学效果；2020年中考，该校语文学科平均成绩94.55分，较上一年度提高了7.13分；有效促进了教师的专业成长，近三年来语文教师中有3人次在省、市级课堂评优活动中获奖。

(三)问题与思考

1."学案导学"的教学模式应充分体现教师的主导作用和学生的主体作用。教师主要做学生学习的组织者、支持者和评价者，引导学生积极思考，培养学生的创新思维和创新能力。教师应采用多种教学方式和先进的教学手段。一方面，它能当堂巩固学生所学的内容，最大限度提高课堂效率；另一方面又能激发学生学习的兴趣，提高教学的实效性。

2."学案导学"模式下的有效教学实践对教师的业务能力和综合素质较之传统教学要求更高，需要教师投入更多时间和精力备课，提高驾驭课堂的能力，做到引导得法，收放自如。有少数教师尚不能完全适应，消极应付，流于形式，效果不佳。

3.课题组成员在学生深度学习能力培养的实践上还不够深入，与新课程课堂教学理念的结合不够紧密，理论水平以及动笔归纳总结的能力有待提高。部分成员存在重教学轻研究、重实践探索轻理论学习的倾向，理论与实际结合得还不够理想，对实践的总结也不够深入，课题研究的质量受到一定程度的影响。撰写的研究论文有不少还是初步的经验总结，层次仍有待进一步提高，全面而系统的理论概括有待进一步完善。

4.虽然取得了一些阶段性研究成果，但研究的深度还不够。尤其是对"学案导学"促进深度学习的相关研究的文献占有量不大，案例分析不够广泛深入，以至于研究对实践推动的力度还不够大，还有不少问题有待进一步研究解决。

中学语文学习自主管理与评价研究结题报告

李延海

【摘　要】语文教育中的管理、评价是新课改的盲点与难点。经过多年的语文自主教育改革实验，本研究构建了一套语文修习实践的"校园宪政"型民主管理评价制度，形成了管理自治、评价自持的规范、诊察、测评与激励机制，从学生本体挖掘、激活生命潜能，确保其语文学习实践运作有序，活力不衰，较好发挥管理评价对生命成长的保障、发展功能，有效促进中学生现代公民素质，并为匡正校园智力歧视、谋求教育公平有效提供行动借鉴。

【关键词】语文教育；管理自治；评价自持；生命发展；公民素质

一、课题界定

"中学语文学习"指普通高中学生所有的语文学习实践活动。

"自主管理"即管理自治，指在教育者的指导下，学生自己制定语文学习管理制度、办法，自己管理并开展日常的语文学习活动。

"自主评价"即评价自持，学生自建评价管理规范，对自己和同伴的语文学习活动进行自发式、动态化的管理评价。

本课题研究的核心内容有二：一是探究并构建中学语文教学中学生自主学习、自主管理的方法和策略；二是引导学生在语文学习中学会自我反思，正确评价自己和别人，形成民主的评价体系。

从语文教学的角度讲，本研究就是要通过语文教学实践研究，形成一套以学生为主体的，管理自治、评价自持的测评与激励机制，从学生本体挖掘、激活生命潜能，确保其语文实践运作有序，语文学习扎实有效。

二、选题缘由

(一)基于学生发展的需求

如今,就业生存压力越来越大,"知识改变命运"的宣传愈炒愈热,高中学生深陷应试教育的恶性竞争而难以自拔。[1]学生对教材、课堂封闭式和教师专制独断式语文教育日久生厌或有强烈不满却也无可奈何,其自主学习和参与管理评价的想法及行为遭到遏制。寻求语文自主学习与管理评价的有效途径,已成为学生发展之需求。

(二)基于薄弱高中学生实际

课题组确定的实验学校,是一所由中等师范学校转型而成的普通高中,社会认可度不高,生源结构参差不齐,学生综合能力在全市普通高中学生中处于下游。该校高一新生学习基础差,自卑心理严重,大部分学生学习目标不明确,不会学习,甚至不愿学习。近一半学生不能实事求是地自我评价,找不准自己的优势与不足,容易见异思迁,害怕困难,缺乏恒心,做事虎头蛇尾,甚至半途而废。以语文学习为抓手,形成一套以学生为主体的,管理自治、评价自持的机制,确保学生的语文学习实践扎实有效,是全面提高薄弱高中学生素质的需要。

三、研究目标

《中学语文学习自主管理与评价研究》课题的研究目标是:寻求学生在语文学习实践中自主管理与评价的方法和策略,有效提升中学生的现代公民素质,引导其立足实际,树立自信,明确目标,培养其自控能力和辨别是非的能力,使其在不断反思、正确评价自己与别人中互帮互助、互相学习、共同进步、健康成长。

四、研究的理论依据

(一)课改政策之导向

《基础教育课程改革纲要(试行)》指出,要"建立促进学生全面发展的评价体系。评价不仅要关注学生的学业成绩,而且要发现和发展学生多方面的潜能,了解学生发展中的需求，帮助学生认识自我，建立自信。发挥评价的教育功能，促进学生在原有水平上的发展"。《普通高中语文课程标准（实验）》建议，语文课程评价"要突出整体性和综合性""面向全体学生""提倡评价主体多元化""应充分发挥诊断、激励和发展的功能""应根据不同的情况综合采用不同的方式"。《全日制义务教育语文课程标准（实验稿）》也建议，"应加强形成性评价""更应重视定性评价""对学生的日常表现，应以鼓励、表扬等积极的评价为主"。

（二）经典学说之立场

1. 元认知学习策略

元认知对学习主要起计划、监控和调节作用。学习者在面临学习任务之前及实际的活动展开期间激活和维持注意与情绪状态，提出与学习有关的问题和制订学习计划，监控学习过程，维持或修正学习行为，评价学习结果等，都是元认知作用的表现。[2] 学习者掌握了这一策略就形成了自主认知能力，具备了自主认知能力就学会了如何进行学习。元认知理论为培养语文学习者的自主学习能力（实质是自我监控能力）提供了坚实的理论基础。[3]

2. 人本主义学习理论

人本主义学习理论主张以学生为中心组织教学，教师在其中只扮演参谋、咨询者的角色；在教学纪律上，用学生的自律代替他律，让学生自己管理自己，自己约束自己；[4] 在组织评价时由学生参与确定评价标准进行自我评价，并对自己的选择负起责任。

3. 多元智力理论

多元智力理论启示我们，要关注学生个体间发展的差异性和个体内发展的不平衡性，关注学生分析、解决实际生活问题的能力，关注学生身上多方面的潜能，了解他们发展中的需要，切实构建促进学生全面发展的评价体系。[5]

（三）名家实践之经验

魏书生等当代语文教育管理派代表将管理学、控制论应用于语文教育，在计划决策、执行操作和监督反馈等环节中贯穿民主与科学精神，培养了学生的自学自管自育能力，实现了学生的主动全面发展，成为中小学教师学习借鉴的范例。

五、研究过程

(一)研究对象

研究开始时,课题组选定武威第十八中学高一年级(10)班为实验班,拟将这个班的全体学生追踪研究到高中毕业。

(二)研究阶段

1. 准备阶段(2004.01—2004.07)。(1)明确研究目标,编制研究方案,申报课题,开题论证;(2)搜集国内外语文学习自主管理与评价研究的资料;(3)进行初始问卷调查分析,按照新课程标准的要求,结合学生实际和以前的研究成果,预设拟投入实验的措施方法。

2. 研究阶段(2004.08—2007.08)。(1)点上研究:将预设的措施方法投入实验班进行实效性研究,探究指导学生学习语文的自主管理方法和自主评价方法;(2)追因调查:弄清影响学生自主学习、自主评价的因素,探究应对策略;(3)验证研究:阶段总结,调整、修正方案及操作过程,在实践中不断验证并修订中学生语文学习自主管理、自主评价的方法。

3. 总结阶段(2007.09—2008.05)。(1)搜集研究中积累的资料,从中总结经验、寻找规律,筛选出能促进中学生语文学习自主管理、自主评价的指导策略;(2)完成研究总结报告,通过面上推广,深化、拓展和完善本课题研究。

六、有效措施和主要做法

(一)语文学习管理自治"六个策略"

语文教育的实质是学生心灵的文化与诗化,其自主教育实践从根本上说是为了让学生在良好的文化自觉与读书为文的温馨体验中将语文及其修习内化为涵养才情,滋润心田,飞扬性灵的过程,因此须尽最大可能解放学生,使其回归本真,舒展心身。同时,在语文修习实践的组织管理方面也应合理用"道",科学施治,力求达到活而不乱、放则有序,使学生在通往目标的路上多一些畅达,少一点阻滞,这就需要采取有效措施培养学生的自主管理能力。课题组采取的具体管理策略是:

1. 诚信立基、服务指向

自治管理首先针对部分学习基础差、喜欢撒谎作伪、逞强施暴的学生，引领全体学习者诚信为人，并在生生、师生之间建立互信，通过自查自纠自警和互检群防共治，促进全体学习者"诚意正心"，深度唤醒情意力量，有效修复人格龟裂，为语文学习管理达到自治和最终接近"无管理的管理"打底奠基。

同时，注意培育学生管理者的公共服务素质，实现管理由居高掌控到水平服务的职能转换。管理者要亲近、关怀同学，帮助大家料理学务，通过协调其他人的活动，与别人结成文化生命共同体，为有效实现组织目标服务。

2. 计划引领、自我调控

在一定的学习过程中，学生首先制订学年、学期和月、周等不同时段的学习计划，将其立为标杆，用以引导学习、激励斗志。然后设置语文学程记录卡片，描述学情，登记频次，跟踪、评估行为，并自设问题，自作质询，提高过程监控效能。在此过程中，注意个人物质学习环境建设，把励志格言、省身警策，律己"戒条"，必须急办的学务要点和需要背诵记忆的诗歌、名句、词语等抄于纸上，张挂在墙，有心无意，带眼而视；有些也可写于卡片，忙时入兜，闲时在手，抽暇一瞅，令其发挥营造气氛、坚定心志、记录要务、便捷记忆等多重作用。最后再从参与态度、践行计划向度、过程体验深度、心理成长高度和实践结果效度等不同维度进行计划落实情况的全面"盘点"，清查"账面"，知晓"盈亏"，厘清问题，明确后续发展路向，使外部计划、规则逐步转变成学生的自我指导言语，使学生的自我指导言语渐次化归为积极的行动、绩效。

3. "校园制宪"、法度立人

根据常规管理需要，民主制定、实施《语文学习民主管理大纲》《语文管理干部民主遴选、任免和考评制度》《语文管理干部岗位职责》《语文学习观察员岗位职责》《语文管理咨议会资政规则》《平时语文成绩考查办法和赋分细则》《语文档案分目登录规定》《自由阅读规则》《课堂讨论与主题讨论、辩论须知》和《写作促进工程实施办法》等规章制度及理事办法；同时，再按实际需要确定阶段性、临时性执行条规、应急措施等。做到管有所依，照章行事，以制度管人育人。相对于学习风俗习惯等对学习行为的软约束，这些制度是直接作用于对象且具有较大强制性的，一方面要规定学生必须实施的活动和具体活动的原则、范围，另一方面还要在相反的方向上规定学生活动的"禁区"，力图促成和保持学习文化并自成其构成要素，用以引导、约束学习观念和行为，[6]保障恪守者自身和他人学习自由、学习权利免受干犯。

4. 归口管理、轮流"执政"

课内外语文活动及课堂学习的组织管理以学生公选产生的课代表和语文活动组织员为主。一是课代表组织建章立规，接受提议，定期或临时召集全班会议决定选举任免事宜和动议其他学务管理大事，并检查语文活动组织员履职与全班同学遵章的情况。二是由4名组织员分担信息管理，口语表达与艺术活动，写作活动，读书与小学术活动的组织工作。5名语文管理干部工作分工明确，4名组织员在执行全班决议、主持语文活动，考评、登统平时成绩、考试成绩等具体组织管理中又能做到彼此搭配、联手合作。为使更多同学有机会参与锻炼，不给管理者在学习紧张情况下增加较多负担，我们分设较多管理岗位且将任期定为1个学期，而且不准连任、再任；同时也谢绝大家推举在任和历任班团干部兼任、出任语文管理干部。新老干部交替均按民主考评老干部、考察选举新干部、郑重举行新老交接仪式等既定程序进行。"退休离任"的老干部转聘为语文学习观察员并组成语文管理咨议会，以"资政""议政"为主，继续配合新的语文管理干部和教师开展工作。实施研究3年来，各实验班分别选拔、培训、任用语文管理干部6批30人以上，均超过各班总人数的一半。

5. 入档登录、分类整理

由教者主导、语文活动组织员主管主办、全体学习者协办，将语文日常学习实践的各种具体情况分学习态度与意志、人格表现、课堂发言、作文、随笔、语文练习、读书笔记、背诵默写、口语表达、投稿发稿、质疑问难、班刊承办、艺术教育、语文错误诊疗、语文活动策划等多个方面，按个体作为情况、完成数量或按ABCDEF 6个质量等级随时区别种类，入档记载，或简述实践过程及结果，或收集作品资讯，或对完成情况评等定级，实行规范有序的学习过程常态管理。

6.阶段"议政"、随时献策

宣告"思想无罪",倡导"程序正义"。[7]本着《语文学习民主管理大纲》的原则和规定,组织学生阶段评教、集中"议政",明察人心,查究得失,促进教学及其管理再上台阶。除准许个人自由表达不同"政见"外,5人以上可联名"弹劾"任何管理干部或提请全班将其公决罢免,10人以上可提请修改或废除任何制度、办法;相关责任者必须认真负责受理。每学期两次填写"语文学习、管理建言献策单",在"对语文自主教育改革和语文学习语文活动及其管理的意见建议""老师和同学们请在这儿帮帮我""给老师说句贴心话"等栏目中反映情况,表达意见,透露心理困惑,倾诉行动困难,激励教师和管理干部务实创新,助推学习者渐入成长佳境。与之相应,鼓励学生主动建言献策,随时诘难辩疑,提交"金点子"意见,策划各类语文活动。但是,不组织教者改革思想的宣传灌输,不提倡管理业务的机械训练,甚至不强调一味听凭教师指挥、绝对服从管理。尤其警惕并拒绝学生逢迎、阿附教师及学生管理者,防止语文管理干部擅权"误政",媚上欺下,造成管理不公正。让学生在思考与实践中发现自立自治的方法、创造获取自由的艺术,"自主地控制他的作为,自动地管理他的意志"。[8]质言之,就是远离训练型、宣传型"强迫被动的教育",[9]培养"有头""摇头"和"抬头"的孩子,使语文自主教育不只是现代文化意义上的开智通慧教育,而更是现代思想意义上的开明启蒙教育。

(二)语文学习评价自持"五条方法"

在中学语文学习实践活动中,引导学生学会自我反思,正确评价自己和别人,形成民主的评价体系,对学生的健康成长意义重大。通过实践研究,课题组总结出的五条自主评价方法是:

1.援物因事、动态估量

不以考试成绩论英雄,让学生在自然情景中,自主学习,自由发展,展露个性,涵养才情。与之相应,教师悉心查阅学生的各类作业和学生自己申报的,反映其学习经历、心智发展过程和努力程度的各种实证材料,从"实"作起;关注个体语文学习实践全程的态度变化、情感体验和心理要求,间以务"虚"。既肯定进步，更留意不足，尤关注特质，分析得失主因，提示应对策略，发掘和彰显特质的生命意义，增进理解，达成认可；以评价搭建人际合作平台、畅通思想交流渠道。灵活进行个人或小群体访谈，查阅观赏学生的读书笔记、手抄报刊、才艺表演等课内外语文生活展示成果，对评价实行动态把握、质性领略，做到"虚实相生"，得失并重。这些做法，较好地体现了评价伦理的唯人、观念的趋新、方式的多样、程序的动态特征，为将来把语文学习评价权较多地归还学生积累了经验、准备了条件。

2. 撰联作诗、艺术鉴定

喜逢学风转变、学业进步，每到语文管理干部履职届满，或遇与家长沟通情况、评点学生，课题组教师都习惯于发动班上同学为受评对象撰赠对联、诗歌，或由教师、家长主笔唱和，诗意评说。如，2008届实验八班首届口语表达活动组织员郭同学为人爽直、办事利落，且任前、任内在口语表达活动中表现突出，于是，大家根据他的不俗表现，结合课文特点为其赠联曰：爽快为人一场雷雨隔夜无痕，清朗诵文三块国币掷地有声。又如，2008届实验八班第二届语文课代表常同学担纲总揽语文管理，整日在师生之间和管理干部之间穿梭奔忙，有时举轻若重，有时抓大放小，最初心到腿到嘴到，终至心细腿勤嘴巧，工作的态度、艺术、成效均远超"小选民"和教师预期。任职期满时她赢得的快意评价是：天无阴晴明月常照，事有巨细忠心可嘉。此类特殊评语根据受赠对象的思想个性、为人为文风格和平时在语文学习、语文管理活动中的表现高度概括而成，角度不同，寄语各别，立意都很积极。同时，此类评语揭示了语文修习实践和发生于学生、教师、家长等语文生活主体间的文化性交往活动中固有的审美特质，对生活之美予以肯定，能够领会到师生、生生（家校）人际交往的精髓和教学互动的本性，使多方评价主体真正进入对方内心，达到了罗杰斯所期望的那种"移情的到位"，并在情感共济基础上逗趣引思，激发了学生的求知热望，激活了学生的思维世界。[10]

3. 联袂比肩、换位评价

典型的做法，一是每轮研究从第二阶段起组织学生自主报名并双向"择偶"，写作活动组织员和教者干预"配对"，班内以强济弱，班际强强联袂，稳健推行

"写作促进工程",促进学生切磋交流、合作学习,学会修改文章,以"我"树人度人,借人新己长己。课代表于每周周一收齐随笔本和于隔周作文课当日或次日收齐作文本后,直接将本班跻身"写作十二强"之列的同学的两类本子,通过联手合作班级课代表送达对方"写作十二强"之手;将本班因写作水平相对滞后而自愿申请接受帮扶的同学的本子直接转送班内"写作十二强"同学。"写作十二强"仿照教师的做法,对两类同学的本子分别予以评阅。评阅完成之后,与合作对象交流情况,互换信息,指出对方随笔、作文的优劣,共同讨论修改,以求提高完善。与此同时,受帮扶同学主动找小辅导老师咨询批阅情况或请求面批指点。教者密切指导这一评价交流过程,对"写作十二强"所参文稿、所评文稿原作及"写作十二强"评分、评语等集中进行多重查阅,并在必要时找相关对象交换意见,为这一活动终审把关。

同时,随笔(艺术作品)、作文的写作(创作)评阅,实行积分制和自我初评制,鼓励多写,强化自省,增加积淀,借数量促提质量,在基本篇数要求之上,概不封顶。期中、期末考查平时语文成绩时,在给完成基本篇数且达到质优的作品定等评分后,还可根据作品数量、质量超标的具体情况另行记等加分,直至加满项目应得成绩,甚至在项目成绩积满后酌情再行奖励。小辅导老师和教师参考受评随笔、作文作者的个人自评意见,斟酌作评。如对方对小辅导老师和教师的评价意见(等级)有不同看法可提出回诉、上诉。评价主体间相互沟通、协商、理解、让步,作出必要修正、补充,形成平等、友好、民主、和谐的评价关系。

二是在每届语文管理干部任职中期和临近结束时,在班内发放"语文管理干部履职情况民主考评单",各组织1次干部履职情况全员问卷测评,并提请家长填写"语文学习、管理家庭通讯活页",大量获取信息,诊察教学、管理漏洞与薄弱环节,以图增强管理干部和教师思想作风建设,并对下届干部任职履职,对教师以后开展教学、组织管理评价产生预警效果,避免了教者在缺乏来自学生基层和社会界面的权力制衡和舆论监督情况下信马由缰慢立讲台、随意任情独断班务的无序失范状态,以及由教者单人评价管理干部的主观片面情况。

4. 分项设奖、精神鼓励

设立"精思敏言奖""润心奖""文心奖""诗心奖"和"放心奖",分别对每学期在课堂发言、课外阅读、作文训练、文艺创作及语文学习管理中表现突出、成绩优异的同学进行精神鼓励。

5. 评分定等、量化考核

对前文述及的学习过程常态管理档案资料,即时归类入档,同步评等处理;另外还要定期分析,阶段总结,成绩突出的依程度轻重分别在班内、年级内、校内予以表彰,并通报家长。以平时语文学习的建档材料(质性评价为主)为依据,遵照《平时语文成绩考查办法和赋分细则》,于期中期末仿用大学学分制评估平时语文成绩。另外,从校内各班级各学科改革程度不平衡、评价方式有差等的现状出发,为能与年级内其他班级、学科和班内其他学科的评价机制对接,达到年级、班级标准统一,便于年级与学校统计、比较成绩。期中期末总评成绩,有时还要适应时代特点,默认环境要求(接受行政指令),按平时成绩和卷面成绩在拟评总成绩中的分配比例,暂采用百分制换算平时成绩的学分,折算考试卷面分,最后评定语文总成绩。平时成绩和卷面成绩的定量考核按四六开予以分配。

七、研究成效与心得体会

(一)学生学习自觉主动,语文能力全面提高

学生会学、善学语文的局面逐步形成。学生、家长问卷统计结果(表一、表二)表明,刚刚进入薄弱高中的新生,爱学习的不多、学习兴趣不够浓、学习习惯不好、自信心不够强、学习目标不够明确,不会自我反省,自控能力较差;家长对孩子的各种表现满意度不高。研究结束后,实验班学生的学习习惯越来越好,学习变得自觉主动,家长对孩子各方面的表现满意度提高了,认为自己的孩子自信心强了,会学习了,自控能力、辨别是非的能力也强了。

表一：学生问卷调查数据汇总表

阶段	爱好			学习兴趣			学习习惯			卫生习惯			守纪情况		
	运动	学习	睡觉	浓厚	一般	无	好	一般	差	好	一般	差	一般	差	强
初始阶段（%）	31	19	50	21	41	38	19	43	38	93	7	0	31	69	0
结束阶段（%）	31	52	17	45	38	17	48	38	14	95	5	0	60	40	0

表一：学生问卷调查数据汇总表（续）

阶段	自信心			集体意识			自我反思			自控能力			学习目标		
	强	较强	缺乏	强	一般	差	经常	偶尔	从不	强	一般	差	明确	较明确	不明确
初始阶段（%）	24	50	26	33	67	0	24	62	14	19	31	50	26	38	36
结束阶段（%）	55	31	14	40	60	0	52	38	10	57	19	24	62	24	14

表二：家长问卷调查数据汇总表

阶段	在家表现			学习习惯			卫生习惯			所交朋友			学习成绩		
	满意	基本满意	不满意	满意	基本满意	不满意	满意	基本满意	不满意	满意	基本满意	不满意	满意	基本满意	不满意
初始阶段（%）	19	38	43	21	36	43	93	0	7	26	34	40	14	34	52
结束阶段（%）	40	41	19	45	31	24	95	0	5	40	43	17	31	52	17

表二：家长问卷调查数据汇总表（续）

阶段	期望值			诚信			自控能力			自信心			辨别是非		
	高	较高	一般	满意	基本满意	不满意	满意	基本满意	不满意	强	较强	缺乏	强	较强	缺乏
初始阶段（%）	0	19	81	38	31	31	24	50	26	0	17	83	19	36	45
结束阶段（%）	14	72	14	50	29	21	40	48	12	36	40	24	29	33	38

学生的语文素养和语文能力全面提高。研究过程中，课题组设计使用了"语文学程记录档案"，对学生语文学习过程中的各种表现进行了全程跟踪评价（表三）。数据统计显示，随着研究的逐步深入，学生的学习态度、课堂发言、口语表达、背诵默写、质疑问难、写作水平等方面的等级在逐步提高，学生参与语文综合实践活动的次数不断增多，学生的语文综合能力在全面提升。

表三：学程记录档案数据统计表

阶段	等级	学习态度	课堂发言	口语表达	背诵默写	质疑问难	写作水平-作文	写作水平-周记	写作水平-随笔	语文练习	读书笔记	投稿发言	语文活动策划
研究初期	A(%)	20.0%	15.6%	17.8%	26.7%	11.1%	15.6%	17.8%	13.3%	26.7%	13.3%	8.9%	6.7%
研究初期	B(%)	22.2%	24.4%	22.2%	28.9%	20.0%	17.8%	20.0%	22.2%	28.8%	20.0%	20.0%	13.3%
研究初期	C(%)	33.4%	28.9%	31.1%	24.4%	37.8%	33.3%	33.3%	26.7%	26.7%	31.1%	31.1%	33.3%
研究初期	D(%)	24.4%	31.1%	28.9%	20.0%	31.1%	33.3%	28.9%	37.8%	17.8%	35.6%	40.0%	46.7%
研究中期	A(%)	31.1%	33.4%	28.9%	46.7%	20.0%	20.0%	24.4%	20.0%	33.3%	24.4%	17.8%	15.6%
研究中期	B(%)	28.9%	28.9%	35.6%	26.7%	31.1%	33.3%	35.6%	33.4%	35.6%	28.9%	33.3%	24.4%
研究中期	C(%)	24.4%	24.4%	20.0%	15.6%	28.9%	26.7%	24.4%	24.4%	17.8%	28.9%	22.2%	24.4%
研究中期	D(%)	15.6%	13.3%	15.5%	11.0%	20.0%	20.0%	15.6%	22.2%	13.3%	17.8%	26.7%	35.6%
研究结束	A(%)	35.6%	40.0%	44.5%	57.8%	26.7%	33.3%	37.8%	28.9%	53.4%	40.0%	26.7%	20.0%
研究结束	B(%)	31.1%	31.1%	28.9%	26.7%	28.9%	31.1%	33.3%	31.1%	31.1%	28.9%	35.5%	28.9%
研究结束	C(%)	20.0%	17.8%	13.3%	8.9%	24.4%	20.0%	15.6%	24.4%	11.1%	20.0%	20.0%	22.2%
研究结束	D(%)	13.3%	11.1%	13.3%	6.6%	20.0%	15.6%	13.3%	15.6%	4.4%	11.1%	17.7%	28.9%

（二）民主制度草底生根，公民素质心头发芽

语文学习实践的自治管理、自持评价以顺应现代文明思潮、谋求思想启蒙和公民素质养成为最原初的创意基点，大处着意，小处着力，如春风化雨，泽桃润李，哺育了宪政精神，催生出理性自觉。

以充分发挥语文的育人立人功能为最基本的学科与课程价值诉求，以现代思想启蒙和公民素质养成为最根本的制度创意，建立了由"娃娃制宪"、权力公决、干部普选、任职定期，语文课代表组织"立法"并负责"督政"、语文活动组织员集体"执政"、语文学习观察员"资政"、全体语文学习者"参政议政"、语文教师

"辅政"等制度要素和一系列具体行动策略构成的"校园宪政"型语文学习民主管理评价机制。通过这一机制的适时启动并进行科学、艺术的运作，向学生如降甘霖般地实施平生首轮民主"灌顶"教育，促使他们真切感悟到：民主并非遥远，原来就在我们中间，且已深深根植于我们心田；民主并不是遥远的政治奢侈，而是现代人理所当然的生活态度和行为方式，是步入未来新型民主、法治社会应有的最基本的精神气度。

（三）自治自持益于成长，语文实践运作有序

管理自治、评价自持的语文学习实践规范、诊察、测评与激励机制，从学生本体挖掘、激活生命潜质，确保其语文实践运作有序，活力不衰，较好实现管理评价对生命成长与文化建构的保障、发展功能，其作用不可小觑。

以往的语文学习管理评价模式是外加式、他控式的，是对学生内驱力、自主性的无视和否定。其管理令学生摒弃主见，听任指挥，唯命是从；其评价由教者挥舞朱笔，"随意赋形"。这种模式既消弭了学习者的主体意志，又极不利于学生发展关键期创造精神和聪明才智的基础发挥。这项研究悄然颠覆这一局面，如"清风徐来，水波不兴"，细雨曼舞，着地无迹。例如，平时的课堂学习，除检查性问答，一般多鼓励学生诵读吟咏、对话交流、玩味思量。学生可遣兴寄趣，根据个人需要和集体约定，或"忍气吞声"，进行默读，或"摇唇鼓舌"，吟哦朗诵，口品其味，神会其意，心入其境，以致达到"忘我"或"无我"的程度。也可以公开亮出自己赏读文章时产生的疑惑和对一些问题的歧见，逗引同学产生兴趣，研讨探精，或与教师交流看法，邀约教师、同学、朋友展开讨论，且对教材中的课文、阅读提示、注释、练习等内容及教者的讲解、阐述发出质疑、诘难。教者则以十二分的耐心、豁达予以倾听、期待、宽容、尊重和理解，并加以引导、评点、补正、总结。

学习是人类历史文化和个人实践经验的结合过程。管理自治、评价自持的语文学习实践令学习者既适应现存文化模式，又挑战公权不能同享的既定生存状态，既尊重师道学规，又摆脱迷信和陋习，摆脱权威依赖，重构个人信念、态度，自建管理评价规范，通过培养问权意识、获得用权体验，切身感知权力的双刃性质，从而作出理性判断，自觉抑权、欲之恶，扬责、义之善，达成个体的敬业精神、负责态度、尽职品行，赢得班内学科内平权机制和均益格局的确立。一句话，新型的管理评价让生命勃发而律动，"自主与责任统一"，学习行动的解放和精神境界的提升名归实至，[11] 得尽自主成长的认识旨趣和实践意蕴。

（四）关怀重心开始下移，教育不公逐步匡正

语文教育管理自治、评价自持是新型管理评价的创新之策、攻坚之举，反映了语文课程和民主管理、质性评价兼容的人文特征，演绎了平民教育思想，弥散着人性和正义的光辉，可为中小学匡补"尖子教育"、应试教育的偏失提供行动借鉴，为高等学校免遭"伪精英主义"严重毒害无偿发出友情提示。

语文学习实践过程中的师长意志控制相当于中国语境的文化"疟疾"和欧洲背景的宗教裁判，是给教育民主设绊；学生自治管理符合重视人性的现代教育潮流，是为校园政治文明探路。量化评价表征工具思维、责任伦理，是科学主义、市场逻辑的产物，留下了近代教育偏重知识的"胎记"和现代生活追求实利的印痕；质性评价体现人文关怀、信念伦理，包含模糊评价、整体评价的某些特征，同汉字象形表意、汉语叙事朦胧、汉文学艺术及其鉴赏多喻象寄托、重感性悟证，汉语文教育提倡"尊重学生在学习过程的独特体验""重视语文的熏陶感染作用""尤其要重视培养良好语感和整体把握的能力"[12]，这与汉民族思维突出综合与辨证倾向的几重特点天然相关。师长意志控制和量化评价"面孔冷冰，形貌干瘪，拒人悻悻退居门外"；民主管理和质性评价"胸襟博大，眉目慈善，诱人款款进入怀内"。伴随粗野的言语暴力宣泄、机械的思想品德灌输、枯燥的应试技术演练和无情的考分数字宣判，师长意志控制早已"行情看跌"，量化评价行将败落；相反，民主管理和质性评价则必然成为管理评价文化的新宠，享受"欢迎大于拒绝"的"民间恩准"。

同时，我们还必须看到，师长意志控制和量化评价从来都施恩于"好学生"塔尖，高地位、高分数俨然是他们的专利，而那些所谓的"差生"只是师长发威的对象。事实上，改用以人文化、民主化管理评价为主的新型管理评价方式自可扩大管理评价的关注视野，缩小其关怀限度，将语文教育逐步引向平权均益。

八、存在的问题和今后的设想

因研究获得的中学生语文学习自主管理、自主评价系列模式操作起来较传统管理、评价模式费时费力，加之学校领导和部分教师害怕影响高考成绩，导致研究覆盖范围小，研究成果扩散迟缓。另外，研究虽然较好地催生了学生的民主意识，确保了学生语文学习实践的运作有序，活力不衰，但研究所获得的模式仍存在繁杂、不系统的缺陷。今后的研究，要从语文课程特点出发，在既往研究成果的基础上纵深开拓，锐意创新，扩大研究范围，扩散研究成果，继续高扬人文旗帜，标举自觉理性，进一步完善"校园宪政"体制，增进管理评价智慧，努力为克服"片追"、落实"两全"探山开路。

参考文献：

［1］［8］［9］智效民.自由是最好的教育——读潘光旦译.赫胥黎自由教育论［J］.随笔，2008年第3期.

［2］［4］庞维国.自主学习——学与教的原理和策略［M］.上海：华东师范大学出版社，2003年，第31、32、57、58、107页.

［3］雷丹.运用元认知策略，培养学生学习的自主性［J］.教育探索，2008年第6期.

［5］教育部基础教育司.走进新课程：与课程实施者对话［M］.北京：北京师范大学出版社，2002年，第160、161页.

［6］刘庆昌.教学文化：内涵与构成［J］.教育研究，2008年第4期.

［7］留白.书与火［J］.随笔，2007年第5期.

［10］宋乃庆等.中国基础教育新课程的理念与创新［M］.北京：中国人事出版社，2002年，第140、141页.

［11］郝志军.教学文化的价值追求：达成教化与养成智慧［J］.教育研究，2008年第4期.

［12］中华人民共和国教育部.全日制义务教育语文课程标准（实验稿）［M］.北京：北京师范大学出版社，2001年.

第四章
综合研究

本章收录了关于寄宿制学校"家校联动"德育教育、留守儿童家庭教育、农村中学信息技术与课程整合三个课题研究案例。

《寄宿制学校"家校联动"德育教育行动研究》以提高教师的认识，形成一套行之有效的德育教育模式，促进新建寄宿制学校内涵发展为目标，通过三年多的实践研究，探索出了建立网格化"家校联动"德育教育体系、健全"家校联动"德育教育工作机制、健全德育评价体系等有效策略。"家校联动"德育教育工作机制的运行，提升了教师的专业素养，学生养成教育取得显著成效，学校德育教育工作迈上了新的台阶。

《凉州区留守儿童家庭教育现状及对策的研究》通过大量的实践活动，总结提炼出了有效指导留守儿童家庭教育的四种基本方法，形成了改进留守儿童家庭教育的基本策略。创造性地运用这些方法和策略，可有效改变农村留守儿童家庭教育的现状，促进留守儿童健康成长。报告中阐述的改进留守儿童家庭教育的基本策略，理念新，操作性强，有很强的推广应用价值。

针对农村中学师生信息素养低，远教设备利用率不高，信息技术与课程整合水平低等问题，《农村中学信息技术与课程整合研究》总结出了学习培训、专家指导、课堂实践等有效策略，构建了校本化的信息技术与课程整合的新型教学模式。这些模式的推广应用，提高了农村学校信息化建设水平，教师的信息素养及整合能力有效提升，教育观念及教学行为有了显著的改变。

寄宿制学校"家校联动"德育教育行动研究结题报告

李延海　黄永

【摘　要】新建城郊寄宿制初中生源构成复杂，外出务工人员子女多，学生亲情关爱少，生活能力、自律能力和人际交往能力差，学校德育工作的责任和意义重大。发挥学校德育教育主阵地作用，家校联动，构建学校、班级、家庭"三结合"的德育教育工作体系，开展形式多样的"家校联动"德育教育活动，对家庭德育教育给予有效的指导，创新寄宿制初中德育教育的内容和形式，可显著提高寄宿制初中德育教育水平，促进学生健康、全面发展。

【关键词】家校联动；德育教育；寄宿制学校；行动研究

一、概念界定

家校联动：就是家校合作，联合行动。"家校联动"教育模式，追求适合家庭、学校、学生三者的教育方法和内容，提高家庭教育和学校教育的质量，促进学生的全面发展。

德育教育：本文指学校德育教育和家庭德育教育。学校作为德育教育的主阵地，承担着未成年人思想道德教育的主要职责，学校德育的核心内容是爱国主义教育和集体主义教育，其目的是育人。学校德育教育的内容具有多样性，过程具有渐进性，途径具有独立性和渗透性。家庭德育的核心内容则是品德教育，通过家庭成员对孩子进行道德准则的灌输和道德情感的培养而实现，是一种无声无形、潜移默化的教育力量。

寄宿制学校需要把家庭、学校有机地结合起来，探索一条独特的联动模式，形成强大的德育合力，从而培养学生良好的道德品质。

二、选题缘由

（一）选题背景

武威第二十三中学是2013年新建的城区寄宿制初级中学，学校生源构成比较复杂，外出务工人员子女较多，家庭教育缺失现象较为明显；教师队伍比较年轻，德育教育经验不够丰富，学校教育和家庭教育形不成合力。寄宿制初中学生离开家庭和父母的时间早，亲情关爱少，生活能力、自律能力和与人交往的能力差，正确的人生观、世界观和价值观尚未形成，因此，要培养他们健康成长，学校德育工作任务重大。

纵观现状，各寄宿制学校虽然都把德育工作放在了各项工作之首，但由于对寄宿学生的特点和寄宿制学校的德育教育方法研究不够，实际工作中，德育教育重形式而轻内容、重跟风而轻实际、重大众而轻个性的现象依然存在，工作方法针对性不强，德育效果事倍功半，问题较多。如何针对新时期寄宿制学生的实际，开展行之有效的德育教育工作，切实提升教育效果已成为亟待研究解决的重要课题。

（二）研究意义和价值

1. 教育改革发展的需要。把社会主义核心价值观融入学校教育教学的全过程，把德育教育渗透到学校日常工作的各个环节，是教育改革和发展的要求。充分保证寄宿学生在接受文化教育的同时，家庭和学校有效合作，引导学生养成良好的道德品质，学会做人、学会求知、学会做事、学会共处，是中小学品德教育的有效手段。

2. 学校特色文化建设的需要。从学校实际出发，创新德育形式，多措并举，提高寄宿生德育实效是学校特色文化建设的需要。本研究旨在促进寄宿生全面发展，培养学生勇于探索的创新精神和善于解决问题的实践能力，力求德育教育的实效性，可为特色校园文化建设试水探路，提出可行的方案。

3. 家庭教育指导的需要。武威第二十三中学是新建的寄宿制初级中学，寄宿生构成复杂，部分学生家庭教育严重缺失。为达成"奠基学生、幸福家庭"的目标，研究"家校联动"模式，建立家庭德育教育工作体系，可以对家庭教育进行专业的指导，实现家校共育。

三、研究目标

（一）纠正"重智育轻德育、重分数轻能力、重课堂教学轻社会实践"的不和谐现象，提高教师对做好德育工作的重要性、必要性和紧迫性的认识，形成一套行之有效的、适合新建学校实际的德育教育模式，提升学校办学品位，促进学校内涵式发展。

（二）帮助家长更新教育观念，规范家庭教育行为，改善德育教育环境，通过家庭教育基本知识的学习，交流和推广家庭教育的成功经验，树立正确的育人观。

（三）拓宽寄宿制家校德育教育联动渠道，创新德育教育联动方式，构建德育教育合作框架，定期对住校学生进行心理健康教育讲座，提高住校学生的自理能力和个人素养。

四、研究内容

（一）总结三年来武威二十三中在家校联动形成德育合力方面的有效做法，借鉴兄弟学校家校联动提高德育教育效率的成功经验，进一步完善和健全德育教育机制。

（二）寻找寄宿制学校家庭和学校德育教育的契合点，采取切实可行的家校联动方式和联动载体来打通家校联动渠道，让家长对学校的德育理念和德育实践有一定了解，主动与学校进行有效联动，形成和谐健康的家校德育教育合力。

（三）丰富校园德育文化，创新德育教育内容，开展德育教育系列活动，营造德育教育氛围，把德育教育落实到寄宿生的日常行为之中，从正面对寄宿生进行德育实践教育。

（四）对心理存在问题的寄宿生提供及时帮助和有效疏导，帮助他们走出心理困境，形成健康的个性心理和健全的人格，养成良好的道德品质，促进他们的健康成长和全面发展。

五、研究方法

（一）文献研究法。利用互联网查阅有关寄宿制学校"家校联动"德育教育资料，借助中国大学 MOOC 平台，学习德育原理，提升课题组成员理论水平和科研能力，为开展课题研究寻找思路，破解课题研究瓶颈问题。

（二）调查研究法。对寄宿生德育教育现状进行问卷调查，了解寄宿生目前的德育情况，及时采纳家长对学校德育教育的合理意见，整理教师对寄宿生的德育教育方法以及对学校德育工作的建议。在调查的基础上有针对性地进行课题研究，寻求解决的办法。

（三）个案研究法。选取德育教育中的典型事件和案例，进行跟踪指导和观察，以此为突破口，寻求德育教育的最佳方法和途径，最终形成一整套家校联动的高效德育教育模式。

（四）行动研究法。基于校内外各项有针对性的德育教育活动和学校特色活动，在具体的活动中发现问题，分析问题，探求途径，实施对策，达到行动和研究的协调，理论与实践的统一。

六、研究过程

本课题研究历时两年，研究工作经历了三个阶段。

2017 年 4 月至 9 月为准备论证阶段。开展的主要工作：一是确定了研究专题，明确了课题研究的方向和具体内容；二是成立了课题研究小组，制定了切实可行的实施方案，明确了工作分工；三是组织课题组成员学习了相关理论知识，交流心得体会，为课题研究的实施储备了科学的理论依据；四是召开了开题论证会，听取了专家和课题组教师的意见建议，完善了研究方案。

2017 年 10 月至 2018 年 12 月为实践验证阶段。开展了三个方面的研究活动。一是"家校联动"系列德育教育活动。以家校联动的形式，开展多种形式的德育教育活动和实践活动，对寄宿生进行有效的德育教育，在征求意见、分析数据的基础上，及时反馈，初步验证了实验方案的可行性。二是典型案例分析活动。对学校近三年出现的"家校联动"德育工作典型案例进行了归类整理和分析研究，找到了家校联动的契合点，提出了新的"家校联动"德育教育方法和模式，推出了相关研究成果。三是课题研究中期总结活动。对课题研究情况进行中期总结，撰写了中期总结报告，适时调整了研究思路和研究方法，查漏补缺，规划了下一阶段的研究工作。四是"家校联动"德育教育成果展示活动。展示的成果包括相关论文、教学随笔、各种札记、教育叙事和研究心得等。

2019年1月至2019年6月为总结提升阶段。主要研究活动有以下三个方面。一是整合研究成果。课题组成员整理自己的研究成果，内容包括读书摘要、心得体会、个案分析、教学活动设计、教学实录及各类德育活动方案等。二是汇编过程性资料。全员收集整理资料，具体包括问卷调查、访谈笔录、音像资料、个案汇编、教学随笔、活动简报、札记叙事、阶段性总结报告、论文等。三是撰写课题研究结题报告，上报研究成果，申请结题。

七、主要研究活动和有效做法

（一）完成了"家校联动"德育现状调查研究

设计了问卷调查表，向400多名学生及其家长发放，对寄宿生的家庭教育现状、学习生活情况、日常行为习惯、心理问题状况、知法守法意识、参加社会公益活动、理想信念等内容进行收集调查。在整合反馈资料的基础上，认真分析、研判、归类，对寄宿学生的实际情况形成了初步的感性认识。

（二）召开了课题开题研讨会

在现状调研的基础上，经过广泛讨论修正，制定了"以点带面，点面结合，优势互补，整体推进"的实验方案。2017年10月举行了课题开题研讨会，邀请武威市教科所和凉州区教研室的领导、专家进行了现场指导。课题组依据研究的内容和目标，结合专家们提出的宝贵意见和建议，修改完善了课题研究实施方案，进一步明确了课题研究的路线图，增强了课题研究的针对性和可操作性，使研究工作能够对症下药、有的放矢，进而得以有条不紊地展开。

（三）强化了理论学习

课题组成员先后阅读了庄雪艳的《价值多元化背景下的德育教学研究》，陈昉的《试析中小学家校合作存在的主要问题》，李万标的《浅谈家校合作对学生发展的重要性》，黄小刚的《寄宿制学校德育体系构建的思考》等论文及《学校德育原理》《中国著名班主任德育思想录》等书籍。课题负责人黄永，成员丁小龙利用"中国大学MOOC"平台，选修了河南大学刘济良教授主讲的"德育原理"课程。这些学习，提升了课题组成员的理论修养，为纵深研究奠定了坚实的理论基础。

（四）建立了网格化的"家校联动"德育教育体系

1.建立以校长为总负责的三级德育管理体系。第一级为学校分管领导、政教处、团委、学生会，第二级为各年级领导、年级主任、班主任、科任教师，第三级为宿舍管理领导、生活教师、楼长、舍长。多角度、全方位形成了德育教育长效机制，为学校德育工作的全面实施提供充分的组织保障。

2.建立学校、班级、家庭三结合的德育教育体系。学生良好品质的形成渗透在学生的学习、生活和活动中，它需要依靠班级对学生坚持不懈地教育，也需要家长的积极配合，需要学校的有力支持。因此，必须建立学校、班级、家庭三结合的教育体系网络，三者之间相互联系，互为补充，形成合力。从各自分担的任务看，班级活动是学生德育的主渠道，它是学校德育的执行者，既承担道德认识上的教化，又肩负着道德行为上的规范训练，同时还进行学生的日常行为评价；对于家庭中的道德教育，着重强调环境熏陶，重视父母用自身的行为去影响学生、教化学生；学校教育则特别强调为学生创造参与德育实践的机会，为班级德育活动搭建平台。

3.建立学校德育教育网络体系。寄宿制学校的特殊性决定父母无法及时掌握孩子在学校的德育表现，无法及时发现德育问题，并进行针对性教育，所以也就无法就德育教育在孩子回家时和孩子进行有效的交流沟通。因此，拓宽家校沟通渠道，创新"家校联动"机制势在必行，而微信、QQ等的广泛使用为及时进行家校德育联动提供了可能。在学校层面，开通家校德育联动微信公众号，要求全体师生关注。学校在德育联动微信公众号专门设立"家校互动"栏目，这个栏目主要向家长推送寄宿生管理制度、寄宿生德育活动，让家长及时了解孩子在学校的德育教育情况；推送家庭德育教育案例、策略等内容，以提高家长家庭德育教育意识和能力。在微信公众号上，学校还进行德育热点问题调查，征求家长意见和建议，并针对家长迫切关注的德育问题及时作出回应。在班级层面，组建家长、教师全员参与的德育微信群。利用班级德育微信群，教师既可以就个别寄宿生德育问题和家长私聊，也可以就寄宿生德育共性问题和家长一起讨论解决的方法；教师既可以针对某种错误行为提出批评，要求家长和学校共同教育，也可以针对某种突出表现提出表扬，要求家长见贤思齐。同时，教师还可以分享一些典型德育教育的方法和策略，家长也可以分享一些先进的家庭德育教育理念和经验等。

（五）健全了"家校联动"德育教育工作机制

1. 根据《德育大纲》《公民道德建设实施纲要》《中学生日常行为规范》《中小学生守则》的基本要求，制定了《武威第二十三中学养成教育读本》《武威第二十三中学一日常规》《武威第二十三中学寄宿生日常管理办法》，对学生尤其是寄宿生的诚实守信、自尊自爱、注重仪表、真诚友爱、礼貌待人、遵规守纪、勤奋学习、勤劳俭朴、孝敬父母、遵守公德、严于律己等方面进行规范。坚持开展讲文明、讲纪律、讲学习、讲秩序、讲卫生、不吸烟、不进网吧的教育活动，深入开展校园"先进班级""校园之星"评选活动，大力宣传推广他们的先进事迹，以榜样的力量来推动学校德育教育工作的有效实施。

2. 创办了"家长学校"，成立了班级、年级、校级家长委员会，完善了家校联系制度及家长联系档案，设立了教学开放日。建立了定期召开家长座谈会制度，通过家长座谈会，及时沟通信息，广泛征求家长对学校教育的意见建议，请家长为学校发展献计献策。通过开展这些活动，架起学校和家庭的桥梁，了解寄宿生在校、在家的表现，以便双方对寄宿生进行针对性教育。

3. 创建了教师、家长网上点对点交流平台。学校和教师可以通过网络将学校情况、教育教学新理念以及寄宿生个人的学习、安全、体育运动、社团活动等发送给家长，通过这种交流对话方式，不仅可以让家长了解孩子在学校的学习、生活情况，而且又能及时解答家长的困惑与疑问。课题组对家长的意见、建议进行了整理汇总，把一些建设性的意见建议上升为学校日常行为教育的制度标准，使学校教育与家庭教育得到了充分的补充，形成一股德育合力，为学校的发展奠定了基础。

4.制订了"123456"课题研究思路。"1"即牢固树立全校德育教育工作一盘棋思想。"2"即坚持家校德育教育相统一，班校德育教育活动相统一。"3"即明确树立成长、成人、成才的育人观。"4"即对学生的评价要多元化，从学生自评、学生互评、教师评价、家长评价四个方面来进行。"5"即初步探索五条德育教育途径：一是通过理论学习和班主任论坛提升教师能力，为课题研究打好理论基础；二是通过各类培训和讲座，使家长进一步认识自己的德育责任，寻找家庭德育教育方法并提升能力；三是通过道德讲堂提升学生道德认识，提高判断真善美、假恶丑、是与非的能力；四是通过主题班会及时解决班级内学生出现的问题或可能出现的问题；五是通过社团活动、集体活动为学生搭建展现自我、发展自我的平台，树立自信心。"6"即坚持做到"德育工作六结合"的整体思路，将德育教育与学生养成教育相结合；将德育教育与学科教学相结合；将德育教育与校园文化建设相结合；将德育教育与心理健康教育相结合；将德育教育与社会实践活动相结合；将德育教育与家庭教育相结合。

（六）对家庭教育进行了科学有效的指导

1.邀请家长聆听家庭教育报告。针对一些家长文化水平不高，教育方式方法单一，与学校教育形不成合力等情况，学校以"家长学校"的形式邀请学生家长到校听专家、学者的家庭教育报告，让家长充分认识到自己是孩子的第一任也是最重要的老师，孩子的性格、言语、行为、价值观大部分时间都是在家庭中形成的。通过培训使家长进一步认识自己的德育责任，认识家庭德育生活化、渗透性的特点，把家庭作为对孩子实施德育的重要场所，鼓励家长学会采用必要的方法对自己的孩子进行家庭美德教育。同时让家长掌握科学的教子方法，有意识地向学校正确的教育观念靠拢。两年来，学校邀请了北京四中网校讲师团讲师进行了"家校共育，立德树人"的专题讲座，邀请了凉州区家庭教育导师团首席专家冯亚谨老师进行了"和孩子一起成长——今天我们如何做家长"的专题讲座，给家长传授教育方法、指导教育举措，并向家长提出了"家长好好学习，孩子天天向上"的教育理念。

2. 设立教学开放日。定期召开家长座谈会，及时沟通信息，广泛征求家长对学校德育教育的意见建议。通过设立教学开放日，架起学校和家庭的桥梁，给家长们提供交流平台，让有经验的家长分享教育经验，有针对性地对自己的孩子进行德育教育。同时，向家长传递有关学校德育的一些信息，让家长明确学校的要求，积极配合学校德育工作。

（七）开展了丰富多彩的"家校联动"德育教育活动

1. 开展"好家风"宣讲活动。活动期间，对家庭教育优秀的家长，让孩子给自己的爸妈佩戴大红花。这一活动充分发挥了榜样的力量，取得了良好的教育效果，既是对这些家长和孩子的鼓励和认可，也是对其他家长和孩子的启发和鞭策，让其他家长反思自己在教育孩子方面存在的问题，让孩子反思自己在成长过程中的不良行为。这一活动很快得到了其他班级教师和学校的认可。

2. 开展"互致书信"活动。针对不少孩子的父母常年在外打工，和孩子交流沟通得比较少这一情况，课题组成员认为采用家长和孩子互致书信的形式对这些孩子进行帮助和教育比较好。当孩子看到父母的书信和熟悉的字体时，就像面对一部可视电话，似乎看见了父母慈祥的面庞，听见了父母关爱的嘱咐，感受到了亲人熟悉的气息，在认识上达成一致，在情感上产生共鸣，形成了极好的教育合力，学校教育达到了事半功倍的效果。同时，从上交的部分书信中，课题研究者看到了无数孩子对父母不曾诉之于口的爱意，更看到父母在教育方面的隐衷。

3. 搭建"微信+"家校交流平台。学校和教师可以通过微信将学校情况、教育教学新理念以及学生个人的学习、安全、体育运动、社团活动等发送给家长。通过这种交流对话方式，不仅可以让家长了解孩子在学校的学习、生活情况，而且又能及时解答家长的困惑与疑问。课题组对家长的意见、建议进行了整理汇总，把一些建设性的意见建议上升为学校日常行为规范教育的制度标准，使学校教育与家庭教育得到了充分的补充，形成一股德育合力，为学校的发展奠定了基础。

4. 成立烹饪社团。把德育教育工作与日常生活结合起来。为提高住校学生的自主生活能力，给学生提供展示才华、施展技能的机会，学校还专门成立了烹饪社团，每周两次让学生自己动手做饭吃。活动之后，社团老师会把学生的活动视频、照片发给班主任，再由班主任发给相应孩子的家长。与此同时，学校要求住校生回家后帮助父母做一些力所能及的家务，并把过程性资料发到班级群，这样做既培养了学生的动手能力，又有利于其养成孝敬父母、珍惜劳动成果、勤俭节约的良好习惯。

5. 开展亲子教育主题活动。为破解青春期学生与家长不易交流的尴尬局面，课题组认真筹划，营造氛围，积极为家长与孩子搭建了亲子交流的平台，给家长创造与自家孩子近距离接触的机会，让家长了解孩子，让孩子走近家长。2017年10月，课题组特邀了一些常年在外打工、长时间没有和孩子生活在一起的家长，在学校一楼大厅举行了一次以"爱与和谐"为主题，以游戏为主要形式的亲子教育活动，创造相互交流的机会，拉近家长与孩子内心的距离，让家长倾听到孩子的心声，让孩子体会到父母的不易。2018年5月，课题组又邀请家庭教育专家召开了"爱心中国，感恩励志"主题报告会。在专家声情并茂的演讲下，好多孩子和父母都流下了感动的泪水。活动结束后，课题组因势利导、趁热打铁，在实验班级要求每个同学写出心得体会，真正使学生接受了一次思想的大洗礼。

6. 组织假期走访活动。为了进一步促进学生德育教育工作，提高德育教育成效，课题组决定，所有成员在寒假期间开展一次大走访活动，走访的重点对象是学校和家长联系比较少，家庭教育和学校教育配合不够密切的家庭。因为大多数在外打工的家长这个阶段基本上是要回家过年的，不失时机地抓住这一机会，深入学生家庭，了解掌握这些孩子的成长环境、家庭情况、在家表现等，并向家长介绍孩子在学校表现的优点和不足以及需要努力的方向，教师和家长的这种拉家常、面对面的沟通交流方式，使德育工作取得了良好的效果。

家校沟通工作是学校管理工作中不可或缺的一部分，既是建立学校和家庭沟通的桥梁、家长和教师联系的纽带，也是提高教学水平和提升教学质量的有效途径。在与家长沟通的过程中，只要做到真正的理解、倾听、感受，教育就会形成强大的合力，取得良好的德育教育效果。

（八）充分发挥了学校德育教育主阵地和教师主力军作用

1.学校认真开展常规性传统德育活动，例如周一和特殊节日的升旗活动，团队会、班会活动，读书报告活动，宣传日，活动周，法定传统节日、重大历史事件纪念日、古今杰出人物纪念活动等。

2.学校通过组织开展各类有益的活动，来培养学生的良好个性和高尚的思想品质。例如，通过"德育"知识竞赛、"歌唱祖国"歌咏比赛、"奋斗的青春最美丽"演讲比赛等活动，对学生进行爱国主义教育和励志教育；以环保为主题开展"保护环境我先行"活动，让学生在活动中受到教育；以"安全伴我行"为主题开展道路交通法规知识讲座。

3.通过学科教学渗透，加强中学生思想品德教育。通过学校开设的各门课程进行渗透学习，是思想品德教育的一条主要途径。所以，学科教学，特别是人文学科教学，不仅内容上蕴藏有丰富的道德资源，而且在课堂教学中的师生互动中有更多可以对学生言传身教以及使教师更容易发现学生存在的问题并加以指点的机会。为此，我校十分重视师德教育，对教师的教学语言和教学行为都作出了非常严格而又细致的规定和要求，让教师通过言传身教对学生进行教育。学校还要求教师围绕情感、态度、价值观目标，深入挖掘教材中蕴含的德育教育资源，在教育教学活动中予以落实。

4.通过开展读书养德活动，涵养良好品质。学校按照新修订的德育大纲要求，将中国精神教育和道德品行教育列为德育的重要内容，在每天早晨、中午到校后进行古诗文诵读，每周星期四下午第三节课定为"读书课"，把读书作为重要的"养德"途径，让学生通过读书丰富知识储备，涵养精神积淀，锤炼道德品质。晨读时，组织学生诵读国学经典；"读书课"上，阅读制度规范、礼仪常识、励志故事等；课堂上，把各学科所需的核心素养融入阅读中，让学生"感悟明理增智，体验读书养德"。

5.学校通过开展"三个一"活动来丰富住宿学生校园文化生活。一是每天下午开展饭后一小时经典诗文阅读活动。宿舍设立图书角，摆放中外名著等书籍，供学生阅读。通过阅读经典，丰富学生心灵世界，获得独特人生体验，提升学生人文素养。二是每周开展一次"我家好传统"故事分享活动。让住宿学生讲述自家优良传统、优良家风，感染教育身边同学，共同培育良好品德。三是每月开展一次住宿学生艺术展演活动。学校为住宿学生积极搭建平台，使其能够展示个人艺术才华。或唱歌跳舞，或弹琴演奏，营造了浓郁的艺术氛围，培养了学生的艺术情趣。这些活动的开展，既满足了寄宿生的个体需求，又陶冶了寄宿生的情操，让学校德育教育工作得以顺利开展。

6. 改善德育环境，营造育人氛围。把校园德育文化建设和宿舍德育文化建设紧密地结合起来，鼓励学生发挥各自的特长，自己动手布置宿舍，例如写激励名言，设计宿舍名片，悬挂自己的剪纸、书法、绘画、摄影作品等。引导学生自己制订宿舍公约，开展谁的花养护得好，谁的内务整理得好等评比活动，形成了人人有事做，事事有人做的良好局面。

7. 在德育教育中渗透心理健康教育，培养学生良好的个性品质。由于寄宿学生 24 小时都在学校度过，学校严格的管理，家长过高的期望，使一些学生背负着极大的心理压力。面对这种情况，学校把心理健康教育纳入学校教学计划，渗透在学校德育教育的各个方面，如开设心理健康课，实施心理辅导，开展心理咨询，实施心理治疗。对一些性格孤僻、心理不健全的同学，安排课题组成员、国家二级心理健康师祁忠凤老师，及时对他们进行心理疏导，帮助他们走出阴影，和其他同学一起健康快乐地成长。

8. 把德育教育与爱国主义教育结合起来。爱国主义教育是德育教育的主要内容之一，为了弘扬爱国主义精神，激发广大青少年的爱国热情，在 2018 年 4 月清明节到来之际，课题组联系学校团委，组织实验班学生到武威烈士陵园开展清明祭扫活动，并向革命烈士敬献花篮，追忆革命故事，缅怀英雄先烈。2018 年 9 月 18 日，利用"九一八"事变纪念日，开展了"四个一"活动。即：举行了一次以"铭记历史　勿忘国耻"为主题的升旗仪式，开展了一次"牢记历史，居安思危"主题班会，组织学生观看了一次教育纪录片《勿忘九一八》，写了一篇以"勿忘国耻，勿忘历史，勤奋学习，立志成才"为主题的心得体会。通过系列教育活动的开展，使学生牢记这一段血的历史，增强学生的民族精神和热爱祖国的情感。

9.利用学校道德讲堂阵地开展了女生课堂专题讲座活动。初中阶段是学生身体、心理、生理成长的重要时期,特别是初中阶段的女同学,因此定期对女生进行心理、生理及思想品德等方面的教育是很有必要的,是不能忽视的。德国教育家福禄贝尔指出:"国家的命运,与其说是掌握在当权者手中,不如说是掌握在母亲手中。"从大的方面来说,女生的素质决定着祖国的未来;从小的方面来说,女生优秀了,能够带动身边的男生,进而使整个学校的学生德育层次都有所提高。2018年12月,课题组从实验班级共挑选出60多名女同学,并邀请了部分同学的母亲在学校二楼会议室参加女生课堂活动,课题组成员祁忠凤老师做了"做一个有梦想的女孩"专题讲座,受到了学生、家长、教师的一致好评。

(九)健全德育评价体系,对学生进行全方位评价

1.评价方式多样化。为了全面记录寄宿生在学校的成长情况,课题组在实验班级编制了《学生成长印迹》,让教师、同学、家长全方位掌握学生的学习情况、行为习惯等。通过记录寄宿生每一次因进步而获奖的痕迹、每一阶段的自评与互评、教师的鼓励与鞭策、家长的期望与建议等,让教师和家长更加全面、清晰地了解寄宿生思想品德发展的基本情况,抛弃以前那种"重智育轻德育,以分数论英雄"的错误倾向,从而更细致、深入地思考和关注学生的全面发展。

(1)学生自评。通过对自己习惯养成情况的回顾和反思,及时发现自己的闪光点和不足,培养学生的自我反思能力和自我教育能力。

(2)学生互评。通过相互间的评价,及时发现同学的优点,指出缺点,形成了相互学习、共同提高的良好氛围。同时使学生学会了倾听,并乐意接受别人的意见与建议。

(3)教师评价。教师在评价时,都能充分尊重每一个学生,以发展的眼光看待学生。结合评价,给孩子一些机会,让他们自己去体验;给孩子一些困难,让他们自己去解决;给孩子一种条件,让他们自己去锻炼;给孩子一片空间,让他们自己向前走。

(4)家长评价。通过家长对孩子的评价,使家长们逐步认识到了家庭教育在孩

子成长过程中的重要作用，以及言传身教的重要性，从而也有效地促进了家长们言行的自律与示范作用。

2. 评价内容多元化。在对学生的评价上，要求教师要用发展的眼光、欣赏的眼光去评价学生，帮助学困生评出信心，中等生评出希望，学优生评出增长点。为此，课题组在实验班级首先设计使用学生"成长、成人、成才激励卡"，从十个角度设计了10个方面的问题，让班主任、任课教师多方位、多角度、多层次地看待和评价学生，挖掘学生的潜能，帮助学生扬起自信的风帆。

3. 评价方位立体化。为实现家校教育的一致性、连贯性，通过家访、家长会、电话访谈、与家长交流等形式，寻找孩子的闪光点，发现不足之处，共同评价、共同商讨改进对策，并为家长与学生多提供沟通机会，从而使对学生的评价从平面走向立体，从个体走向集体，从校内走向校外，实现了评价的立体化。

八、研究成果

一分耕耘一分收获。在课题组和学校各职能部门的精心组织下，在全体师生和大批家长的全力配合下，课题研究取得了预期成果。

（一）理论成果

1. 课题组负责人黄永撰写的论文《浅议当前初中德育工作面临的困境与对策》发表于2017年第21期《新课程》杂志；论文《互联网背景下寄宿制学校德育教育工作方法浅探》发表于2019年第5期《教育革新》杂志；论文《加强师德修养之我见》发表于2019年5月24日《未来导报》。

2. 课题组成员丁小龙老师的论文《家校联动共助学生健康成长的方法与策略》已在《内蒙古教育》2019年第1期上发表。

3. 课题组成员雷东生老师的论文《家校沟通中共情教育的有效运用》发表于2019年5月24日《未来导报》。

4. 课题组成员祁忠凤老师的论文《寄宿制学校学生心理存在的问题成因及对策研究》发表于2019年4月12日《未来导报》。

（二）实践成果

1. "家校联动"德育教育体系基本建成

（1）构建"三线四级"德育工作管理体系。即：学校分管领导、政教处、团委、学生会管理体系；各年级领导、年级主任、班主任、科任教师管理体系；宿舍管理领导、生活老师、楼长、舍长管理体系。

（2）构建学校、班级、家庭三结合的德育工作教育体系。进一步完善了"家校联动"德育教育工作制度。创办了家长学校，成立了班级、年级、校级家长委员会，完善了家校联系制度，建立了定期召开家长座谈会制度、家长开放日制度，健全了寄宿生系列管理制度。

（3）构建"四维一体"评价机制，促进学生全面发展。编制了《学生成长印迹》，开展学生自评、学生互评、教师评价、家长评价四评活动，让教师、同学、家长全方位掌握学生的学习情况、行为习惯等。通过记录寄宿生每一次因进步而获奖的痕迹、每一阶段的自评与互评、教师的鼓励与鞭策、家长的期望与建议等，让教师和家长更加全面、清晰地了解寄宿生思想品德发展的基本情况，从而更细致、深入地思考和关注学生的全面发展。

2. 对家庭德育教育进行了有效指导

（1）"微信+"平台的广泛使用，拓宽了家校沟通渠道，创新了家校联动机制，弥补了家庭德育教育的不足，深得家长的好评，为形成德育教育合力奠定了良好的基础。

（2）提高家长对德育教育的认识。一是家长素质明显提高，教育子女的意识和自觉性不断增强，主动与学校联系、沟通、进行配合的多了；二是家长自觉学习家教理论知识，注重克服简单生硬的教育方式，采取科学方法教育子女；三是家长自身严格要求自己，从一点一滴做起，以身作则；四是家长理解、支持学校德育教育工作；五是家长的家庭教育观念在逐渐转变，育人目标更加明确；六是家长同孩子交流的方式趋向于平等、开放；七是所有家庭都希望自己的孩子是一个思想品德优秀，具有远大理想，掌握一定科学文化知识，有一定的学习能力和较高的社会适应能力的人；八是家庭普遍认为需要要求孩子承担义务。

（3）促进了家长教育理念的转变。纠正了一些家长"重智育轻德育、重分数轻能力"的教育理念，真正认识到：全面发展必须以德为先，自己才是孩子的第一任也是最重要的老师，孩子的性格、言语、行为、价值观大部分时间都是在家庭中形成的。家庭是对孩子实施德育的重要场所，在生活中对孩子实施德育教育是家长义不容辞的责任，也是促进孩子成长、进步、发展的有效途径，只有家庭教育和学校教育密切配合，才能形成教育合力，促进孩子的全面发展。

3. 提升了教师的专业素养

（1）提高了教师对学校德育工作的认识。增强了广大教师开展德育活动的责任感，对德育的功能有了新的认识。大家都认识到，随着知识经济的崛起，价值观念的嬗变，生活方式的丰富，学校德育面临着种种新的挑战。因此，加强对青少年学生的德育工作，探索其正确有效的途径已成为每位教育工作者的历史责任。面对新的教育形势，学校德育必须跟上时代的步伐，与时俱进，积极探索，肩负起塑造学生健全人格的神圣使命。

（2）德育理论水平不断提高。在课题研究的两年时间里，课题组成员学习和翻阅了许多关于"家校联动"德育教育方面的书籍和相关资料，并写出了读书心得。课题组负责人黄永、成员丁小龙还利用"中国大学MOOC"平台，选修了河南大学刘济良教授主讲的"德育原理"课程，并取得毕业证书，提升了课题组成员的理论修养，为纵深研究奠定了坚实的理论基础。

（3）促进了教师的专业成长。课题的实施提高了教师特别是班主任的德育工作水平。在研究实践中，教师们积极参与课题研究工作，利用业余时间，主动学习教育教学理论，认真讨论班级管理方法，探索创建优秀班集体的有效途径，互相交流经验，撰写典型教育案例，形成了良好的教研氛围。学校创造条件安排教师外出培训、学习和交流，有力地提高了教师的教学研究水平，促进了教师的专业成长。

4. 学生养成教育取得显著成效

（1）提高了学生的自我认识能力。在"家校联动"作用下，学生进一步提高了对道德品质重要性的理解和认识。作为新时期的中学生，学习是一项重要的任务，但并不是人生的全部，我们还要学会生活、学会做人、学会合作、学会负责、学会关爱、关注社会、奉献社会，养成良好的行为习惯，培养健康的兴趣爱好，形成高尚的、理智的情操，塑造完美的精神世界，实现人格的完善，促进自我全面发展。

（2）通过"星级宿舍"和"校园之星"评选活动，学生的道德品质、生活习惯、行为习惯、人格素养有了较大提升，德育工作的实效日益显现。

（3）学生"成长、成人、成才激励卡"，坚持以生为本，着眼学生全面发展，以情感培养为核心，以实践体验为途径，以学生主体性活动为载体，丰富和完善了学校的人格教育模式。

（4）对"问题"学生进行"建档立卡"，制订帮扶计划，提出转化目标，明确转化重难点，并指定帮扶教师，采取学生结对帮扶、家校密切配合等形式，实施"一生一策，精准帮扶"策略，取得了良好效果。这一活动得到了同行的一致好评，并在全校和一些兄弟学校得到推广。

（5）优化了班集体建设。在课题实施过程中，各班加强了班级管理，积极探索民主管理模式，推进学生的自主管理，有力促进了班风、学风的根本转变。

5. 学校德育教育工作迈上了新的台阶

2018年武威第二十三中学被评为全省德育教育示范学校。2018年10月，课题组负责人黄永被武威市教育局评为"师德标兵"。实验班学生邵静冉同学荣获2018年度"新时代武威好少年"荣誉称号。课题组成员俞晓娟老师德育教育公开课"传播班级正能量，我们团结奉献"被列为全校德育教育示范课。2018年10月，全区寄宿制学校德育教育工作现场会在本校举行，本校的德育教育工作得到了与会领导和同行们的高度认可和评价。

九、课题研究存在的问题和今后努力的方向

（一）存在的问题

反思这两年来的课题研究过程，取得了一些成果，同时也发现研究中还存在着一些问题，主要表现在：

1. 社会上存在着不良现象，寄宿生抗诱惑力不强，这些不良社会现象对初中寄宿生危害较深，严重影响了学校德育教学的成效，学校对寄宿生日常行为习惯的养成教育任重而道远。

2. 教师理论水平不足，归纳总结的能力不强，课题研究工作深度和广度不够，难以提升研究过程中的经验。

（二）今后努力的方向

1. 进一步完善研究成果，努力推进学校人文环境建设，为学校的可持续发展做好保障。

2. 针对寄宿生反复出现的各种不良习惯，继续开展系列研讨和交流活动，组织各种有意义的专题讨论，多管齐下，有效地促进寄宿生思想品德的良性发展，巩固现有管理成果，不断完善"家校联动"德育教育机制。

3. 进一步完善初中寄宿生养成教育评价机制的改革。在新形势下，要围绕研究如何突出体现培养寄宿生的创新精神和实践能力这一重点，让寄宿生真正成为教育的主体。

凉州区留守儿童家庭教育现状及对策的研究结题报告

陈有武

《凉州区留守儿童家庭教育现状及对策的研究》是甘肃省"十三五"教育科学规划课题，立项号 GS［2017］GHB1228。两年来，按照课题研究的实施方案，课题组扎实有序地开展了实验研究活动，圆满完成了研究任务，取得了丰富的研究成果，有力地促进了武威第二十一中学及协同研究的四所乡镇学校的德育工作，促进了学校的内涵发展。

一、课题的提出

（一）课题研究的背景

据全国妇联2013年发布的《我国农村留守儿童、城乡流动儿童状况研究报告》：全国有农村留守儿童6102.55万，占农村儿童37.7%，占全国儿童21.88%。留守儿童人数之多、影响之大已是不争的事实，而且随着社会的发展，农民外出务工的增多，留守儿童在很长一段时间内还将继续存在。

有关调查数据显示，农村留守儿童的家庭教育问题已成为我们面临的新问题：留守儿童家长对教育认识的肤浅，留守儿童的隔代教育现象严重，留守儿童的学习情况不容乐观。这些现象在一定程度上影响着留守儿童的生命幸福感，影响着教育公平的真正实现。因此，对留守儿童这一庞大的群体的研究具有重要的现实意义。

（二）课题研究的依据

1.素质教育的基本理论

素质教育的核心是培养一个完整的人，要求学生要有健康的人格。对于小学生来讲，健康人格的培养，素质教育的成功实施，离不开良好习惯的养成，换句话说，要通过一系列良好习惯的养成才能培养出完整的人来。

2. 新课程改革的理念

新的课程改革向教育提出了"面向全体学生"的要求，要求关注全体学生的全面发展。而留守儿童因其特殊的背景，成为木桶理论中最短的一块板，尤其要受到重视和关爱。

3. 国家、部委有关政策文件

国务院《关于加强农村留守儿童关爱保护工作的意见》指出：农村留守儿童和其他儿童一样是祖国的未来和希望，需要全社会的共同关心。做好农村留守儿童关爱保护工作，关系到未成年人健康成长，关系到家庭幸福与社会和谐，关系到全面建成小康社会大局。

教育部《关于加强家庭教育工作的指导意见》指出：家庭教育工作开展的如何，关系到孩子的终身发展，关系到千家万户的切身利益，关系到国家和民族的未来。当前，提升家长素质，提高育人水平，家庭教育工作承担着重要的责任和使命。

二、课题的界定

（一）课题核心概念及界定

核心概念：留守儿童；家庭教育；解决对策

界定：留守儿童一般是指父母双方或者一方从农村流动到城市谋生，而本人还留在户籍所在地，不能与父母双方或一方共同生活的儿童。其中主要是指那些已经到达入学年龄，在学校学习的16岁以下的未成年人。

家庭教育是指家庭中的父母及其他成年人对未成年孩子进行教育的过程。家庭教育的重点是以品德教育为主，培养孩子良好的道德品质和行为习惯，包括生活习惯，劳动习惯，学习习惯等，教会孩子如何学"做人"。

本课题研究着眼于"留守儿童"这一特殊群体的家庭教育，以凉州区农村留守儿童及其家庭为研究对象，通过现状调查、知识普及、理念更新、行为干预等方式，转变家长教育观念，改进家庭教育方式，规范家教行为，提高家庭教育水平，促进留守儿童健康成长、全面发展，促进教育公平。

(二)国内外研究现状述评

国外研究现状：留守儿童问题是一个全球化的问题。国外留守儿童的研究内容主要涉及留守儿童的规模，以及移民对留守儿童的日常生活、教育、医院和健康、心理和行为等方面的影响。研究者不仅描述了留守儿童各方面的发展状况，而且对移民影响留守儿童发展的机制和过程也比较感兴趣，提出了一系列中介和调节因素。2003年，菲律宾的学者研究发现，留守儿童一般能较好适应社会并得到有力的社会支持，也能与家庭成员融洽相处，父母外出没有对其社会化、行为、价值观产生负面影响；而斯里兰卡的研究者认为母亲外出的留守儿童社会适应能力较差。联合国儿童基金会的研究发现，留守儿童在未成年怀孕、滥用药物、心理问题、暴力行为等问题上有更大的风险。

国内研究现状：国内对农村留守儿童的研究工作启动较早。农村留守儿童相关问题的大规模正式研究始于2004年，如今学术界关于农村留守儿童的研究的文章已经非常多了，并且留守儿童面临的困境已经引起了政府和社会的关注与重视，但对产生的教育问题及其解决策略的专项研究还远远不够。不同地区的研究往往各有特色，同一地区留守儿童现象也各有差别。据现有的研究表明，留守儿童群体存在的主要问题是由于缺少亲情关爱，加之同时存在监护"盲区"、教育"误区"、改革"难区"、社会环境"雷区"。从整体上看，留守儿童在教育、生活、心理、品行、安全诸方面都存在较大问题，容易出现一系列"留守儿童综合征"，部分问题儿童甚至已经或者正在成为"毁掉的一代"。其中，家庭教育问题无疑是重灾区，社会环境、学校教育等方面的问题可以通过行政手段的支持加以改善，而家庭教育往往受限于家庭本身的结构，以及家庭成员的受教育情况、生活情况的影响，难以通过外在力量加以解决。

根据对文献的整理研究，可以发现，中国留守儿童的家庭教育问题有范围广、情况复杂等特点。随着这一问题突显，与之相对应的方法却还处在探索研究的阶段，实质性的研究及成果并不多见。

（三）选题意义及研究的价值

近年来，随着城市化进程的加快和农村劳动力的加速转移，留守儿童问题和家庭教育成为全社会关注的热点。教育部《关于加强家庭教育工作的指导意见》的出台和国务院《关于加强农村留守儿童关爱保护工作的意见》的颁布，为该项工作的有效开展指明了方向。凉州区留守儿童群体庞大，留守儿童的关爱扶助和家庭教育工作面临的情况复杂。家庭教育对于儿童的成长有着巨大深刻的影响，加强对农村留守儿童家庭教育问题的研究，是解决农村留守儿童教育问题，乃至所有与留守儿童相关问题研究的重中之重。

农村留守儿童和非留守儿童的差异主要表现在学习教育方面，以及与其有内在联系的心理方面，诸如人际关系、与父母的关系以及对家庭的感受等，而这些差异随着年龄的增长变得更为突出。留守儿童的教育主要分为家庭教育和学校教育，本课题主要针对的是留守儿童有关家庭教育方面存在的问题，通过研究探寻相应的对策。通过该课题的研究，一方面可以有效地帮助解决农村留守儿童家庭教育中存在的一些问题，为各级政府妥善解决农村留守儿童教育问题提供有益参考，有利于教育的均衡发展，促进教育公平；另一方面，通过本课题的研究，有助于改进农村留守儿童家庭教育缺失的现状，提高家庭教育的水平，促进农村留守儿童综合素质的提高，为和谐家庭、和谐社会的构建尽一份力量。

三、课题研究的目标与内容

（一）研究目标

1. 深入了解、准确把握凉州区农村留守儿童的家庭教育和心理健康现状，为教育行政部门和政府决策提供依据。

2. 研究分析留守儿童家庭教育现状，特别是家长的教育观念、教育方式、教育行为对孩子健康成长的影响，纠正留守儿童家庭教育中的诸多问题，增强家庭教育的针对性，提高家庭教育的实效。

3. 通过普及家教新理念以及家庭教育行为干预，探索学校教育和家庭教育有效对接的机制、策略，强化家庭教育的服务与指导，促进留守儿童健康地成长成才。

（二）研究内容

1. 开展留守儿童心理健康状况和家庭教育现状调查，梳理问题，分析制约留守儿童健康成长的诸因素。

2. 推进家庭教育新理念的宣讲、普及活动，探索提升留守儿童家庭教育水平的有效途径。

3. 探索建立促进留守儿童健康成长的家庭教育机制及家校互动的新模式。

4. 建立问题留守儿童档案，进行有针对性的个案辅导，积累个案研究素材。

四、课题研究的方法与步骤

本课题结合凉州区基本区情，随机在本区一、二、三类乡镇中各抽取若干乡镇为调查研究样本，通过深入调查，梳理留守儿童家庭教育典型问题，分析成因。在此基础上，有针对性地开展家庭教育进社区（村）、家庭教育大讲堂，举办家长学校，进行家庭教育咨询与指导、行为干预等活动，探索解决留守儿童家庭教育问题的有效途径，形成可借鉴、可推广的模式，增强家庭教育的实效。

（一）研究的主要方法

1. 文献研究法。通过查阅相关文献并进行梳理，收集、整理有关研究成果，为本课题的研究提供理论指导。

2. 调查研究法。研究在新的社会背景下留守儿童心理及家庭教育的现状，为课题研究提供充分的事实依据，明确研究的主攻方向。

3. 案例研究法。对留守儿童家庭教育的成功案例进行分析研究，通过实践检验，进一步增强研究结论的普遍意义和可借鉴性。

4. 行动研究法。通过行动研究，理性地分析和评价家庭教育的行为，探索在社会变革的大背景下留守儿童家庭教育的途径，增强家庭教育的实效。

5. 经验总结法。收集分析和归纳整理出新的社会背景下家校结合促进留守儿童家庭教育的成功做法和有益经验，使之上升到理论高度，为优化育人环境提供指导和帮助。

（二）实施步骤

课题研究按照"认识—实践—再认识—再实践"的策略，围绕"调查（发现问题）—论证（确立课题）—设计（制定实验方案）—分析（行为习惯归类）—行动（寻找教育策略、方法）—反思（交流经验教训）—总结（提炼、验证策略，形成成果）—推广（运用研究成果）"八大环节展开，整个课题研究周期为两年，从2017年3月至2019年5月，分四个阶段实施。

1. 选题与立项阶段（2017年3月—2017年7月），主要工作是调查论证，确定课题，申请立项；组建课题组，制定课题实施方案，完成课题研究前期准备工作。

2. 初步实施阶段（2017年8月—2018年7月），主要工作是在实践中不断完善课题实施方案，调查研究并广泛开展家教知识宣讲活动，交流、研讨家庭教育的机制及有效策略，采集典型的家庭教育案例，总结出行之有效的教育模式。

3. 深入发展阶段（2018年8月—2018年12月），主要工作是实践前期研究成果，强化家庭教育服务指导，定期开展家庭教育策略研讨会，开展家庭教育指导和咨询活动，提升留守儿童家庭教育的水平。

4. 总结与提升阶段（2019年1月—2019年5月），完成课题研究报告，请专家评审鉴定，使之能推广应用。

五、课题研究主要活动和有效做法

截至2019年5月，课题组成功组织了开题研讨会，循序渐进地完成了课题研究方案制定、课题研究现状调研等工作，依次开展了现状调查、巡讲指导、案例选评和课程开发等研究活动，课题研究各阶段的任务已全部完成。研究过程中开展的主要活动和有效做法主要表现在以下十个方面：

（一）开题研讨活动

2017年10月27日，武威第二十一中学举行了甘肃省教育科学"十三五"规划课题《凉州区留守儿童家庭教育现状及对策的研究》开题研讨会，凉州区教研室的领导、市内课题研究专家到会并进行了专题指导。与会领导和专家认为，武威第二十一中学始终把教研兴校作为重点工作,能够从学校教育的难点热点问题入手,积极选择并承担省级教科研课题的实践研究工作,这种勇气和精神值得肯定。开题研讨会后,课题组依据研究的内容和目标,结合专家们提出的宝贵意见和建议,修改完善了课题研究实施方案。修订后的方案主题明确,预设出了实验过程中开展的各种活动和每个阶段的预期成果,体现了研究工作的系统化、渐进性和研究活动的系列化,增强了课题研究的针对性和可操作性。开题研讨会深化了课题组成员对课题研究的内容、目标、方法和研究路线图的认识,提高了研究人员的专业技能,指明了研究的方向,奠定了研究的基础。

(二)家庭教育理论学习培训活动

随着课题研究的不断深入,课题组成员意识到理论储备、研究方法手段以及研究视角、研究路径上的局限。为此,课题组开展了家庭教育相关知识的学习与专题培训活动。其间课题组积极观摩学习其他家庭教育课题组的成果,参加家庭教育专题培训、家庭教育指导课程学习。通过学习培训,课题组成员对开展留守儿童家庭教育研究工作有了全新的认识,增强了课题研究的针对性,为后期深入开展研究奠定了基础。

(三)家庭教育现状调查研究活动

设计并完成了《凉州区留守儿童调查问卷》《凉州区留守儿童家庭教育教师问卷》《凉州区留守儿童家庭教育家长问卷》三份问卷,问卷对象分别为留守儿童、中小学教师和留守儿童家长(监护人),内容涉及留守儿童的基本情况、监护形式,家庭教育现状、问题及对策、建议等几个方面。开展了三次访谈,访谈对象为实验学校教师、家长和在读留守儿童,主要了解了学校指导开展家庭教育的情况,存在的问题及对这一研究的建议。认真汇总了问卷和访谈结果,了解了留守儿童家庭的实际情况,建立了留守儿童档案,抽样分析了凉州区留守儿童心理状况及其家庭教育的现状,找出了存在的问题,撰写了题为《凉州区留守儿童家庭教育现状调查与分析》的报告。调查发现凉州区留守儿童家庭教育存在这样一些现象:家庭教育时间严重不足,亲子情感互动欠缺,隔代家庭教育问题突出,教育管理方式异变,教育过程重智轻德、重身轻心,教育上过分依赖学校,使得留守儿童普遍存在一些心理问题。现状调研使课题组找准了研究的切入点，课题组以目前留守儿童家庭教育中存在的问题为导向，以具体的指导活动和机制建设为抓手进行研究，使研究工作能够对症下药、有的放矢。

（四）家庭教育巡讲与指导活动

为了深入推进课题研究，增强研究活动的实效，课题组采取"请进来"和"走出去"并重的方式，开展家庭教育巡讲与指导活动。

开展家庭教育进农村、进社区巡讲活动，宣传并扩散家庭教育新理念。为推进全区家庭教育工作，区教育局成立了家庭教育导师团，课题组成员都是导师团的骨干成员。近两年来，课题组成员响应区妇联、区教育局的号召，积极开展家庭教育进村、进社区巡讲活动，承担"智慧母亲"家庭教育大讲坛宣讲活动 14 场，"弘扬家国情"家教家风宣讲活动 12 场，深入基层中小学开展家庭教育专题讲座、专题报告 20 场。通过这些活动，营造了社会舆论氛围，普及了家庭教育知识，宣讲了家庭教育新理念，教给了家长一些科学实用的教育方法。这些方法和措施在很大程度上发挥了学校对家庭教育进行指导的优势，提高了广大家长家庭教育的水平，形成了学校—家庭教育间的良性循环。

（五）"家校共育"系列主题实践活动

为使缺乏有效家庭教育的学生能在实践活动中受到教育，得到发展，课题组有针对性地开展了一系列实践性教育活动。主要有：

开办家长学校，成立家长委员会。定期组织家庭教育指导活动，指导的主要内容有：指导家长树立正确的教育理念和人才观，提高科学育人水平；帮助家长了解教育规律与方法，提高家长的教育修养水平；向家长介绍学校的培养目标及主要任务，让家长了解如何在生活中规范孩子的行为，培养他们养成良好的习惯；帮助家长学会创造良好的家庭氛围，让孩子在生活中耳濡目染，形成良好习惯。

定期召开家长会，密切家校联系。召开留守学生家长会及代理家长会，宣传正确的家庭教育理念。每学期，各个年级均要召开 1—2 次家长会，除此之外，课题组依托家长学校召开一次留守学生的家长培训会，在开学之初进行，教给这些监护人正确的家教理念：不溺爱孩子，严格要求，不乱给零花钱，监督学习等。

在农忙时及寒假之前，趁外出打工的家长回家，把他们邀请到学校，交流孩子的学习情况，并与他们沟通共同教育孩子的办法。每学期，教师要给打工的家长发信息，提醒他们，不要光顾挣钱而忽视了与孩子的交流。通过家长会议，教师及时与家长沟通，了解孩子习惯的形成情况，有针对性地指导家长，让家长心中有数，为孩子的习惯养成提供支持。

开展"大家访"活动。每学期，全校教师利用双休日、寒暑假开展留守儿童"大家访"活动，教师在家访中向这些学生家庭宣传学校的教育方针，和家长共同探讨家庭教育策略。

（六）家庭教育案例选评活动

家庭教育案例是课题研究的主要成果之一。为了及时有效做好课题研究成果汇总，在课题研究的第三阶段，课题组进行了优秀家庭教育案例的征集评选工作。教师们在撰写案例之前，多渠道搜集了国内外相关活动的成功案例，认真揣摩，仔细研究，反复分析反思，撰写点评笔记，借鉴并积累了许多成功经验。在撰写案例过程中，鼓励教师结合自己的实践，自主开发设计新的教育内容，创新教育形式。教师们撰写的案例以科学的理论为指导，提炼了实践活动的关键环节，融入了自己的思考，加以理性的分析，具有较高的可操作性。

（七）家庭教育研究成果汇报展示活动

根据课题的进展情况，课题组组织各协作校的实验教师在武威第二十一中学开展了留守儿童家庭教育策略研究经验交流会，课题组各成员就课题阶段性研究论文、研究心得及专题活动设计、系列课程开发等进行了广泛深入的交流研讨，并进行了资料的收集、归纳、整理、分析和研究成果的展示，对课题研究的后续活动开展做了进一步的调整，要求实验教师要把留守儿童的健康成长和家长的观念转变作为课题研究的重点之一。课题组成员要将撰写的论文投稿发表，并继续对收集的材料进行整理，为顺利结题提前做好各项准备工作。

（八）校本课程开发系列活动

一是整理"我"的研究成果。课题组成员整理自己的留守儿童家庭教育案例研究成果，内容包括文献述评1份、案例评析2份、"我"的活动设计2个、"我"的活动视频 1 个。

二是开发《留守儿童心理健康指导手册》。内容包括留守儿童群体概况、留守儿童关爱服务单位群体及职责、留守儿童心理辅导案例、留守儿童心理健康团体辅导活动、留守儿童工作常用表册等五部分内容。

三是收集整理课题研究过程性资料，内容包括问卷、访谈记录、阶段性报告、论文、优秀案例等。

（九）研究效果评测活动

采用第二阶段搭脉会诊、现状调查的问卷和方法，评测研究成效。设计两份问卷，调查对象分别为实验学校教师和留守儿童家长（监护人），内容包括对家庭教育的认识及其现状、形式、问题，以及对策、建议等，每份问卷设计 5 到 10 个问题。进行三次访谈，访谈对象为实验学校教师、家长和在读留守儿童，主要对家长学校、家委会开展家庭教育活动的情况进行评价，了解家庭教育的效果、存在的问题及对这一研究的建议。撰写一份报告，汇总问卷和访谈结果，邀请市内家庭教育专家观摩指导课题组开展的家庭教育成果展示活动，评估实验成效，对研究过程中采集的数据进行对比分析，撰写题为《凉州区留守儿童家庭教育成效分析》的报告。

（十）成果推广与扩散活动

一是"请进来"观摩汇报。利用联片教研的形式，借助德育名师工作室的平台，邀请城乡联片组内兄弟学校德育处负责人、班主任和骨干教师来本校查阅本课题研究的资料，课题组介绍课题的研究过程和成果，课题组骨干教师进行汇报讲座，请观摩人员评议。

二是"走出去"示范研讨。选派课题组骨干教师到兄弟学校上示范课、做专题报告，组织听课教师研讨；到村镇、社区宣讲家庭教育理念、方法，扩大成果的影响。

六、课题研究的成果

课题组努力把课题研究根植于学校日常教育工作当中，边教学边研究，边研究边调整完善研究思路，按实验方案要求扎实实施各项研究活动，反复评估反思活动成效，认真概括提炼有效做法，积极撰写研究论文，获得了丰富的研究成果。

（一）探索并总结了四种指导留守儿童家庭教育的方法

针对目前留守儿童家长（监护人）家庭教育观念落后、教育知识缺乏、教育方法欠缺、教育形式单一的现状，课题组根据研究的实际，认真总结提炼出了有效指导留守儿童家庭教育的四种基本方法：

一是立足共性需要，讲求规模效益的集体指导法。家庭教育集体解答指导活动，共性问题集体咨询，是根据家庭教育中普遍存在的问题和需要，由教师、专家组织的以活动为载体，家长参加的一种集体解答指导形式。集体解答指导活动一般包括家庭教育专题讲座、家长会、学校开放日活动、家庭教育经验交流会和各种亲子活动等形式。集体指导活动的指导对象比较普遍，效率也比较高。

二是按照特殊需要进行的单独指导法。家庭教育单独指导法是指有目的、有计划地直接围绕学生成长的问题进行的和家长面对面、"一对一"的沟通、指导家长家庭教育的做法。个性问题要单独解决或小范围内解决（涉及个人隐私问题、早恋问题、心理问题、怪癖问题、亲子关系紧张问题、好逸恶劳问题、道德问题、不轨行为问题等等）。单独指导法具有较强的针对性、灵活性。

三是以问题为导向的个案跟踪法。家庭教育个案跟踪指导是指教师个体针对某一个家庭中出现的家教疑难问题，如学习方法、道德修养、亲子关系、情商、早恋、心理健康等，在一定时间内进行的连续跟踪研究和指导。教师家庭教育个案跟踪指导能使教师对家教疑难问题进行连续指导，明显提升家庭教育的实效，并不断积累资料、总结经验，不断创新家庭教育指导方法，提升家庭教育指导水准。

四是借助互联网信息技术的网络互动法。主要是指利用互联网及电子邮箱、专用平台，在网上以对话、发帖、留言等方式进行沟通交流的方法，如教师可以在网页上介绍比较典型的家庭教育经验，并加以点评等。充分运用这类平台，将拓宽家长学校办学途径、丰富家长学习内容、更新家庭学习方式、推动学习型家庭的创建。通过互联网、电脑、手机和家庭座机等技术手段，拉近了学校与家庭的距离，也拉近了教师与家长的距离。

（二）建章立制，构筑了家长学校教育平台

在课题研究的推动下，各实验学校成立了家长学校，建立了家长委员会。家长学校组织健全，管理到位，做到了"五落实"。一是组织落实：校长担任家长学校校长，党支部书记担任家长学校教务主任，各班主任和品德、心理教师以及聘请的校外专家为主讲教师。二是制度落实：制定了《家长学校规章制度》《家校联系制度》《教师工作制度》《优秀学员评选制度》《家长意见和反馈制度》等。三是责任落实：家长学校领导班子分工明确，组长负责家长学校全面工作，起到监督作用，定期检查家长学校的工作；副组长具体负责制订家长学校工作目标、工作计划，向组长定期汇报工作开展情况。四是教学落实：主讲教师承担家长学校的教学工作，按照计划，定期授课，根据工作中发现的问题，对家长学校的工作提出合理化建议；定期召开会议，研究解决家长学校工作和教师工作中的实际困难。五是评价落实：根据学校实际，从备课、上课、考评、优秀家长评选等方面制定了一系列规章制度，从领导到教师，严格按规章制度办事，做到了活动有组织、有领导、有计划、有教材、有辅导教师、有定期培训，使家长学校工作在组织上和制度上有了可靠的保证，充分调动了教师、学员的积极性和主动性，得到了学生家长的广泛赞誉。据统计，各实验校的家长学校每学期集中上课两节，两年来，参与上课的学员不少于4000人次，留守儿童家长或监护人参与上课者达2000人次以上。

（三）形成了改进留守儿童家庭教育的基本策略

留守儿童家庭教育存在的问题，单凭家庭自身的力量难以消解，需要外部力量的指导，学校就是这些外部力量的重要一环。中小学校作为家庭教育的主体，在家庭教育工作中的作用至关重要。目前，课题研究的现状是：家长学校实际运行状况不理想；家长委员会职责不清；家庭教育指导的内容不全面；家庭教育指导的时间集中、路径单一等。课题组完成的论文《试谈留守儿童家庭教育缺失的应对策略》提出了自己的改进策略和操作方法：

一是更新教育理念，加强教师培训，不断提升教师指导家庭教育的能力。学校及教师不仅要关注学校怎样培养人,还要指导学生家长有效进行家庭教育。学校及教师必须形成"大教育"理念,在这一教育理念引领下,应主动承担家庭教育指导的责任。为了更好地指导家庭教育,学校必须加强教师培训,包括家庭教育指导的相关内容。通过在职培训,深化教师对家庭教育的认识,拓宽相关知识,持续提高教师指导家庭教育的能力。

二是办好家长学校,提升家长素质,做到集中指导与日常指导相结合、传统指导路径与现代指导路径相结合,增强家庭教育指导的实效。中小学要加大对家长学校的投入,使其对学生家长产生更大的、更积极的影响。在家长学校运行过程中,主要由中小学教师给学生家长讲授相关知识,不断提升家长素质。也可以聘请高等学校或研究机构的专家、学者为学生家长就家庭教育问题做专题讲座,使专家的研究与家长的思想相互碰撞,促使家长对教育问题进行深度思考。学校及教师在指导家庭教育的过程中,要处理好传统指导路径与现代指导路径的关系,教师要创造条件尽可能对学生进行家访,使家校育人形成强大的合力。同时,教师也要适度利用智能手机等现代化的手段,针对学生或学校存在的问题,及时与学生家长沟通联系,指导他们教育孩子。

三是学校要建立健全家长委员会制度,发挥好家长委员会作用,定期开展"最美家长"或"最美亲子关系"评选活动,引导家长全方位关心孩子成长。学校应当借鉴国家评选"最美家庭"的做法,在学校定期评选"最美家长"或"最美亲子关系"。这种评选活动主要是激发家长关注子女成长、关心学校育人的积极性,使家长对子女的关注同子女的在校表现等发生真实联系。

四是着眼学生全面发展,丰富学校指导家庭教育的内容。学校指导家庭教育工作要坚持立德树人的根本要求,把社会主义核心价值观融入家庭教育指导工作实际,将中华民族优秀传统美德发扬光大。学校指导家庭教育的内容至少应包括三方面:首先,应当指导家长从做人方面管教子女,涉及社会主义核心价值观、良好习惯的养成等;其次,应当在树立科学的教育理念和掌握学科知识的学习方法等方面予以指导;最后,指导学生家长与学生共同参与参观体验、红色旅游、研学旅行等实践活动,营造良好的家校关系和共同育人氛围。

五是整合社会力量，形成教育合力。成功的教育是学校教育、家庭教育、社会教育共同作用的结果，不可偏废。以学校为依托，在村或社区成立"留守儿童家庭教育指导中心"，并寻求上级妇联的帮助，吸纳社会组织的力量，让社工、退休老教师、青年志愿者等入驻"指导中心"，辅导留守儿童。这一做法不但丰富了留守儿童的校园生活，还让他们得到有效的心理辅导和社会关爱，也便于及时与学校沟通联系。

（四）开发出了留守儿童教育校本教材

研究活动中，课题组成员搜集整理了国内外有关留守儿童家庭教育的文献及案例，大家分析点评，积累经验，找到了模仿的范本。通过家庭教育主题活动设计和家庭教育大讲堂等活动，课题组成员基本完成了20个优秀教育案例，精选讲座专题10个，制作PPT课件10个。课题组修改完善这些案例，成熟后编印《凉州区留守儿童家庭教育研究优秀案例集》，其中收集的优秀案例，都由教师们在课题研究过程中打磨而成，来源于教育实践，又指导教育实践。课题研究中获得的提高留守儿童家庭教育成效的方法和策略体系，都是从这些案例中总结提炼出来的。教师们在打造案例的过程中，强化了理论学习，掌握了操作方法，专业能力不断提高。

遵循课题研究的进程，根据课题研究的需要，课题组成员精选材料，编写了《留守儿童心理健康指导手册》。本手册注重实操，以心理体验活动、心理团体辅导活动等为主要形式，并通过故事分享、问题引导、分组讨论、团体体验等活动，最终实现留守儿童的心理辅导。

七、课题研究的成效

（一）转变了农村留守儿童家长的教育思想，使很多留守儿童家长走出了家庭教育的误区。通过课题研究，经过多种形式的理论培训和与教师的直接交流指导，留守儿童家长意识到家庭教育在孩子成长过程中的作用，教育观念发生变化，教育行为发生重大改变，很多家长能够主动将自己在教育孩子时发生的矛盾和产生的困惑带到学校与教师讨论，寻求教师的帮助与配合。家长教育子女的方法丰富了，也更加科学了，家长的综合素质借助课题研究得到了较大的提高：一是家长素质明显提高，教育子女的意识和自觉性不断增强，主动与学校联系、沟通、进行配合的多了；二是家长自觉学习家教理论知识，注重克服简单生硬的教育方式，采取科学方法教育子女的多了；三是家长自身严格要求自己，从一点一滴做起，以身作则；四是家长理解、支持学校教育教学工作，办实事、办好事的多了；五是家长的家庭教育观念在逐渐转变，育人目标更加明确；六是家长同孩子交流的方式趋向于平等、开放。

（二）促进了教师的专业成长，打造了一批优秀班主任，提高了教师队伍的整体素质。通过本课题的研究实施，课题组教师转变了教育观念，树立了新的人才观。教师们学习教科研理论，提高认识，集思广益，大胆探索，积极尝试，以学校教育为主阵地，扬长避短，优势互补，有力地促进了留守儿童的发展。在课题研究过程中，实验教师中有8人次在市以上优质课、论文、案例、课件等评比中获奖，5人次获得区级以上"质量标兵""德育工作先进个人""优秀班主任（教师）"等荣誉称号；撰写的5篇论文在省级以上刊物发表或获奖。

（三）培养了一大批有个性、有特长、有素质的优秀学生，促进了留守儿童的健康成长。通过课题研究，学校、家庭、社区共同致力于学生的习惯养成教育，学生好的习惯得到了稳固。留守学生的行为习惯有了明显的改善，他们的厌学情绪得以有效控制，持逆反心理的学生人数较以前有很大幅度的降低，学生孤僻、封闭等心理障碍得到很大程度的缓解，校园内逐渐形成了和谐向上的氛围。实验学校留守儿童当中有21人次在区级以上文体活动及电脑作品制作比赛中获奖，84人次获得校级"文明学生""三好学生""优秀班（团、队）干部"等称号，7人次获得区级以上"优秀学生（团员、少先队员）"等荣誉称号。

（四）畅通了家校沟通的渠道，突出了学校主体、主导作用。建立了家校教育互动平台和保障机制。建章立制，成立了家长学校，完善了家长委员会、家庭教育导师团等组织；打破了千篇一律的家访方式，改革了家长会模式；开辟了家庭教育指导渠道，学校网站及时沟通信息，书信往来营造良好氛围，家长接待日、开放课堂等形式，实现了家庭与学校教育及时有效、良性互动的局面。

（五）营造了全社会关注家庭教育的良好氛围，形成合力，增强了家庭教育的实效。课题实验过程中，适逢省家庭教育学会、市家庭教育指导中心、区家庭教育指导团成立，课题研究得到了教育行政部门、上级妇联组织及周边社区的积极关注。通过两年多的实验，学校、社会、家庭"三位一体"共同推进留守儿童家庭教育的尝试得到了广大家长和社会人士的广泛支持和认同，家庭和社区对教育的重视程度不断上升。本课题研究在一定程度上整合了学校、家庭、社区的教育资源，有针对性地定期开展了家庭教育专题活动，增强了家庭教育的实效，促进了社会的稳定与和谐。

（六）促进了学校办学水平的提升，提高了学校的教育效能。课题实验促成了新的家校联系制度的建设，由过去的重"校本位管理"转向"家校互动管理"，大大提高了家长教育孩子的责任心，有效促进孩子们健康成长。学校通过建立"留守学生导师制"，开办心理咨询室，为教师、留守儿童、家长三方搭建了平台。全校上下齐努力，广泛开展关爱留守儿童活动，特别关注问题学生的身心健康发展，使这类学生思想行为转变较快，学习成绩逐渐上升。学校的教育效能进一步显现，办学品位有了明显的提高。实验学校武威第二十一中学、古城镇校尉九年制学校被当地党委政府评为"精神文明建设先进单位""社会综合治理先进单位"，武威第十中学被评为市级"文明校园"，金羊镇九年制学校、中坝镇中学获得区级"教学质量进步奖"。

八、存在的问题及前景展望

两年来的研究与实践，课题组积累了一定的经验，但也有困惑与反思。在探索农村留守儿童家庭教育的过程中，课题组深刻体会到以下几点：

（一）课题研究必须有校领导的真正重视，要有人力、物力、经费、场地诸方面的保障，留守儿童家庭教育工作才能得以顺利开展。

（二）留守儿童家庭教育工作必须得到学生家长和社会各界、上级领导的广泛重视和支持，必须通过积极有效的活动开展，让留守儿童感受到党和政府、学校、社会给予的温暖，才能有效转变留守儿童的思想、行为，使之成为祖国建设的有用人才。

（三）课题研究在实施过程中如何做到科学、规范等依旧需要思考。农村留守儿童家庭教育现状研究的局限性明显存在，比如多学科综合研究不足、研究方法比较单一、可行性策略研究不够等都是中小学研究者的短板。

两年来，课题组在留守儿童家庭教育方面做了一些工作，进行了有益的探索，取得了一些成绩。但关爱留守儿童是一个系统工程，是一项长期的、具有深远意义的工作，课题组只有不断的思考工作中存在的新问题，探索新方法，才能更好的服务于学生，服务于社会。

就本课题研究的范围——解决凉州区农村留守儿童家庭教育缺失问题而言，这同样是一个复杂而长期的工程，需要家庭、学校和社会多方面的努力和配合，但从根本上来说是要尽快结束留守儿童的留守生活。关于农村留守儿童家庭教育缺失问题仍有很大的研究空间，需研究者们用严谨的态度，开阔的视野，务实的精神，去寻求切实可行的解决之道。

农村中学信息技术与课程整合研究结题报告

陈有武

一、课题的研究背景

21世纪是一个信息化社会，是一个以计算机为手段的知识经济时代。随着现代教育技术的广泛应用，传统的教学模式、教学方法、教学手段等也必将发生根本性的变化，那种"黑板+粉笔"一统天下的单一教学模式将被彻底打破。因此，大力提高教育技术手段的现代化和教育信息化程度，对推进学校教育现代化，具有战略指导意义。

《基础教育课程改革纲要（试行）》指出，要"大力推进信息技术在教学过程中的普遍应用，促进信息技术与学科课程的整合，逐步实现教学内容的呈现方式、学生的学习方式、教师的教学方式和师生互动方式的变革，充分发挥信息技术的优势，为学生的学习和发展提供丰富多彩的教育环境和有力的学习工具"。现代远程教育工程的实施为信息技术与课程整合创造了条件，搭建了平台，将上述可能变成了现实。而广大农村中学信息技术与课程整合的现状是：远教设备利用率普遍不高，导致部分设备闲置，资源浪费；教师信息素养低，能熟练操作远教设备的人不多，信息技术应用能力不高，整合能力欠缺，整合手段单一，课程整合仅限于CAI课件的制作与使用，广大教师一方面抱怨农村学校教育资源落后、缺乏，另一方面却是精良的远教设备闲置，不能发挥更大效益；学校信息技术课的开设、学生信息技术能力的培养普遍重视不够，学生上机机会有限，利用计算机网络资源学习几乎是一种奢望，一部分学生是对信息技术课不感兴趣，还有一部分学生是逃课、逃学，通宵上网娱乐。基于这样的现实背景，经过反复调查论证，课题组讨论确定了本课题。如何行之有效地培养农村师生的信息素养，提高教师远教设备应用水平及整合课程资源的能力，使之发挥更大效益，进一步改善教学，创设理想的学习环境，最终实现教育教学高质量、教育对象高素质的目标，正是本课题要着力研究的核心问题。

近年来，学校积极开展运用现代教育技术进行学科教学的活动，经过了一个从初级到高级，从简单到复杂的过程。目前硬件条件日趋完善，软件亦不断充实，教师应用现代信息技术的主动性强、积极性高。在这种情况下，进一步开展现代教育技术与学科教学整合的研究已成为学校教育教学发展的必要。因此，课题组力图通过本课题的研究以及利用现代教育技术加强教学过程的设计与开发，研究探索教与学的方法和模式，培养创新人才，推进素质教育，加强并促进教育教学改革，构建教育信息化的基础教学模式。

二、课题研究的目的意义

通过"信息技术与课程整合"课题的研究，力求从理论和实践层面共同推进，提高师生的信息素养，增强师生的信息技术操作能力，真正掌握最先进的教育技术，促进教与学的革命。通过运用多种媒体，激发学生对信息技术的兴趣和意识，让学生了解并掌握信息技术基本知识和技能，使学生具有获取信息、传输信息、处理信息和运用信息的能力，培养学生的信息素养。

通过信息技术与其他课程的整合，消除传统教学结构的弊病，创建新型教学结构，充分发挥学生在学习过程中的主动性、积极性与创造性，使学生在学习过程中真正成为信息加工的主体和知识意义的主动建构者，而不是外部刺激的被动接受者和知识灌输的对象；教师则应成为课堂教学的组织者、指导者，学生建构意义的帮助者、促进者，而不是知识的灌输者和课堂的主宰。关键是教学观念的改变。

三、课题研究的理论依据

（一）**素质教育理论**。中共中央、国务院《关于深化教育改革全面推进素质教育的决定》指出："大力提高教育技术手段的现代化水平和教育信息化程度。……充分利用现有资源和各种音像手段，继续搞好多样化的电化教育和计算机辅助教学。……大力开发优秀的教育教学软件。运用现代远程教育网络为社会成员提供终身学习的机会，为农村和边远地区提供适合当地需要的教育。"

（二）新课改理论。《基础教育课程改革纲要（试行）》指出："大力推进信息技术在教学过程中的普遍应用，促进信息技术与学科课程的整合，逐步实现教学内容的呈现方式、学生的学习方式、教师的教学方式和师生互动方式的变革，充分发挥信息技术的优势，为学生的学习和发展提供丰富多彩的教育环境和有力的学习工具。"

（三）教育学理论。扈中平、李方等所著的《现代教育学》中提出，"现代网络技术与多媒体技术的结合，不仅带来教育手段和方法的改变，而且引起课程设置、教学内容、教学模式乃至教育体制、教育观念的更新""教育网络化、信息化的任务和着眼点在于：更好地发挥受教育者的潜能，改进教育技能，培养学生信息检索和创造能力，构建终身学习体系，使学习真正变为人类生活的一部分，一种生活方式"。

（四）建构主义教育理论。建构主义理论所强调的"以学生为中心"、让学生自主建构知识意义的教育思想和教学观念，对于多年来统治我国各级各类学校课堂的传统教学结构模式是极大的冲击。伴随着多媒体和网络通信技术的日渐普及而逐渐发展起来的建构主义理论"天生"就对信息技术"情有独钟"，它可以给信息技术下的教学提供最强有力的支持。

四、课题研究的目标

（一）努力推进信息技术与其他学科的整合，在其他学科的教学中广泛应用信息技术手段，并把信息技术教育融合在其他学科的学习中，进而提高教学的效率，改善教学的效果，改变传统课堂教学的结构模式。

（二）针对农村学校师生信息素养偏低，课程整合能力欠缺，以及远教设备使用效益不高的现状，采取多种方式，创造有利条件，营造氛围，强化落实应用的关键环节，切实提高农村学校教师的信息技术与课程整合能力。

（三）信息技术为教学提供资源环境，作为学生学习的协作工具和研发工具，在此基础上着重培养学生的信息获取和分析能力、信息加工能力，提高学生的信息素养。

五、课题研究的内容

根据建构主义的"教"与"学"理论，实现现代信息技术与学科教学的无缝结合，对于整个教育的深化改革有着决定性的重要意义。其整合思路可从四个方面切入：

（一）利用多媒体计算机交互性的特点，激发学生的学习兴趣，发挥其认识主体的作用。

（二）利用计算机超文本特性实现对教学信息最有效的组织与管理，方便师生获取信息。

（三）利用计算机网络特性实现能培养学生合作精神并促进高级认知能力发展的协作式学习。

（四）利用因特网平台，开通学校课程整合资源和学科资源网站，开展基于网络应用的研究性学习活动。

研究策略：利用信息化学习环境和资源创设情境，包括问题情境及虚拟实验环境，以培养学生的观察及思维能力；借助其内容丰富、多媒体呈现、链接扩展等特点，培养学生自主发现、探索的学习能力和合作学习精神；利用信息化的学习环境和资源，培养学生信息加工处理和表达交流能力；利用信息化的学习环境和资源，借助信息工具平台，改革课堂教学结构，优化课堂教学；利用信息化的学习环境和资源，借助人机交互技术，改革教学内容的呈现方式，培养并提高教师信息素养及课程整合能力。

六、课题研究的方法

（一）*行动研究法*。对教师及学生参与课题实验的行为过程进行跟踪、观察、调查、分析，并进行及时的反思、总结和调整。

（二）*文献法*。采用文献检索手段，从有关书籍、报刊、文献中收集相关资料。

（三）*调查法*。形式有问卷式、访谈式、数据采集式。

七、课题研究的步骤

本课题研究分三个阶段进行：

准备阶段（2007.02—2007.07），学习建构主义的"教"与"学"理论，体会建构主义理论对教学理念、教学模式、教学方法所产生的深刻影响。做好实验前的各项检测工作，设计课题研究方案，进行课题论证等。

实验阶段（2007.08—2009.07），全面启动，调查研究、教改实践、积累资料。中期进行阶段性评估。

总结阶段（2009.08—2010.10），撰写实验报告、实验论文，整理资料，有关专家领导评估。

八、课题的主要过程及策略

（一）*主要的研究和实践工作*

1.2007年11月，召开课题的开题仪式。区教研室，金羊学区领导、专家及联片组学校代表共计30余人参加了开题会。

2.2008年2月起，配合学校组织了教师信息技术培训班，全体教师坚持每周三下午两小时的培训学习，教师应用现代信息技术的能力明显提升。

3.2008年4月—2009年10月，配合学校、联片教研组成功举行"信息技术与学科课堂教学整合"大型竞赛暨研讨交流活动8次，观摩优质"整合"课16节次，帮助教师在比赛中运用自己制作的课件整合教育教学资源，实现课堂教学的高容量、高效性和科学性的有机结合。

4.2008年9月初，课题组研讨了关于开展课程整合模式的方法和策略，并对整合过程中存在的问题进行梳理、汇总与小结，对开展课程整合提出了许多建设性建议。

5.2009年3月起，课题组着手实践师生互动学习的新模式，其中在数学、英语、语文学科的探究学习方面已取得了一些成功的经验。

6.2009年9月—12月，总结本课题取得的成功经验，并在小范围内加以推广。

（二）课题实施策略

1.学习与培训。定期组织课题组成员学习"信息技术"及学生"学习方式"的相关理论，学习《基础教育课程改革纲要（试行）》，不断更新教育观念，明确转变学生学习方式的必要性和紧迫性。2007年4月以来，先后派出21人次参加了省、市、区组织的英特尔未来教育、现代教育技术、中英项目学科教育、骨干教师、课题研究等专项培训，大大提高了实验教师的理论素养及实践能力。

2.专家指导。根据课题研究的需要，学校多次聘请专家进行理论指导和课题研究现场分析。两年来，学校聘请区教研室领导、专家等来校做有关课题研究的专题讲座，区电教馆专家多次来校深入课堂听课，就课题研究过程中出现的问题与教师们进行"零距离"专题研讨，为课题研究导航，以确保课题研究工作有序、高效地运行。

3.课堂实践。进行"信息技术与课程整合"的课堂教学实践，并定期开展公开研究活动。

4.阶段性总结。课题组定期进行课题研讨活动，不断总结课题研究的成果和存在的问题，及时调整、改进实施方案。

九、课题研究成果

（一）初步构建了符合我校实际情况的"信息技术与课程整合"的新型教学模式

实验过程中，学校注重实践，充分发挥多媒体在各学科教学中的作用，利用计算机多媒体高度传递交互信息的特点，积极探索教师、计算机、学生三维多向教学模式，努力使学科教学在整合教学模式上实现两个目标：一是突破单一的教学模式，使信息技术真正成为学生自主使用的认知和探究手段以及解决问题的工具；二是利用信息技术创设自主、合作、探究的学习环境，提高学生自主获取信息和加工、整理、应用信息的能力，以达到教学互动进程最优化状态。初步形成了如下教学模式：

1. 基于计算机多媒体设备的 CAI 课件辅助教学模式

如各学科普遍采用的"讲授—演示型教学模式"是以教师使用信息技术为主的演示型教学模式，是在现有教学模式基础上，把计算机作为新教学媒体使用，主要把 CAI 课件用于课堂教学中的演示和交流。其模式结构流程：创设情境—引导思考—学习交流—训练运用—总结评价。这种教学模式适合计算机操作技能一般的教师选用，目前在实验学校各学科讲授新课和复习课的教学中得到广泛运用，取得良好的普及效果。

2. 基于计算机网络的任务驱动模式

"任务驱动"是建立在建构主义学习理论基础上的一种教学方法，也是我国信息技术教育工作者总结出来的一种行之有效的方法。这一方法在中小学信息技术课堂教学中被广泛运用，逐步形成了设置情境、提出任务、展开自主与协作学习、任务评价及教学总结五个教学基本环节。任务驱动模式提出了"以教师为主导，以学生为主体"的教育理念，要求学生在教师的精心策划和正确引导下，通过感知思维、体验实践、自主参与、团队协作等方式，实现既定的教学目标。在具体实施的过程中，实验校采用了协作与体验相结合的形式，组织若干名学生或若干个小组团队相互配合来共同完成学习任务，并且以这种个人或小组的表现为主要依据来进行评价。

任务驱动的教学模式在学科整合中的基本策略，就是将教学内容精心设计成一系列学生易接受、感兴趣、能完成、有创新的具体任务，使学生个体以团队（或小组）的形式在一种特定的氛围中学习和探索，个体在团队中分别扮演着一定的角色。其具体操作过程可简化为：整合资源，设定问题—任务驱动—合作探究—成果展示。

例如在八年级物理"研究透镜成像规律"的教学中，执教老师在整合现有资源的基础上，提出明确的探究任务：利用"几何画板"或"仿真物理实验室（光学版）"，自主探究学习工具软件的基本使用方法，完成一件创新作品或小课件，并在校园网（或局域网）上交流。

教师综述透镜成像实验的基本过程（所需实验器材、步骤、数据的获取、处理等）；结合信息技术中计算机应用软件的神奇作用，简单介绍辅助工具软件的使用；提出本节实践课的学习内容及目的要求等，达到任务驱动的目的。

之后，学生分组活动，包括软件的下载、解压缩、安装等，并具体运用到如何体现"透镜成像"这一关键环节之中。通过讨论、制作、交流、发布、演示自己编制的小作品或小课件，"研究透镜成像规律"的教学任务圆满完成。

在教学活动中，采用讨论、竞赛、演示等多种形式让学生以小组为单位，进行分析和解决问题的探究，通过不同观点、不同结论的交锋、交流、补充、修改、认证，学生可以共享集体思维的成果，分享个人成功的乐趣，从而也加深了对所学知识的理解。

3.基于网络环境下的自主合作探究学习模式

多媒体计算机和互联网能提供表现丰富、互动性强的学习环境，有利于学生更多更好地获取关于客观事物规律及内在联系的知识，这对学生认知结构的形成与发展是非常有利的。网络技术及信息资源作为学生学习的认知工具和内容材料，使学生在课堂学习中学会分析、讨论和评价，帮助学生进行积极的意义建构，促进学生自觉地把信息转化为自己的知识并培养能力，这是信息技术与学科教学整合的典型形态。

信息技术作为学生的基本认知工具，网络资源的共享交流和人机交互的动态操作是这种模式的两大特点和优势。它的课堂设计表现为以学生的学为中心，以问题驱动为导向，学生围绕学习主题，运用网络信息资源和计算机网络技术展开学习，能够培养自学能力、操作能力、动手能力。其教学模式的基本结构流程为：

问题导向，确定主题—实例分析，媒体演示—学生操作，获取信息—探究思维，意义建构—交流评价，巩固练习。

（二）学校信息化建设水平的进一步提高

为"整合"研究和信息化教学的需要，学校先后投资10多万元，配备远教四室，接入10兆光纤，建成校园局域网，购置电子投影、打印及音响设备，在各办公室装配电子备课系统，学校信息化水平空前提高。周期性下载各学科教学资源，分类整理、刻录、储存，学科软件资源库建设初具规模，能基本满足教学需要。

全体教师应用远教设备进行教学的积极性空前高涨，现代远教工程的效益得以充分发挥。实验期间，学校实验教师共承担"整合"实验课1000余节，在"四室"授课周课时平均在40节（次）以上，远教设备的利用率显著提高，远教的效益进一步发挥。

（三）教师素质得到快速提升

1. 教师的信息素养及整合能力有效提升

"整合"实验的开展，促进了教师改变长期的教学行为习惯，80%以上的教师能运用信息技术进行课堂教学，将计算机和网络作为自己教和学生学的工具。在信息技术与学科整合教学模式下，教师由知识的传授者转变为教学活动的指导者、组织者、帮助者。教师的角色是教学信息资源的设计者、学生学习的促进者，教师必须对教学信息资源进行精心设计、策划，对课堂教学中可能会出现的情况要有一定的预见性，这对教师来说是巨大的挑战。因此，在课题研究过程中教师的观念得到了解放，教学机制有了长足的进步，驾驭课堂的能力有了明显的提高。

2. 教师的教育观念及教学行为有了显著的改变

利用网络备课，能大大丰富教师获取的信息，教师可以利用网络和计算机技术，结合多种媒体，以生动、形象、活泼的方式进行教学，调动学生的多种感觉通道加入到学习过程中来，从而激发学生的学习热情，提高学习效率。网络能更好地帮助教师实现施教和个别化教学，使得学生的个性和学习风格得到更好的关注，实现学习的个性化和发展的个性化。通过课题实验研究，教师逐步走出计算机运用的低水平操作化的倾向，从单纯利用计算机学习逐步迈向多元学科整合的全方位智力发展，构筑知识、情感、技能相融合的高智慧教与学体系，通过运用信息技术使教与学变得简单，学生对知识的理解变成自身素养的积淀。随着实验的深入开展，课题组发现合理运用现代教育技术将会给教育功能、教育内容、教育方法和教育者及教育对象的定位带来巨大变革。在实际教学中，教师能巧妙地运用现代教育技术，使媒体由辅助教师演示、讲解的工具转变为学生手中的认知工具。

3. 教师的教科研能力增强

现代教育技术的应用，特别是通过网络实现资源和知识、思想的共享，使得教师在备课、学习中能充分地进行相互间的合作，可以集众人的智慧和长处为我所用，从而大大提高备课、研究的效率，促进教师个体教学水平的提高和专业化发展。随着课题研究的不断深入，为教师创造了更多校内外交流互学的机会，通过教学观摩、课件制作展示、个案剖析、论文交流等形式，教科研人员运用计算机的信息处理功能进行教育信息的收集、处理、检索、统计和分析等，大大提高了教育科学研究的水平和效率。

通过课题实验，教师的教育科研意识和能力都得到了加强，新的课程观、质量观、教学观逐步形成。广大教师认真总结自己在实验中的心得体会，撰写信息技术与课程整合优秀论文30余篇，其中有6篇在区级以上刊物发表；开展示范、优质课大型规模研讨活动8次，录制"整合"优质课10余节，有2节公开课分获区级二、三等奖；制作CAI课件100多个，4个课件分别获得"银科杯""海洋杯"区级一、三等奖，1个获国家级一等奖；有4篇教学设计（案例）在省、市教育部门组织的相关活动中获奖。

（四）学生素质得到快速发展

1. 学习方式的变革促进了学生素质的提高

通过运用多媒体技术，使课堂实现怡静与活跃的统一，紧张与愉快的和谐，学生的主体地位得到进一步的体现，学生的学习更加主动、积极。学习方式由被动统一变为主动多样，更实现了真正意义上的"交互学习"和"发现学习"，让学生由知识的被动接受者变为知识的主动探究者，品尝到"发现"的欢乐和求知欲的满足。多数学生能在教师的引导下，独立提出问题，独立分析问题，独立解决问题，其创新精神和交流与合作能力也跃上了新的台阶，学习成绩有了明显的提高。

附：实验前后学生成绩对比

成绩项目	班级科目	七年级语文 实验班 七(1)	七年级语文 非实验班 七(2)	八年级英语 实验班 八(3)	八年级英语 非实验班 八(1)	九年级数学 实验班 九(1)	九年级数学 非实验班 九(3)
前测	均分	67.55	66.62	46.69	47.18	60.96	57.73
前测	及格率	75.00	68.72	17.85	16.00	39.12	28.25
前测	优良率	8.33	4.35	0	0	4.34	0
后测	均分	74.53	71.47	55.09	51.56	70.85	64.02
后测	及格率	91.30	82.60	34.62	24.99	63.63	48.89
后测	优良率	43.48	39.13	3.85	0	13.65	4.55
平均分提高幅度 %		10.33	7.28	17.99	9.29	16.22	10.74

2. 学生的信息素养得到提升

实验表明，多数学生能够在网上搜寻自己所需要的资源进行自学，并能熟练运用标题搜索、主题搜索和关键词搜索技术，具备确定、提取、利用网络信息的能力，进行学习的自我管理和评价。学生会运用计算机等工具进行信息收集、处理，学习方式发生了重要的变化。学习者的学习不再只是依赖教师的讲授与课本的学习，而是利用信息化平台和数字化资源，师生之间开展协商讨论，合作学习，并通过对资源的收集利用，以探究知识、发现知识、创造知识、展示知识的方式进行，学生的信息素养有了明显的提升。在学习过程中，学生的协作意识也得到了明显增强。2010年3月，实验校学生参加凉州区首届"博奥杯"中小学生电脑制作大赛，王政达等4名同学获奖。

十、存在的问题及今后设想

通过实验，发现存在的主要问题有：

（一）如何创造性地使用教材，使信息技术的设计与运用致力于为学生创造反思性的、自主合作探究式的学习情景和问题情境，防止陷入纯粹的技能训练或是花哨的课件演示，避免信息技术与学科课程的简单"凑合"。

（二）农村中学学生的信息素养参差不齐，如何全面提高学生运用计算机搜集、甄别、提取学习资源的能力已成为亟待解决的关键问题。

（三）课题研究得到的信息技术与学科教学融合的课堂教学模式有待于进一步验证、修改和完善。

（四）教师的信息素养有待于进一步提高，特别是同教育教学相关的软件应用能力的提升。

今后的研究设想：

（一）积极创造条件，推广现有的成果与经验，加强校际间的交流与协作。在各学科中广泛运用现代教育技术，调动学生积极参与教学活动，发展学生的智能，让学生学会学习、学会创新。

（二）继续完善学校的硬件环境建设，抓好校本培训工作，聘请专家进行理论和信息技术方面的专题培训，让教师把握现代教育技术应用的最佳时期，并能根据教材特点，本着实效的原则，灵活运用。

（三）筹划建立学校网站，制作"信息技术与学科教学整合"专题实验网页。

后 记

冬去春来，时移物换。在亲友们的大力支持与学界前辈的热情指导下，《和我一起做课题》终于脱稿付梓了。

《和我一起做课题》是编著者近四十年教育教学研究经验和智慧的结晶。全书由李延海策划、统稿，共两篇十二章。李延海设计了全书的体例和各篇各章的要目，撰写了上篇的第一章至第六章，下篇的第一章、第二章，共21.8万字；陈有武撰写了上篇的第七章、第八章，下篇的第三章、第四章，共12万字。

本书的编写，得到了武威市教育局、武威市教育科学研究所领导的大力支持和鼓励，得到了甘肃教育出版社编辑刘正东、胡瑞华的精心指导，也得到了亲友、同事们的热情帮助。编辑后期，崔伯仁、李晓风、陈生德等同志多次对书稿进行校对，叶祥元、张俊山、万冬梅等同志提供了精彩的案例，为本书增色不少。对同志们的支持和帮助，表示衷心的感谢！

写作过程中，我们受到了许多作品的启发，其中包括国内外知名学者的著作，他们的思想精神为我们的写作提供了很大的帮助和支持。同时，我们在书中还引用了多位同仁的案例和相关资料。在此，我们要对这些学者和同仁表示最衷心的感谢！

本书的形成是我们生命当中一段难忘的经历，其中的甘苦，难以一一言表。第一次编著教育科研方法类图书，对我们来说是一项颇有难度、极具挑战性的工作，虽然殚精竭虑数易其稿，但受时间、能力和资料所限，缺点和疏漏在所难免，敬请读者批评指正。